REPENSER LA SÉCURITÉ

Charles-Philippe David
et la Chaire Raoul-Dandurand

Repenser la sécurité

Nouvelles menaces, nouvelles politiques

FIDES • LA PRESSE

Conception graphique : Gianni Caccia
Mise en pages : Bruno Lamoureux

Données de catalogage avant publication (Canada)

Vedette principale au titre :
    Repenser la sécurité : nouvelles menaces, nouvelles politiques
    (Points chauds)
    Comprend des réf. bibliogr.
    ISBN 2-7621-2469-7
    1. Sécurité nationale. 2. Terrorisme – Prévention.
    3. Protection civile. 4. Attentats du 11 septembre 2001, États-Unis.
    5. Sécurité nationale – Canada. 6. Sécurité nationale – États-Unis.
    I. David, Charles-Philippe. II. Chaire Raoul-Dandurand en études
    stratégiques et diplomatiques. III. Collection : Points chauds
    (Saint-Laurent, Québec).

UA10.5.R46   2002   355'.03   C2002-941195-5

Dépôt légal : 3e trimestre 2002
Bibliothèque nationale du Québec
© Éditions Fides, 2002

Les Éditions Fides remercient le ministère du Patrimoine canadien
du soutien qui leur est accordé dans le cadre du programme d'aide au
développement de l'industrie de l'édition. Les Éditions Fides remercient
également le Conseil des Arts du Canada et la Société de développement
des entreprises culturelles du Québec (SODEC).
Les Éditions Fides bénéficient du Programme de crédit d'impôt pour
l'édition de livres du Gouvernement du Québec, géré par la SODEC.

IMPRIMÉ AU CANADA

AVANT-PROPOS

Un an après les attentats du 11 septembre, les questions liées à la sécurité dominent les politiques gouvernementales, non seulement aux États-Unis mais aussi au Canada et ailleurs. De nouvelles expressions sont apparues dans les discours publics : « périmètre de sécurité », « sanctuarisation du territoire national », « révolution dans les affaires militaires ». Mais au-delà des mots, les implications réelles soulevées par ces événements ne sont pas toujours claires. En effet, quels sont *précisément* les nouvelles menaces et les nouveaux enjeux de la sécurité ? Que sait-on de plus depuis la crise de l'automne 2001 ? Comment les défis de sécurité ont-ils changé ? Quelles sont les solutions proposées par les gouvernements et qu'en pensent les experts ?

Autant de questions et de sujets qui exigent un minimum de recul si l'on veut comprendre pourquoi ces événements ont tant marqué les politiques de sécurité dans les sociétés développées. Conçu par les chercheurs associés à la Chaire Raoul-Dandurand en études stratégiques et diplomatiques de l'Université du Québec à Montréal, cet ouvrage présente une première synthèse, d'un point de vue canadien, des bouleversements qu'ont entraînés les attentats du 11 septembre 2001 puis l'intervention américaine en Afghanistan. L'objectif est d'offrir une vision aussi complète que possible des nouveaux enjeux de l'environnement sécuritaire, tant sur le plan international que nord-américain.

Je remercie tous les chercheurs, les directeurs et les associés de recherche de la Chaire Raoul-Dandurand, pour leur contribution à cet ouvrage. Je tiens à souligner particulièrement le travail éditorial de Jean-Philippe Racicot, qui a suivi pas à pas la confection de ce livre. De même, j'exprime toute ma gratitude à Marie-Hélène Crémer et à Élisabeth Vallet pour leurs judicieuses corrections et révisions.

CHARLES-PHILIPPE DAVID

1

L'après-11 septembre

CHARLES-PHILIPPE DAVID

On a déjà beaucoup écrit sur le tournant que représentent les attentats du 11 septembre pour la sécurité des sociétés développées. «C'est l'irruption de la guerre chez nous», affirme entre autres Dominique David, qui définit la sécurité comme «l'état dans lequel le sujet, individu ou collectif, ne se sent pas en état de vulnérabilité, que la menace n'existe pas ou qu'on estime avoir les moyens de la dissoudre. Cet état de sécurité peut être produit, ou renforcé, par des politiques incluant la défense, et la défense militaire[1]. » Le 11 septembre a ainsi ramené à l'avant-scène les préoccupations liées à la sécurité, tant sur le plan individuel que collectif.

Mais qu'en est-il exactement de la «vulnérabilité» de nos sociétés face aux menaces du terrorisme? Quels sont précisément les risques? Comment les dissoudre? Quelles sont les politiques de sécurité requises? Quelle place faut-il accorder aux actions militaires? Les solutions, les mesures de sécurité, notamment de défense, sont-elles appropriées? En quoi les suites du 11 septembre et de l'intervention américaine en Afghanistan ont-elles changé la

1. Dominique David, *Sécurité: l'après New York*, Paris, Presses de Sciences Po, coll. «Bibliothèque du citoyen», 2002, p. 9.

géopolitique internationale, le rôle des forces armées, la relation Canada-USA, la politique de défense des États-Unis comme du Canada, et les perspectives de guerre en général ? Pour répondre à ces questions et mieux comprendre ce qui a *véritablement changé* depuis l'automne 2001, il faudra examiner tour à tour les menaces et les politiques de sécurité.

Les nouveaux risques du terrorisme

L'ère des conflits *asymétriques*, des guerres de *quatrième génération*, est arrivée et consacre, semble-t-il, le principal tournant du 11 septembre. La souveraineté étatique est fragilisée par cette menace évanescente. Le terrorisme utilise des moyens de « perturbation massive » et promet une guerre sans fin tant les possibilités d'exploiter la mondialisation abondent. L'évaluation des actions passées d'Al-Qaida évacue trop souvent la dimension politique des attentats du 11 septembre : la contestation par ce groupe terroriste de la domination d'un monde unipolaire par les États-Unis. C'est pourtant là que réside, ultimement, la clé pour comprendre le réel affrontement issu du 11 septembre. De deux choses l'une : soit la lutte est longue car le projet Ben Laden n'efface jamais le ressentiment et la volonté de frapper l'Amérique ; soit la lutte est maîtrisée par la puissance américaine alors apte à prévenir de futurs attentats. Le 11 septembre représente-t-il une ère nouvelle ou une démarche singulière ? Possiblement ni l'une ni l'autre. Probablement et avant toutes choses une métamorphose graduelle de la sécurité internationale, dont il est important de comprendre les traits marquants et l'évolution.

Guerres asymétriques et conflits de quatrième génération

« Action spectaculaire violente, mais de dimension limitée », le terrorisme vise à « dégrader la volonté de lutte de l'adversaire[2] ». Cette définition reprend la vision devenue classique selon laquelle « une action violente est dénommée terroriste lorsque ses effets psychologiques sont hors de proportion avec ses résultats purement physiques[3] ». On ne peut mieux décrire l'impact des attentats sélectifs et à haute teneur symbolique du 11 septembre. Le terrorisme pose un défi asymétrique dans la mesure où il utilise l'arme du faible — plutôt facile à employer — contre la puissance du fort — inutile ou, à tout le moins, inadaptée dans un tel cas. Comme il ne représente ni un État ni un gouvernement, le terroriste ne respecte pas les règles du jeu et constitue un adversaire insaisissable et masqué. En quoi consiste le défi terroriste que pose Al-Qaida et que signifie cet ennemi ?

▸ Le terrorisme du 11 septembre s'affranchit de l'État-nation car il se nourrit d'une idéologie transnationale et il utilise des moyens de lutte « non conventionnels », c'est-à-dire qu'il exploite les vulnérabilités des sociétés développées. Alors que les Américains ont toujours été protégés d'une attaque armée, voici qu'ils sont devenus largement vulnérables à des forces terroristes qui ne leur ressemblent pas. Et la supériorité militaire ne peut contrer des attentats comme ceux du 11 septembre. En effet, on voit qu'« il est possible à des groupes non étatiques de faire autant de dégâts qu'un État [...] Le barbare peut avoir accès aux armes du bourgeois[4]. » Voici les guerres de « quatrième génération », « désinstitutionnalisées » et menées par des acteurs

---

2. François Géré, *Dictionnaire de la pensée stratégique*, Paris, Larousse, 2000, p. 269. Voir également François Légaré, *Terrorisme. Peurs et réalité*, Montréal, Éditions Athéna, 2002 ; et Isabelle Sommier, *Le terrorisme*, Paris, Flammarion, coll. « Dominos », 2000.

3. Raymond Aron, *Paix et guerre entre les nations*, Paris, Calmann-Lévy, 1962, p. 176.

4. Entretien avec Pierre Hassner, « La guerre est un caméléon », *Politique internationale*, n° 94, hiver 2002, p. 69.

affranchis de tout contrôle étatique, dotés d'un grand pouvoir de nuisance, et exploitant le terreau qu'engendrent les misères économiques, les frustrations sociales et le chaos politique. Ces guerres n'ont rien à voir avec les guerres prémodernes (première génération) du Moyen Âge, ni avec les guerres modernes (seconde génération) de masse, ni même avec les guerres (troisième génération) de basse intensité ou de guérilla. De surcroît, il appert que ce nouvel ennemi ne peut être défait par le seul usage de la force armée, s'il n'est pas aussi contré par un projet politique qui en sape les fondements.

▶ Les terroristes d'Al-Qaida n'ont rien d'égarés mentaux. Aussi incompréhensibles que leurs actions puissent paraître, elles sont symptomatiques de l'irruption d'une nouvelle sorte de terrorisme mégalomane et apocalyptique. Le 11 septembre peut être vu comme « le premier conflit entre un État et une secte [...], une nouvelle forme d'Islamisme radical [...], où l'on retrouve cette nécessité de la mort du croyant ou du combattant comme passage privilégié vers le paradis[5] ». L'« hyperterroriste[6] » est inventif et prêt à sacrifier sa vie pour sa cause. L'islamisme extrémiste alimente ce type de terrorisme car il encourage le dépassement de la philosophie matérialiste ainsi que le sacrifice de soi — d'où la décision des terroristes de commettre leurs attentats suicides. Ce terrorisme, aux allures religieuses incompatibles avec les valeurs fondamentales de l'islam, agit sans scrupules. Certains des plus grands spécialistes sont unanimes pour déclarer l'arrivée d'une nouvelle génération de terroristes nihilistes dont ils redoutent

---

5. Pierre Conesa, « Al-Qaida, une secte millénariste », *Le Monde Diplomatique*, janvier 2002, p. 8.

6. Ehud Sprinzak, « The Lone Gunmen », *Foreign Policy*, n° 127, novembre/décembre 2001, p. 72-73.

les actions catastrophiques[7]. Ceux-ci iraient-ils jusqu'à employer les armes de destruction massive, comme une bombe nucléaire ou encore une bombe dispersant des matériaux radioactifs, des toxines biologiques ou des composantes chimiques ? Nul ne le sait. Quoiqu'il ne faille pas indûment exagérer l'imminence du terrorisme ABC (atomique, biologique et chimique), devant les informations émanant des camps d'Al-Qaida en Afghanistan, notamment les documents et les instructions laissés par Ben Laden, il n'y a guère de doute sur les intentions des terroristes. L'obtention et l'utilisation des nouvelles armes non conventionnelles sont en effet une priorité d'Al-Qaida.

▶ Le terrorisme peut exploiter efficacement l'interdépendance entre les États, au point que la terreur peut, à l'instar de l'économie et des communications, se mondialiser. Les adversaires ne seraient plus des armées traditionnelles, ou des mouvements politiques, ni même des guérillas, mais des organisations fonctionnant en réseaux, à l'échelle mondiale. La dissolution du référent territorial de la souveraineté est consacrée par la montée des « acteurs neufs ». Ces acteurs, notamment terroristes ou mafieux, profitent de la faiblesse des États, de la libre circulation des capitaux et des moyens de communication modernes, pour accroître leur influence. Le côté obscur de la mondialisation a été oublié : « La globalisation, c'est la circulation accélérée des marchandises et des hommes, mais aussi des techniques et des armes[8]. » Certains font allusion aux « armes de perturbation massive[9] » pour décrire la nouvelle réalité d'attaques « à

---

7. Voir les chapitres de Walter Laqueur, Brian Jenkins et Paul Wilkinson dans James Hoge et Gideon Rose (dir.), *How Did This Happen ? Terrorism and the New War*, New York, Public Affairs, 2001 ; et dans Strobe Talbott et Nayan Chanda (dir.), *The Age of Terror : America and the World After September 11*, New York, Basic Books, 2001.

8. Dominique David, *op. cit*, p. 35.

9. Thomas Homer-Dixon, « The Rise of Complex Terrorism », *Foreign Policy*, n⁰ 128, janvier/février 2002, p. 52-62.

moindre coût» contre des cibles névralgiques et provoquant un climat de panique. Une attaque — dont la réalisation a pu être évaluée à quelque 200 000 dollars — a
suffi en 90 minutes à entraîner des pertes humaines et
matérielles colossales, en plus d'une quasi-récession,
d'une très grande insécurité, et d'une guerre, le tout dans
un climat médiatique survolté — exactement le but
psychologique poursuivi par Al-Qaida. Ainsi, l'incroyable
développement technologique de nos sociétés constitue
à la fois leur force et leur faiblesse : leur modernité s'accompagne d'une immense vulnérabilité. Des attaques
minutieusement planifiées contre des points névralgiques
ou nodaux de l'économie et des réseaux de transport,
exploitant les possibilités du cyber-terrorisme, peuvent
détraquer le fonctionnement d'une société, d'autant plus
qu'une force armée peut difficilement les contrecarrer
selon un schème de pensée stratégique classique. La
porosité des frontières et des voies de communication de
l'Amérique du Nord, notamment terrestres et maritimes
(11 millions de camions et 11 millions de conteneurs de
bateau en transit pour l'année 2000 seulement), est particulièrement propice à l'exploitation par un groupe terroriste. On peut donc dire fort justement que «le progrès
technique accroît les vulnérabilités plus vite qu'il n'augmente les moyens de les combattre[10]».

▶ Si le terrorisme profite de la mondialisation, diminuant du coup la signification de la souveraineté étatique, il n'efface pas pour autant l'importance des territoires, des sanctuaires et du soutien étatique qu'il
requiert pour accomplir ses objectifs. Avant que le
réseau Al-Qaida ne ravisse des avions, il a d'abord et
avant tout pris un pays en otage — l'Afghanistan. En
d'autres termes, le terrorisme n'est pas entièrement

---

10. Dominique David, *op. cit*, p. 48.

déterritorialisé. Il ne peut agir sans les bases arrières, sans la logistique que lui procurent de fait des États «faibles», «parias» ou «timides». Le territoire de l'Afghanistan a été une illustration parfaite de cette complicité — obligée ou tolérée — de l'État taliban (au point que certains l'ont étiqueté *terrorist-sponsored state*). Est-il possible qu'Al-Qaida puisse mener son action en l'absence de bases de repli et sans compter sur un État qui tolère sa présence ? Il est permis d'en douter. La guerre contre le terrorisme ne peut qu'entraîner les États-Unis sur d'autres terrains d'affrontement — à moins que l'intervention militaire en Afghanistan ait été suffisante pour mater l'«État virtuel» d'Al-Qaida. Une conclusion s'impose à la lumière des événements de l'automne 2001 : la communauté internationale doit se soucier grandement des États faibles (par exemple de la Somalie, du Soudan, de la Colombie, du Pakistan), puisqu'ils offrent un terrain fertile à l'implantation et à l'expansion du terrorisme.

«Gouvernements de tous les pays, unissez-vous...»

Un des objectifs centraux de la lutte antiterroriste est la reprise en main par les États d'un certain contrôle sur leurs territoires. Sans se nourrir d'illusions, le but doit être de «dé-sanctuariser» le terrorisme par des opérations de police et une guerre d'usure sur plusieurs années dans le cadre d'une coopération multilatérale et onusienne. Ces opérations doivent à la fois renforcer la sécurité publique et respecter les droits fondamentaux. Si les martyrs rompus à la cause d'Al-Qaida doivent être traités comme des criminels, la lutte antiterroriste doit également être accompagnée d'un projet politique. Il faut «conquérir les cœurs et les esprits» du monde musulman, encourager la progression de l'État de droit, et par là, saper les fondements mêmes du djihad de Ben Laden. La force armée doit être employée seulement dans les cas où les terroristes sont clairement identifiés à Al-Qaida et sont tolérés par des États déliquescents — deux conditions qui excluent *a fortiori* les manifestations belliqueuses tous azimuts de l'administration Bush. La guerre contre le terrorisme ne doit pas donner libre cours à une croisade dont Al-Qaida ne saurait que trop tirer parti.

La contestation d'un monde unipolaire

Al-Qaida participe d'une contestation de l'ordre stratégique issu d'un monde unipolaire dominé entièrement par les États-Unis. À l'origine de cette contestation, on retrouve deux motivations : forcer le retrait des troupes américaines (jugées infidèles) stationnées sur le sol saoudien, et provoquer la chute du régime monarchiste de Riyad. La stratégie de Ben Laden était (est encore) d'affaiblir la position américaine au sein du monde musulman. Il faut comprendre ce « plan Ben Laden » pour saisir les raisons du 11 septembre : ce n'est ni un acte de folie ni le fruit du hasard qui a mené les terroristes d'Al-Qaida à frapper les États-Unis. Sans un projet politique, la lutte antiterroriste est vouée à l'échec. Le seul recours à la stratégie militaire est insuffisant pour contrecarrer, notamment au Moyen-Orient, l'effet et le message de Ben Laden. Au-delà des ripostes armées, ce sont surtout des réformes politiques qu'il faut envisager afin de gagner la guerre d'usure contre le terrorisme.

▶ Quel est le « plan Ben Laden » ? Il peut se résumer à la poursuite d'un djihad — une guerre sainte — en vue de former un « gouvernement international de l'Islam » animé par des valeurs intégristes et extrémistes. Les pays faibles et sujets aux percées du mouvement islamiste extrémiste constituent, à l'instar de l'Afghanistan (et peut-être du Pakistan), des proies de prédilection. Ainsi, l'assassinat, le 9 septembre 2001, de l'ancien dirigeant de l'Alliance du Nord, le commandant Massoud, constituait le prélude à une opération d'envergure d'Al-Qaida et des talibans, non seulement contre l'Alliance du Nord (ennemi juré des talibans) mais aussi contre les gouvernements de l'Ouzbékistan, du Kirghizstan et du Tadjikistan, aux côtés des mouvements islamistes ouzbeks, kirghizes et tadjiks. Ce plan devait mettre l'Asie centrale à feu et à sang, et rendre les États-Unis incapables d'intervenir, même après les attentats contre New York et Washington.

▶ D'une part, le plan Ben Laden ne s'est pas déroulé comme prévu puisque aucun ralliement musulman n'a été observé en faveur des actions d'Al-Qaida. D'autre part, ce plan a indubitablement sous-estimé la résolution des Américains à vouloir venger les morts du 11 septembre. En fait, le plan a échoué à court terme. Toutefois ses motivations profondes de déstabilisation demeurent. D'ailleurs, la série d'attentats menés, depuis dix ans, par Al-Qaida contre des cibles américaines, illustre l'implacable logique du plan Ben Laden (Somalie en 1993, New York une première fois en 1993, Arabie Saoudite en 1996, Kenya et Tanzanie en 1998, Yémen en 2000, puis New York — une seconde fois — et Washington en 2001). La volonté d'affaiblir l'Amérique est d'autant plus cynique, chez Ben Laden, que celui-ci a été indirectement appuyé par les services secrets pakistanais, alliés à la CIA, pour chasser les Soviétiques d'Afghanistan entre 1979 et 1989. Mais la guerre du Golfe, en 1991, convainc Ben Laden que cette lutte contre les infidèles russes doit désormais se poursuivre contre les infidèles américains en Arabie Saoudite, son pays d'origine. D'autant plus qu'il rejette la culture libérale et matérialiste du modèle américain. Ayant créé Al-Qaida en 1988 avec un groupe de Saoudiens et d'Égyptiens, il annonce en 1995 que le réel ennemi est les États-Unis et qu'il veut chasser cette « armée impie » des lieux saints. « Notre pays, affirme-t-il, est devenu une colonie américaine[11] », et son discours séduit les jeunes intégristes.

---

11. Florent Blanc, *Ben Laden et l'Amérique*, Paris, Bayard, 2001, p. 134.

▸ L'inertie, la corruption et la duplicité du régime saoudien sont, de l'avis des experts, en partie responsables des succès d'Al-Qaida. En fait, « les dirigeants américains ne doutent plus que Riyad, au plus haut niveau, ait laissé fonctionner les réseaux financiers qui permirent aux groupes désormais baptisés "terroristes" d'agir en dehors : en Afghanistan, en Égypte, en Algérie, au Pakistan[12] ». Quinze des dix-neuf pirates de l'air du 11 septembre étaient saoudiens, huit d'entre eux provenaient des provinces pauvres de Baha et Asir, éloignées et aliénées du pouvoir. L'Arabie Saoudite a contribué (au moins indirectement) à soutenir l'organisation terroriste de Ben Laden, en exportant le problème ailleurs, afin d'éviter que des actions soient dirigées contre elle et qu'Al-Qaida de même que ses sympathisants au sein du royaume soient marginalisés. On peut voir que, « sous le regard glacé du Pentagone, Riyad et Islamabad avaient déjà mis en place, en Afghanistan, tous les rouages de la machine infernale qui anéantira le World Trade Center[13] ». Cette *Riyalpolitik*, ce double jeu de Riyad, n'a rien arrangé. D'une part, les progrès du radicalisme islamiste et du sentiment antiaméricain sont exacerbés par une jeunesse saoudienne largement acquise au militantisme de Ben Laden (12 000 se sont d'ailleurs rendus dans les camps d'entraînement d'Al-Qaida en Afghanistan entre 1996 et 2000). « La contestation islamique trouve un terrain particulièrement fertile au sein d'une population très jeune, sans emploi ni perspective, paupérisée par la conjonction démographique et la baisse des revenus du pétrole[14]. » D'autre

---

12. Paul-Marie de La Gorce, « Débats à Washington », *Manière de voir*, n° 60, novembre/décembre 2001, p. 21.

13. Michael Barry, « Le détonateur afghan », *Politique internationale*, n° 93, automne 2001, p. 106.

14. Olivier Da Lage, « Comment peut-on être Saoudien ? », *Politique internationale*, n° 94, hiver 2002, p. 107.

part, le conservatisme et l'autocratie du régime wahha-
bite, méprisé par nombre de ses citoyens, empêchent
la démocratisation et les réformes politiques qui, à long
terme, mineraient le message (et le plan sans doute) des
sympathisants de Ben Laden. Pourtant, pas un mot n'est
prononcé sur cette situation par la diplomatie américaine, Riyad étant considéré comme un allié vital dans
la lutte contre « l'axe du mal »…

L'alliance entre les États-Unis et l'Arabie Saoudite se
retrouve au cœur des événements du 11 septembre. Il est
probablement vrai que la présence militaire américaine
dans le Golfe, croissante depuis 1991, aggrave les risques
de terrorisme (et d'antiaméricanisme) dirigé contre elle,
car des régimes comme celui de l'Arabie Saoudite sont
perçus par l'opinion publique du monde arabe comme
inféodés aux intérêts des États-Unis. Ce contexte
requiert des stratégies diplomatiques pour contrer le
défi de l'extrémisme islamiste qui vise à rompre l'alliance cruciale entre la « pétromonarchie » saoudienne
et l'Amérique. Il est nécessaire, entre autres, d'encourager des réformes politiques graduelles en Arabie Saoudite. Une résolution du conflit israélo-arabe permettrait
d'éviter que le conflit ne s'entremêle avec la lutte intra-
musulmane pour définir la place et l'avenir de l'Islam, en
Égypte, au Pakistan, en Arabie Saoudite ou ailleurs.

Les suites de la guerre en Afghanistan

Que penser de la guerre américaine en Afghanistan ? La
thèse la plus souvent évoquée associe cette intervention
au désir de Washington de maîtriser les routes pétrolières en Asie centrale. Cette explication est partiale. Les
intérêts géopolitiques — notamment les intérêts géo-
pétroliers — sont évidemment considérables en Asie
centrale, mais le tracé des oléoducs et des gazoducs
constituait-il pour autant un motif suffisant pour amener les décideurs américains à amorcer une guerre

contre les talibans, dès lors que ceux-ci avaient rejeté l'offre alléchante de la société Unocal ? Ne restait-il vraiment qu'à trouver un prétexte, comme les attentats du 11 septembre, pour installer à Kaboul un gouvernement favorable aux intérêts américains ? C'est réduire les attentats du 11 septembre à un complot et, surtout, méconnaître la prise de décision au sein de la Maison-Blanche que de croire ce scénario. En réalité, le comportement des États-Unis a surtout été « inconsistant » : tantôt conciliant à l'égard des talibans (en leur faisant, par exemple, miroiter la promesse d'une reconnaissance diplomatique), tantôt menaçant (pensons, par exemple, aux représailles de 1998 contre les camps terroristes de Ben Laden ou à la condamnation des talibans pour abus des droits de la personne, spécialement des femmes, par Clinton et sa secrétaire d'État, Madeleine Albright, en 2000). Bien qu'il soit erroné de croire au complot, on peut tout de même reprocher à Washington d'avoir, entre 1996 et 2001, discrètement appuyé puis insuffisamment dénoncé les talibans. C'est l'occasion manquée en 1996 d'obtenir l'extradition du Soudan — offerte par Khartoum — de Ben Laden, qui dévoilera les carences décisionnelles de l'administration Clinton et son inaptitude à prévenir les actions terroristes du renégat saoudien. Les attaques du 11 septembre sonnèrent le glas du régime de Kaboul, puisque Washington eut tôt fait d'établir la relation étroite entre les talibans et Al-Qaida. Les attentats démontrèrent que les talibans n'avaient pas su tirer parti du grand jeu géopétrolier et qu'en réalité ils étaient les prisonniers d'Al-Qaida. S'il est bien une vérité cachée, c'est le fait que le mollah Omar, *leader* des talibans, était l'invité de Ben Laden, et non l'inverse comme on l'a trop souvent répété.

Que conclure et retenir de l'opération « Liberté immuable » en Afghanistan, déclenchée le 7 octobre 2001 ?

▶ L'intervention militaire a défié les pires prédictions, parfois précipitamment annoncées. Elle n'a pas été le tombeau de l'Empire américain et elle a prouvé qu'une révolution dans les affaires militaires (RAM) pouvait éviter de grandes pertes, un bain de sang, parmi la population civile. Sans aller jusqu'à clamer que l'opération fut « un chef-d'œuvre de créativité et de finesse militaire [....] aussi impressionnant que le débarquement de Inchon il y a cinquante ans[15] », force est de constater qu'elle a été rondement menée. Entre le début du mois d'octobre 2001 et la fin janvier 2002, les bombardiers américains ont exécuté quelque 38 000 sorties (une centaine par jour), largué environ 22 000 bombes (85 % d'entre elles atteignant les cibles prévues), et ont inclus 12 000 munitions précises — soit la moitié de celles utilisées lors de l'opération « Tempête du désert » contre l'Irak en 1991. Après une enquête minutieuse, le journaliste Nicholas Kristof, du *New York Times*, estime qu'entre 8 000 et 12 000 miliciens et soldats talibans ont été tués (20 % de la force initiale) et qu'environ 1000 civils ont péri — un chiffre étonnamment faible au regard des erreurs de ciblage des bombardiers. Seulement 30 soldats américains ont perdu la vie, soit moins que durant l'opération « Rendre l'espoir » en Somalie en 1992-1993. Somme toute, selon certains, « la guerre a fait un tort relativement modeste aux innocents[16] » — une conclusion plutôt provocante.

▶ Le succès militaire de « Liberté immuable » est moins le fait d'une RAM parfaitement exécutée, qu'une combinaison de facteurs qui a souri à la stratégie américaine. En premier lieu, celle-ci a pu mener une « guerre par procuration » en bénéficiant de l'appui des troupes des

15. Michael O'Hanlon, « A Flawed Masterpiece », *Foreign Affairs*, vol. 81, mai/juin 2002, p. 47-48.
16. *Ibid.*, p. 55.

forces de l'Alliance du Nord. En second lieu, elle a pu compter sur la présence au sol et sur l'efficacité de plusieurs centaines d'agents de la CIA et de soldats des forces spéciales, qui ont désigné les cibles de bombardement afin d'en accroître la précision et l'impact. Troisièmement, fait alors inconnu, l'opération n'aurait pu réussir sans la défection, mi-novembre 2001, de milliers de combattants pashtounes (appuyant auparavant les talibans), qui ont rallié les forces américaines dans le sud de l'Afghanistan. Si ces combattants avaient choisi de se battre contre les États-Unis, aux côtés des talibans, le résultat de « Liberté immuable » aurait pu être sensiblement différent — provoquant par exemple la partition de l'Afghanistan. La grande ombre au tableau, et significative, est que les principaux dirigeants d'Al-Qaida et notamment Ben Laden, de même que le mollah Omar, ont pu s'enfuir. Leur évasion est directement liée, entre autres, au refus, fin novembre 2001, d'engager les soldats américains dans la traque en haute montagne et en bordure de la région de Tora Bora, où sans doute Ben Laden et ses fidèles se sont terrés pendant un moment. Depuis, le chef des opérations d'Al-Qaida, Abu Zubaydah, a été capturé au Pakistan et les Américains, comme les Britanniques et les Canadiens, ont multiplié les missions de reconnaissance en montagne, corrigeant du coup l'erreur stratégique initiale. Ben Laden reste cependant introuvable, ce qui ne peut qu'alimenter l'inquiétude ambiante.

▶ Le comportement des États-Unis a été largement empreint d'unilatéralisme. En effet, ils n'ont que très faiblement recouru aux Nations unies, notamment aux règles édictées par le chapitre VII de la Charte. Au-delà de la traditionnelle légitime défense, le droit international a peu progressé pour encadrer, sur une base multilatérale, l'action américaine. Ainsi, il n'y eut aucune démarche pour mobiliser une véritable sécurité collective de sorte qu'on peut seulement parler d'«instrumentalisation d'alliances ponctuelles[17]». De toute façon, Washington préfère les coalitions aux alliances. Et les nations sollicitées pour la mise en place de la coalition antiterroriste n'ont pas été réellement aussi nombreuses que ce qui avait été annoncé initialement et elles ont surtout été des pays occidentaux. La «fédération» fortuite d'États a surtout mis en évidence l'OTAN, l'Australie, la Nouvelle-Zélande et le Japon. Ainsi, les attaques les plus vigoureuses contre Ben Laden ont été lancées par des dirigeants comme Bush et Blair, et non par des dirigeants du monde arabe, dont les paroles et les gestes auraient eu beaucoup plus de poids auprès de leur population. Fait à noter, et contrairement à la guerre du Golfe, l'effort de guerre n'a que ponctuellement impliqué les pays musulmans (hormis le Pakistan). En outre, l'aide militaire requise des alliés a été marginale (si l'on fait exception du cas de l'Angleterre), car l'emploi de la force n'est finalement et réellement possible que par les Américains. Washington ne souhaite pas se laisser enfermer dans des alliances trop formelles et contraignantes, préférant des mobilisations au fil des besoins. Le bénéfice est la souplesse, mais le coût peut être la perte de légitimité à long terme. En ce sens, l'unilatéralisme peut finir par être autodestructeur s'il mine la cohésion des alliances et de l'institution internationale de sécurité qu'est l'ONU.

▶ Le succès relatif de l'opération «Liberté immuable» ne doit pas faire oublier l'impérative consolidation de la paix en Afghanistan. Il est vital que ce pays ne soit plus un État faible et déliquescent. Si l'effort de guerre américain (et occidental) a été soutenu, il en va

---

17. Dominique David, *op. cit.*, p. 63.

autrement pour l'effort de paix. Il s'agit de faire du « *nation building* », ce que Bush avait juré durant sa campagne électorale ne jamais vouloir entreprendre. Outre les généreuses donations financières consenties par la communauté internationale, c'est surtout de *sécurité* dont les Afghans ont besoin. La force onusienne de maintien de la paix (l'ISAF) paraît à bien des égards pusillanime. Plusieurs affirment qu'il « faut demeurer présent dix ou vingt ans dans les zones de conflit[18] ». Or, il ne faudrait pas que les États-Unis succombent à la tentation de la courte vue mais plutôt qu'ils appliquent la recette éprouvée en Bosnie ou au Kosovo. Avant de consolider la paix, encore faut-il l'imposer. La présence d'une force musclée, déployée sur tout le territoire afghan, de quelque 25 000 soldats (selon la proposition de l'envoyé spécial de l'ONU, Lakhdar Brahimi), est seule garante du rétablissement et de la préservation de l'ordre public — en plus de soutenir et protéger les efforts humanitaires. Sans elle, on peut redouter que l'Afghanistan ne bascule de nouveau dans l'anarchie et la guerre civile, des portions de son territoire échappant entièrement au contrôle du gouvernement. Une telle situation ne ferait que recréer les conditions propices au retour d'Al-Qaida, et non à celui des millions d'Afghans déplacés, exilés et réfugiés. L'instauration d'une sécurité durable est aussi la condition pour la reprise — et le développement — d'une économie fondée sur d'autres cultures que celle du pavot. Les besoins sont immenses pour construire un État afghan viable et sécuritaire. Il serait dommage de gâcher l'opportunité par manque de volonté, l'Afghanistan disparaissant du radar de l'opinion publique et politique.

Pour gagner la paix en Afghanistan, il ne faut pas que la stratégie américaine, victorieuse sur le terrain militaire,

---

18. Pierre Hassner, *op. cit.*, p. 82.

relâche la pression, ne serait-ce qu'un seul jour. La situation de ce pays souvent oublié de l'Asie centrale rappelle avec acuité qu'il n'y a plus, dans le domaine de la géopolitique, une géographie du « monde utile » et une du « monde inutile[19] ». Le 11 septembre a clairement démontré qu'il n'y a plus en fait qu'un monde *indivisible* de la sécurité.

La redéfinition des stratégies américaines

Le président George W. Bush est arrivé à la Maison-Blanche en affichant la ferme intention de ne pas impliquer outre mesure les États-Unis dans les affaires internationales qui ne touchent pas leur intérêt national. Le 11 septembre constitue à cet égard un revirement spectaculaire. D'une part, on l'a répété à maintes reprises et de manière exagérée, les Américains ont perdu leur « innocence » et manifestent, pour la première fois depuis Pearl Harbor, un sentiment d'extrême vulnérabilité — en oubliant peut-être qu'ils étaient exposés à une attaque nucléaire depuis une cinquantaine d'années. D'autre part, dans la lutte annoncée par le président du « bien contre le mal », dans sa doctrine du « ou vous êtes avec nous, ou vous êtes contre nous », la diplomatie américaine revient à sa conception traditionnelle. La stratégie d'« endiguement », cette fois du terrorisme international, rappelle la logique simpliste et les vieux réflexes de sécurité nationale, d'alliances avec les ennemis de ses ennemis, de tentations unilatérales frisant les manifestations impériales. L'Amérique est pourtant en marche, et on aurait tort de sous-estimer l'impact durable du 11 septembre. Il n'empêche que les enjeux de sécurité, qui découlent de l'après-New York, ne peuvent être résolus par la seule doctrine Bush.

---

19. Pierre Conesa, « Géographie du "monde inutile" », *Manière de voir*, n° 60, novembre/décembre 2001, p. 22-27.

Quelles sont les conséquences des attentats terroristes pour la politique étrangère et de défense des États-Unis ?

L'hyper-puissance militaire, revue et corrigée

C'est dans les domaines classiques de la défense, du renseignement et de l'organisation de la sécurité que les changements sont les plus importants. Le gouvernement américain adapte ses structures, ses budgets et ses objectifs pour tenir compte (pour profiter, disent les cyniques) des nouvelles exigences sécuritaires. Plusieurs priorités et projets sont mis de l'avant.

▶ Le secteur du renseignement a durement été touché par les attentats du 11 septembre. Il est injuste de reprocher aux agences, notamment au FBI et à la CIA, leur incapacité à prévoir ces événements. Qui pouvait prédire *exactement* ce qui se passerait ? Pourtant les mises en garde et l'information étaient largement disponibles, et les décideurs auraient dû être davantage conscients de la menace que posait Al-Qaida. Durant les mois qui ont précédé le 11 septembre, plusieurs agents du FBI avaient en effet annoncé des menaces réelles et accrues d'attentats en sol américain. La Commission sénatoriale Hart-Rudman sur la sécurité nationale au XXIe siècle, déclarait déjà en 1999 : «Des Américains mourront probablement sur leur propre territoire, peut-être en grand nombre[20].» Un rapport soumis il y a deux ans à la CIA affirmait en outre que «des actions suicidaires d'Al-Qaida pourraient mener à l'utilisation d'avions, bourrés d'explosifs, contre le Pentagone, la CIA ou la Maison-Blanche[21]»! Cette prédiction n'a pas été prise au sérieux tant le scénario paraissait invraisemblable aux décideurs. Ni dans les services de renseignement, ni à la Maison-Blanche, le détournement

---

20. Cité par Steven Clemons, «Les États-Unis victimes de leur excès de puissance», *Manière de voir*, n° 60, novembre/décembre 2001, p. 10.

21. «The Surprise Was More When Than Whether or How», *New York Times*, 19 mai 2002, p. A-16.

forcé d'avions de ligne transformés pour l'occasion en missiles par des groupes kamikazes n'a semblé représenter une menace imminente. Les risques ont surtout été associés à l'utilisation possible d'armes biologiques et chimiques par les terroristes (le danger d'ailleurs ne fait que s'accroître alors que les parades seront difficiles). La plus grave agression en territoire continental américain depuis 1812 était le fruit d'une entreprise somme toute *rudimentaire*. Des scenarii en vue d'actions terroristes similaires, plus meurtrières encore, peuvent sans peine se multiplier. C'est donc en amont de telles actions, et non en aval, que la CIA doit concentrer ses capacités de détection, de surveillance, d'infiltration et d'interception de groupes tels qu'Al-Qaida. Et c'est sur ce terrain que la CIA a été gravement inefficace : aucune infiltration d'agent, aucune alerte, aucune analyse poussée du monde islamique. Les initiatives actuelles en vue de corriger cette situation, au premier chef la priorité redonnée au renseignement humain, seront sans nul doute indispensables pour poursuivre la guerre au terrorisme.

▸ Le 11 septembre montre bien l'inadéquation entre les risques et les moyens de défense. L'hyper-puissance militaire américaine dispose déjà du budget de défense le plus imposant au monde, de l'arsenal nucléaire le plus important, de la marine et de l'aviation de chasse les plus sophistiquées, et des capacités d'intervention les plus redoutables. Pourtant, et ce n'est pas un reproche mais une constatation, son dispositif a été incapable de prévenir l'attaque asymétrique du 11 septembre. En revanche, sa performance durant « Liberté immuable » aura été spectaculaire et témoigne du fait qu'elle peut assurément intervenir à peu près partout dans le monde, et probablement gagner les guerres qu'elle entreprend sans perdre un nombre élevé de soldats. Bien que la nécessité de revoir la structure et les priorités de l'appareil de sécurité nationale ait été évidente avant le 11 septembre 2001, cette révision s'accélère depuis. Les réformes s'inscrivent largement dans le cadre des réflexes et des approches *traditionnelles* de la sécurité. Il est permis de se demander si, à long terme, ces aménagements seront en mesure de prévenir d'autres attentats asymétriques. Pour l'instant, les leçons retenues et les solutions apportées sont de quatre ordres :

1. Miser sur la défense

L'augmentation des budgets dans ce domaine est phénoménale. La sécurité nationale compte, en 2002, sur 350 milliards de dollars américains. Elle recevra, en 2003, 396 milliards, et en 2007, 470 milliards. Même en tenant compte du taux d'inflation, ces chiffres atteindront un plafond supérieur aux années Reagan et, en 2007, représenteront entre 40 % et 50 % des *dépenses de défense dans le monde.* La croissance du seul budget de défense, pour 2003, d'environ 40 milliards, est supérieure au budget total de défense de tout autre pays. Le budget de 2007 engagera 100 milliards de dollars de plus que ce que Clinton avait prévu pour la même année. Le coût annuel de la lutte antiterroriste, pour la défense, équivaudra à environ 10 milliards par année après 2003[22]. C'est dire le financement qui est consenti pour mettre en œuvre les moyens de l'intervention armée, notamment en soutenant l'innovation dans le domaine de l'armement « intelligent » (les drones, les munitions précises, les communications satellitaires instantanées, les plates-formes furtives, etc.). Bref, l'Amérique mise encore davantage sur sa puissance militaire.

---

22. Ces chiffres proviennent de Michael O'Hanlon, *op. cit*, p. 61.

2. Revoir les doctrines de défense

Le rapport le plus significatif est la révision quadriennale de défense (*Quadrennial Defense Review*), qui planifie les objectifs et la programmation militaires à long terme. À la lumière des événements du 11 septembre, le QDR de fin 2001 innove en remplaçant la stratégie fondée sur les *menaces* par une stratégie fondée sur les *capacités*. Ce changement de cap autorise une identification de tous les moyens par lesquels les États-Unis peuvent être attaqués et, du coup, favorise une préparation tous azimuts. Dans un autre document, publié en février 2002, l'administration Bush précise sa doctrine des «quatre fronts simultanés», c'est-à-dire la possibilité de vaincre deux agresseurs en même temps, tout en menant une contre-offensive majeure et en occupant la capitale d'un ennemi pour y installer un nouveau régime (en Irak, par exemple)[23]. De plus, la révision de la doctrine nucléaire (*Nuclear Posture Review*), en mars 2002, redonne une certaine utilité aux armes nucléaires comme moyen de première frappe (*preemption*) contre les «États parias» pouvant disposer eux-mêmes d'armes de destruction massive. Par ces gesticulations doctrinales, les États-Unis indiquent clairement vouloir dissuader, et le cas échéant punir, ces États qui, en vertu de leurs capacités militaires, notamment non conventionnelles, pourraient menacer la sécurité du continent américain.

3. Développer la défense antimissile

Cet objectif, déjà prioritaire avant les attentats, l'est encore davantage depuis. La décision prise par l'administration Bush de retirer les États-Unis en juin 2002 du traité ABM indique la ferme intention de développer, et déployer, un tel système de défense continental lorsque

---

23. Paul-Marie de La Gorce, «Bombarder pour contrôler: Washington a défini sa stratégie», *Le Monde Diplomatique*, mars 2002, p. 10-11.

les technologies seront disponibles. Il est vrai que la prolifération et l'utilisation potentielle des missiles constituent une grave menace à la sécurité des États-Unis. Le but de la défense antimissile est de parer à une telle éventualité et d'être en mesure de protéger le territoire américain, en ayant recours à des intercepteurs au sol, en mer et, un jour, dans l'espace. Toutefois, et si l'on en croit les services de renseignements eux-mêmes dans un rapport qu'ils ont publié en décembre 2001 : « Il est probable que le territoire américain sera attaqué par des armes de destruction massive transportées par d'autres moyens que des missiles, et notamment par des terroristes[24]. » Dans un tel scénario, relativement plus crédible que celui impliquant un État, la défense antimissile paraît déjà moins pertinente et utile, voire carrément illusoire sur le plan technologique et dangereuse sur le plan stratégique.

4. Assurer la sanctuarisation du territoire national

La principale réforme dans le domaine de la sécurité est la mise en place d'un « périmètre de sécurité », à la fois pour les États-Unis et pour le continent nord-américain. La priorité porte ainsi sur le renforcement de ce que les Américains appellent désormais le *homeland defense* — traduit ici par la « sanctuarisation du territoire national ». L'objectif est limpide quoique les résultats demeurent incertains : sécuriser le territoire américain, et par extension l'Amérique du Nord, en harmonisant tous les éléments de surveillance et de détection (immigration, frontières, défense, renseignements) pour prévenir d'autres attentats. Pour ce faire, de nouvelles structures sont mises en place, notamment le Bureau de la sécurité du territoire national dirigé par Tom Ridge depuis la Maison-Blanche. Ce bureau a la responsabilité de coor-

---

24. « Waiting for No Dong », *Foreign Policy*, n° 129, mars-avril 2002, p. 12.

donner quelque 70 agences fédérales américaines, et de travailler de concert avec une vingtaine de comités du Congrès impliqués dans la sécurité du territoire. Le défi est considérable. Même en ayant la responsabilité d'un budget de 38 milliards de dollars, il n'est pas sûr que le gouverneur Ridge dispose de l'autorité nécessaire pour effectuer des réformes significatives (comme l'intégration, annoncée en juin 2002, des quatre principales organisations responsables de la surveillance des frontières en un seul nouveau ministère de la Sécurité intérieure). Plusieurs spécialistes doutent que la démultiplication de structures constitue la solution appropriée et optent plutôt pour une réforme des organisations existantes et l'octroi de pouvoirs accrus aux décideurs déjà en fonction — tel le directeur des services de renseignements, dont l'autorité n'est toujours pas adaptée aux responsabilités.

L'hyper-puissance militaire s'apprête à débourser sur cinq ans une somme avoisinant deux trillions de dollars pour assurer sa sécurité ainsi que celle de ses alliés. Il est possible que les renforcements de la structure militaire procurent aux Américains une protection supplémentaire significative. Il est probable, en contrepartie, que des efforts diplomatiques considérables seront également requis pour diminuer les dangers d'un autre 11 septembre.

Diplomatie américaine : vers un interventionnisme accru ?

Sans nul doute, pour les Américains, l'après-11 septembre consacre la fin de « la fin de l'histoire ». Cette thèse présomptueuse, émise par Francis Fukuyama il y a dix ans, annonçait que la fin de la Guerre froide consacrerait le début d'une période « ennuyeuse » des relations internationales. La mondialisation économique n'est apparemment pas la panacée, les idéologies radicales peuvent toujours constituer une grave menace, l'État doit encore se soucier de sa sécurité et la dynamique de la guerre n'est pas prête de s'estomper. La tentation unilatéraliste de l'administration Bush, affirmée avec vigueur en début de mandat, puis quelque peu tempérée par l'exigence minimale de multilatéralisme pour organiser les représailles en Afghanistan, reprend toute sa vigueur depuis le printemps 2002. «L'improvisateur», comme certains surnomment Bush, oriente la politique étrangère des États-Unis au gré des enjeux et de l'humeur de ses conseillers — si bien qu'il est difficile de juger exactement de l'engagement de l'Amérique sur la scène internationale. Tantôt active (en Irak), tantôt passive (au Proche-Orient), parfois multilatéraliste (reconstruction de l'Afghanistan), souvent unilatéraliste (retrait ou non-ratification de nombreux traités), la diplomatie américaine est marquée du sceau de la temporisation. Elle n'a pas de vision d'ensemble, hormis la promesse d'une lutte sans merci contre le terrorisme. En fin de compte, quelle sorte d'engagement international l'administration Bush désire-t-elle?

▶ L'Amérique des faucons est prête à en découdre avec les «États parias» qui encouragent le terrorisme. Les faucons sont, au sein de l'administration, très pesants et difficilement contenus par les colombes. Dans le premier camp: le vice-président Cheney, le secrétaire à la Défense Rumsfeld et son adjoint Wolfowitz. Isolé dans le second camp: le secrétaire d'État Powell... Entre les deux, et agissant comme tuteur du président encore ignorant des questions internationales, la conseillère pour la sécurité nationale, Condoleeza Rice. Tel le président Andrew Jackson, surnommé «couteau aiguisé», tant il agissait rapidement et de façon décisive, les jacksoniens de la Maison-Blanche de Bush n'aiment pas les finesses diplomatiques et s'enflamment pour la guerre. Résolument interventionnistes, lorsque les intérêts vitaux de la nation américaine sont en jeu, les jacksoniens aiment trouver des coupables (l'« axe du mal »). Ils sont appuyés largement par l'opinion publique, l'après-11 septembre semblant leur donner toute la latitude voulue pour mener une guerre totale aux pays de leur choix. Forts de leur succès en Afghanistan et le vent en poupe, les faucons de l'administration Bush auraient déjà lancé une attaque contre l'Irak si ce n'avait été du dérapage complet de la situation israélo-palestinienne au printemps 2002.

▶ Les étapes ultérieures de la lutte antiterroriste reposent vraisemblablement sur l'interventionnisme militaire et les actions policières. Plusieurs opérations en cours sont menées conjointement avec des gouvernements, notamment en Ouzbékistan et au Kirghizstan (contre des mouvements intégristes), aux Philippines (contre le groupe Abou Sayyaf), en Géorgie (contre des islamistes dans la vallée du Pankisi), et au Yémen (dans les régions intérieures soupçonnées d'abriter des membres d'Al-Qaida). Le cas de l'Irak continue d'alimenter moult spéculations et jamais la volonté d'intervenir contre le régime de Saddam Hussein n'a été aussi grande à Washington depuis 1991. L'argument sans cesse répété par la Maison-Blanche, et pour lequel il est difficile de prendre parti, est la possession par Bagdad d'une quantité non négligeable d'armes biologiques et chimiques. La doctrine antiterroriste et son axiome de l'« axe du mal » offrent surtout d'excellents prétextes pour en finir avec un régime que les Américains ont appris à détester. L'opposition des pays européens et arabes, celle également feutrée de Colin Powell, jumelées à la dégradation sérieuse du conflit israélo-palestinien, a pour le moment retardé la décision d'attaquer l'Irak. Plusieurs évoquent désormais l'horizon 2003, voire 2004 (peut-être en prévision de l'élection présidentielle), pour que les jacksoniens tentent une dernière fois de déloger Saddam Hussein. À moins, bien sûr, que ce dernier ne décide de devancer cet échéancier par une maladresse dont il aurait seul le secret.

▶ Le réflexe unilatéraliste demeure puissant dans la conduite de la politique étrangère américaine. Clinton avait réussi à le maîtriser mais son successeur l'a ravivé. « Les Américains disent : "nous sommes multilatéralistes quand nous le pouvons, et unilatéralistes quand nous le devons". Je crois que c'est l'inverse qui est vrai : les Américains sont multilatéralistes lorsque, vraiment, ils n'ont pas d'autre choix, comme dans la lutte antiterroriste[25]. » « Ne pas se laisser freiner par la frilosité des Européens » est une réflexion courante dans les cercles politiques à Washington, à tel point que l'unilatéralisme est considéré comme une contribution exemplaire à la sécurité. Pour cette raison, certains spécialistes prévoient l'accroissement du rôle hégémonique des États-Unis dans les affaires du monde : internationalisation des politiques fédérales américaines (police, justice, renseignement, etc.), coalitions ponctuelles et augmentation de la présence militaire dans certains pays et certaines régions. Et ils concluent : « L'évolution la plus à craindre : une fois mise en mouvement, [l'Amérique] ne peut plus être stoppée[26]. » Le danger d'un comportement impérial et arrogant, au lieu d'un engagement inclusif et tolérant envers les autres nations, est à redouter même si les leçons apprises de l'histoire indiquent l'ineptie de politiques allant à contre-courant du multilatéralisme. « Parler doucement est aussi important que de manier un gros bâton », dirait Theodore Roosevelt ! La politique extérieure américaine doit ainsi se faire rassurante, s'atteler à rebâtir les États faibles, sauvegarder les coalitions et les alliances, soutenir les efforts de désarmement,

---

25. Pierre Hassner, *op. cit.*, p. 75.
26. Justin Vaïsse, « Diplomatie américaine : un nouveau leadership ? », *Politique internationale*, n° 93, automne 2001, p. 180.

consentir des ressources importantes pour la conduite de sa diplomatie (en augmentant le budget du département d'État par exemple), et opter au moins autant en faveur de l'internationalisme que de l'interventionnisme — des stratégies éprouvées par l'Amérique et qui ont connu du succès durant la Guerre froide.

Il est encore trop tôt pour parler d'une « présidence impériale », et plutôt abusif de voir en Bush un « César américain[27] », tant les évolutions de la politique américaine sont imprévisibles. Selon la suite des événements, il est bien possible que l'interventionnisme fasse place à une période d'attentisme qui permettrait de juger si la lutte antiterroriste procure les résultats escomptés. Il est tout aussi concevable que l'engagement de l'Amérique, sous ses formes les plus musclées, soit accentué si d'autres attentats dirigés contre elle devaient survenir.

★ ★ ★

Les implications pour le Canada des mutations de la politique de défense des États-Unis, notamment de leur volonté d'établir un « périmètre de sécurité » en Amérique du Nord, sont significatives. Il est difficile de s'imaginer que le Canada puisse éviter de glisser vers une forme d'*Alena militaire intégrée*, ou du moins vers une harmonisation encore plus poussée des relations de défense nord-américaines. L'histoire nous a appris que Canadiens et Américains partagent la même géographie — surtout en matière de défense. Les changements que le gouvernement américain met en place affectent directement le Canada, non seulement sur le plan militaire mais également en ce qui concerne l'immigration et plus globalement l'identité canadienne. De nouvelles lois entrent en vigueur et des réorganisations sont en cours.

---

27. Philip Golub, « Retour à une présidence impériale », *Le Monde Diplomatique*, janvier 2002, p. 8-9.

Pour la défense canadienne, les évolutions sont nombreuses. Premièrement, l'éventuelle sanctuarisation de tout le territoire nord-américain. Deuxièmement, la création par le Pentagone au 1er octobre 2002 du commandement nordique (*Northern Command*) pour unifier les forces de défense du territoire, incluant le NORAD. Troisièmement, la présence temporaire des soldats canadiens aux côtés des soldats américains dans les combats sporadiques contre Al-Qaida dans le sud et l'est de l'Afghanistan. Et, quatrièmement, la révision annoncée de la politique de défense du Canada ainsi que l'augmentation du budget militaire. Ces changements sont de nature à engendrer des problèmes auxquels le gouvernement canadien devra songer, notamment sa capacité d'influence et son poids dans les nouvelles structures envisagées, le degré d'indépendance ou d'autonomie de sa politique étrangère, la réorganisation ou l'harmonisation de ses services (frontières, immigration, justice) pour les rendre compatibles avec les initiatives américaines, le développement de la défense antimissile, et l'interopérabilité entre les forces armées canadiennes et américaines. Plus fondamentalement, le Canada devra définir son rôle dans le nouveau monde de la sécurité : ne pouvant tout faire, il devra définir ses priorités, ce qui ne constitue pas un défi si nouveau, tant il est habitué à tergiverser depuis longtemps sur les ressources et les objectifs de sa défense.

Le Canada doit s'interroger sur l'avenir de sa souveraineté sur le plan de la sécurité[28]. En signant de nouveaux accords, en plaçant les structures militaires canadiennes davantage encore sous « tutelle » américaine, le Canada s'engage résolument sur la voie de l'intégration. Il sera difficile, dans de telles conditions, de ne pas

---

28. Albert Legault, « Le Canada aux marches de l'empire », *Le Devoir*, 18 février 2002, p. A-7.

suivre automatiquement les politiques américaines en faveur de budgets de défense accrus, de la construction d'un bouclier antimissile, de déploiements conjoints des forces terrestres en situation de combat. Bien que les forces armées canadiennes aient un besoin pressant de ressources supplémentaires[29], encore faut-il d'abord définir les missions que l'on attend d'elles. La lutte anti-terroriste offre au Canada une excellente occasion de reconsidérer ou de réaffirmer son rôle de « pacificateur » dans la sécurité internationale.

---

29. Rémi Landry, « L'envers de la médaille », *La Presse*, 27 avril 2002, p. A-9.

Références bibliographiques

Pascal Boniface (dir.), *Les leçons du 11 septembre*, Paris, PUF, 2001, 134 p.

Dominique David, *Sécurité : l'après New York*, Paris, Presses de Sciences Po, coll. « Bibliothèque du citoyen », 2002.

James Hoge et Gideon Rose (dir.), *How Did This Happen ? Terrorism and the New War*, New York, Public Affairs, 2001.

Thomas Homer-Dixon, « The Rise of Complex Terrorism », *Foreign Policy*, n° 128, janvier/février 2002, p. 52-62.

Strobe Talbott et Nayan Chanda (dir.), *The Age of Terror : America and the World After September 11*, New York, Basic Books, 2001.

Sites Internet

Institut français des relations internationales
http ://www.ifri.org

International Institute for Strategic Studies
http ://www.iiss.org//home.php

Institut de relations internationales et stratégiques
http ://www.iris-France.org

Council on Foreign Relations
http ://www.cfr.org

Chaire Raoul-Dandurand en études stratégiques et diplomatiques
http ://www.dandurand.uqam.ca

2

Les répercussions géopolitiques de la guerre en Afghanistan

FRÉDÉRIC LASSERRE

Que l'on se souvienne du discours ambiant avant septembre 2001 : c'était un monde, d'après les analyses politiques, dominé par un retour des tensions entre Washington et Moscou, et, surtout, par la rivalité entre la Chine et les États-Unis qui s'esquissait, nouvelle guerre froide dont le catalyseur avait été l'interception de l'avion-espion américain en mer de Chine du Sud, le 1er avril 2001. De « partenaire stratégique » sous la présidence de Clinton, la Chine était devenue dans la bouche de George W. Bush un « compétiteur stratégique ». La multiplication des publications faisant état de l'armement chinois illustrait cette tendance, au sein de l'administration républicaine, à voir en la Chine, à tort ou à raison, un concurrent potentiel avec lequel les relations seraient nécessairement conflictuelles.

Et puis le monde a été bouleversé par les attentats du 11 septembre. Aujourd'hui, il n'est plus question de guerre froide sino-américaine, ni même de tension entre la Russie et les États-Unis au sujet, notamment, du projet de défense antimissile et de l'abrogation du traité ABM par Washington le 14 décembre 2001 : la Chine et la Russie se sont rangées sous la bannière américaine dans la campagne de lutte contre le terrorisme.

S'il était difficile pour les deux pays de ne pas manifester une certaine solidarité avec Washington, les gestes
politiques posés par les trois gouvernements montrent
en revanche une modification profonde de leurs relations. La Russie et la Chine ont fait taire leurs critiques
les plus vives ; les États-Unis ne pointent plus la Chine
du doigt comme un futur rival et modèrent considérablement leur soutien verbal à Taiwan.

Pourtant, cette attitude de la part de Moscou et de
Beijing n'allait pas de soi. La stratégie déployée par les
États-Unis en Asie centrale et dans le Caucase implique
un bouleversement de la donne géopolitique qui ne
satisfera peut-être pas Moscou et Beijing à long terme.

Les combats de début mars 2002 engagés contre des
poches de résistance en Afghanistan, puis l'offensive
alliée de mai 2002, laissent supposer que le territoire
n'est encore qu'imparfaitement maîtrisé par le gouvernement de Kaboul. Cependant, l'onde de choc du dernier épisode de la guerre civile afghane va bien au-delà
du simple renversement du régime des talibans et de la
persistance des combats. Le désintérêt total des Américains pour l'Afghanistan après le retrait des Soviétiques
du pays en 1989 et après la chute de l'URSS en 1991, avait
contribué à pérenniser une guerre civile interminable et
l'extension de la production d'héroïne pour financer le
conflit et se substituer à une économie civile en ruines.
Cette fois-ci, Washington entend bien demeurer présent
dans la région. Mais probablement pas en Afghanistan :
le gouvernement américain n'est pas sans savoir que
toute armée étrangère y stationne difficilement, comme
l'ont durement appris les Britanniques au XIXᵉ siècle,
puis les Soviétiques plus récemment. La pacification et
le contrôle du pays incomberont au gouvernement de
Kaboul.

De nouveaux points d'appui américains en Asie centrale et au Caucase

Les Américains, à la faveur de la guerre contre le régime taliban et le réseau d'Al-Qaida en Afghanistan, paraissent s'installer durablement en Asie centrale. Ils s'en défendent et répètent qu'ils n'envisagent pas de maintenir une présence à long terme en Asie centrale, mais ils se gardent bien de préciser le délai auquel ils pensent. De plus, on se souviendra que l'installation de l'armée américaine en Arabie Saoudite, en 1990, devait être provisoire...

Invités expressément par l'Ouzbékistan en octobre 2001, puis par le Kirghizstan en décembre, les forces américaines déploient encore des efforts de construction de bases que les opérations relativement réduites en Afghanistan ne sauraient justifier. Les bases de Khanabad (Ouzbékistan), d'Aïni (Tadjikistan) et de Manas (Kirghizstan), qui pourraient abriter jusqu'à 4000 hommes si l'on se fie à l'ampleur des travaux, sont en passe de devenir des éléments clés d'un dispositif américain durablement installé en Asie centrale.

De plus, les Américains s'installent également en Géorgie, en prenant comme prétexte la lutte contre des groupes liés à Al-Qaida installés dans le nord du pays, dans les gorges de Pankissi, tandis que l'Azerbaïdjan appelle les États-Unis à ouvrir des bases militaires sur son territoire. À la faveur de leur arrivée, les forces tchétchènes ont affirmé soutenir la guerre des États-Unis contre le terrorisme : cette surprenante volte-face, quand on sait que de nombreux groupes tchétchènes sont proches du réseau Al-Qaida, illustre sans doute le poids militaire américain désormais bien compris par les acteurs de la région.

Dans quel but les Américains multiplient-ils ainsi les bases militaires dans ces régions ? Et en quoi cette irruption des forces américaines, justifiée dans le cadre de la lutte contre les talibans et le réseau militant Al-Qaida, et soutenue et souhaitée par les gouvernements des pays hôtes, bouleverse-t-elle le paysage géopolitique de la région ?

Les enjeux des hydrocarbures : l'outil politique du pétrole et la sécurité énergétique

Au-delà de la question sécuritaire qui occupe les esprits et que le secrétaire à la Défense américain, Donald Rumsfeld, martèle jour après jour sur les ondes pour justifier une optique résolument militaire en Afghanistan et des relations tendues avec l'Iran, la politique américaine est guidée par un objectif politique et économique : déterminer le tracé des oléoducs qui permettront aux hydrocarbures d'Asie centrale d'aboutir sur les marchés mondiaux. C'était d'ailleurs cet objectif qui justifiait, pour Washington, le soutien accordé aux talibans jusqu'en 1999 : favoriser la construction de cet oléoduc à travers l'Afghanistan, pacifié grâce à la milice fondamentaliste, puis le Pakistan, pour contrer les projets de tracé par l'Iran et contrecarrer le monopole russe d'acheminement des hydrocarbures d'Asie centrale.

Ce projet de faire aboutir le pétrole et le gaz de la région sur les marchés mondiaux est plus que jamais d'actualité : les États-Unis cherchent à sécuriser leur approvisionnement énergétique et à diversifier leurs fournisseurs afin de réduire leur dépendance envers le Moyen-Orient, qui est encore potentiellement trop instable. Une certaine tension au sein du royaume saoudien, la crainte d'une collusion de membres de la famille royale avec des réseaux islamistes militants et la mauvaise humeur manifeste des Saoudiens à l'endroit des Américains dans la gestion de la crise afghane ont conduit Washington à envisager de réduire sa dépendance. En effet, dans le golfe Persique, c'est surtout l'influence saoudienne qui a garanti la pérennité des intérêts américains depuis la révolution iranienne de 1979.

Tout comme dans le sous-sol de la mer Caspienne, objet d'âpres négociations de partage entre pays riverains (Azerbaïdjan, Russie, Kazakhstan, Turkménistan, Iran), les réserves d'hydrocarbures en Asie centrale sont considérables — de l'ordre de celles de la mer du Nord au début de son exploitation. Par sa présence militaire, Washington pourrait garantir une assistance au nouveau régime afghan tout en se dotant des moyens d'intervenir en Asie centrale pour protéger les régimes des républiques ex-soviétiques. Le projet d'oléoduc transafghan pourrait être réactivé très prochainement : les efforts militaires américains pour accélérer la pacification du pays n'ont donc pas seulement pour objectif de traquer Oussama Ben Laden. On découvre une certaine constance dans la politique américaine avec la diffusion d'informations sur le caractère continu des discussions entre Washington et le régime des talibans jusqu'en août 2001. Il faut dire que le développement du réseau d'oléoducs russe rendait plus que jamais urgent, dans l'optique de la constitution d'un réseau concurrent, l'aboutissement du projet afghan : le 27 novembre 2001 était inauguré l'oléoduc entre Tenguiz (nord de la Caspienne, au Kazakhstan) et Novorossisk, port pétrolier russe sur la mer Noire. L'ambassadeur américain, Wendy Chamberlain, aurait discuté dès octobre 2001 avec le ministre du Pétrole pakistanais de la relance du projet[1].

Le récent soutien américain au gouvernement géorgien dans sa lutte contre les maquisards des montagnes du nord de la Géorgie permet de penser que l'hypothèse du tracé d'un oléoduc par le Caucase n'est pas abandonnée. Celui-ci suppose le passage par la Turquie, vers le port pétrolier de Ceyhan, sur la Méditerranée. Mais peu de compagnies pétrolières sont favorables à un tel projet, en raison des coûts très élevés de construction

---

1. *Libération*, 5 janvier 2002.

d'un oléoduc à travers les montagnes du Caucase et d'Anatolie où sévit encore une forte instabilité. À tout le moins, l'intervention américaine vient, aux yeux du gouvernement de la Géorgie, lui donner un certain soutien politique dans son différend avec Moscou. En garantissant une certaine protection américaine, elle donne également un poids stratégique supplémentaire aux projets de la Géorgie, déjà traversée par le nouvel oléoduc Bakou-Soupsa, sur la côte géorgienne de la mer Noire, inauguré en 2000.

Cet oléoduc conforte également la position de l'Azerbaïdjan. Bakou a vu son poids dans la géoéconomie des hydrocarbures s'accroître avec la signature d'un partenariat stratégique avec la Russie, lequel prévoit la construction d'un oléoduc Bakou-Novorossisk. À long terme, Washington vise toujours la mise en chantier d'un oléoduc Bakou-Ceyhan pour acheminer les hydrocarbures de la Caspienne vers les marchés occidentaux. C'est dans cette optique que se place l'arrivée de forces américaines en Géorgie : les États-Unis souhaitent y contrer la présence russe, renforcer la coopération avec l'Azerbaïdjan et établir une coopération pérenne avec l'Arménie, pour l'heure alliée durable de Moscou. Ils s'assurent ainsi le contrôle du terrain pour la mise en chantier éventuelle de cet oléoduc que refuse la Russie ; ils verrouillent aussi une route qui assure la liaison entre leurs bases d'Asie centrale, la Turquie et la Méditerranée, route plus sûre que par le Pakistan trop instable.

On a pu lire ou entendre que le récent durcissement de ton américain à l'endroit de l'Iran était motivé, justement, par le désir de renverser le régime iranien pour lui substituer un gouvernement favorable à la construction d'un oléoduc permettant d'acheminer les hydrocarbures d'Asie centrale vers les marchés mondiaux, en particulier américains. Cette hypothèse n'est pas très plausible. Elle fait peu de cas du nationalisme iranien et de la stabilité du régime, malgré la volonté de réforme d'une majorité de la population : renverser ce régime suppose un effort militaire, diplomatique et politique sans commune mesure avec des objectifs d'ordre pétrolier. Acheminer les hydrocarbures à travers un Afghanistan plus ou moins pacifié reste plus plausible, dans les conditions actuelles, qu'un éventuel renversement rapide du gouvernement iranien et l'installation d'un régime pro-américain. Certes, techniquement, le choix de l'Iran paraît plus logique : l'infrastructure des oléoducs et des gazoducs iraniens demande peu de travaux pour assurer l'évacuation de la production d'Asie centrale. Il suffirait de quelques segments additionnels et de la réfection de certains autres pour disposer d'un réseau fonctionnel. Mais, en ce cas, on comprend mal pourquoi Washington aurait choisi d'opter à nouveau pour la carte de la confrontation avec le régime iranien, alors que l'on observait un certain rapprochement entre l'Iran et les États-Unis en automne — rapprochement encore plus net du côté de la Grande-Bretagne et de l'Union européenne. De plus, si l'objectif américain est de diversifier ses sources d'approvisionnement pour réduire sa dépendance à l'égard du golfe Arabo-Persique, y faire aboutir le pétrole d'Asie centrale ne ferait qu'accroître cette dépendance et le caractère névralgique du contrôle maritime de cette région. Le 12 février 2002, le porte-parole de la Maison-Blanche a assuré qu'il n'existait aucun plan militaire américain à l'endroit de l'Iran[2].

Compte tenu des choix politiques de Washington envers l'Iran, le tracé afghan, certes plus long, apparaît encore aujourd'hui comme la meilleure carte. Le choix de l'envoyé spécial de George W. Bush en Afghanistan, Zalmay Khalilzad, n'est pas neutre : il avait écrit, à la fin

---

2. *Le Monde*, 13 février 2002.

de l'année 2000, que « l'importance de l'Afghanistan pourrait grandir dans les prochaines années, alors que le pétrole d'Asie centrale [...] commence à jouer un rôle majeur sur le marché mondial de l'énergie. L'Afghanistan pourrait s'avérer un corridor de qualité pour cette énergie[3] ». Le précédent employeur de M. Khalilzad n'était-il pas la compagnie Unocal, celle-là même qui était à l'origine du projet américain de soutien aux talibans pour permettre la construction de ce fameux oléoduc ? La rhétorique américaine sur l'« axe du mal » dont l'Iran serait la principale cible, vise plus probablement à mettre une certaine pression sur Téhéran, mais elle constitue, on le verra, une stratégie fort risquée pour Washington.

« La Russie a perdu l'Asie centrale[4] »

Ces projets, bien évidemment, portent ombrage aux ambitions russes dans la région. Moscou considérait l'Asie centrale et le Caucase comme son arrière-cour : la Russie dispose même de bases militaires en Géorgie, où s'installe maintenant l'armée américaine... C'est uniquement par manque de moyens de pression que les dirigeants russes, pris de vitesse par l'invitation ouzbèke, ont accepté du bout des lèvres le déploiement de troupes américaines dans la région. En effet, dès le 24 septembre, le gouvernement de Tashkent, imité quelques jours après par d'autres gouvernements d'Asie centrale, invitait formellement Washington à utiliser ses bases pour son opération en Afghanistan. L'annonce du soutien militaire à la Géorgie, le 27 février 2002, a renforcé à Moscou le sentiment d'une intrusion américaine dans ce qui était autrefois la sphère d'influence directe de la Russie.

---

3. Zalmay Khalilzad et Daniel Byman, « Afghanistan : The Consolidation of a Rogue State », *The Washington Quarterly*, hiver 2000.

4. *Kommersant*, Moscou, 11 janvier 2002.

En contrepartie de l'acceptation de la présence militaire américaine que la prise de position ouzbèke rendait incontournable, Washington a probablement promis aux Russes une importante aide économique, un appui à l'entrée dans l'OMC, ainsi que la liberté d'action en Tchétchénie : un élément majeur, car, du point de vue des préoccupations stratégiques russes, la Tchétchénie passe bien avant l'Afghanistan. Une certaine ambivalence marque les réactions de Moscou face au soutien limité de Washington à la Géorgie : certes, il s'agit là d'une nouvelle irruption des troupes américaines dans un pays jusqu'à présent largement dominé par Moscou, mais la Russie serait satisfaite de voir les Américains reconnaître implicitement les liens entre les réseaux islamistes internationaux et la guérilla tchétchène basée dans le nord de la Géorgie. C'est sans doute ce calcul russe qui a conduit les dirigeants tchétchènes à prendre rapidement leurs distances vis-à-vis des réseaux d'Al-Qaida, afin de contrer en partie la marge de manœuvre accrue dont disposerait l'armée russe pour mener ses opérations militaires. Par ailleurs, le gouvernement russe espère également avoir obtenu une participation accrue aux mécanismes de prise de décision dans la lutte contre le terrorisme.

À plus long terme, la Russie voit son influence en Asie centrale et dans le Caucase considérablement réduite : la fin de son monopole sur les oléoducs implique une baisse de ses redevances. Elle signifie également la fin du levier politique que le contrôle de l'accès aux marchés des hydrocarbures d'Asie centrale constitue sur ces républiques. Vladimir Poutine et son ministre de la Défense ne cessent de répéter, à usage interne sans doute, qu'ils ne croient pas que les Américains demeurent longtemps en Asie centrale. Mais l'Ouzbékistan, principale puissance de la région, a saisi l'occasion pour réduire son lien de dépendance avec

Moscou en établissant des relations étroites avec les États-Unis et en signant, dès novembre 2001, un accord de sécurité le liant à Washington. Cet accord — de même que les travaux de grande ampleur que les Américains ont entrepris sur les bases qu'ils occupent — atteste la pérennité du projet américain. Les nouvelles bases américaines constituent des atouts majeurs pour la politique des États-Unis dans la région. «Il devrait être clair pour tout le monde que les intérêts des États-Unis en Ouzbékistan portent sur le long terme», a déclaré Donald Rumsfeld, le secrétaire américain à la Défense, le 5 octobre 2001. Fin janvier 2002, la Maison-Blanche affirmait de nouveau que la présence des armées américaines était vouée à durer «de longues années[5]», un constat que reprenait la sous-secrétaire d'État, Elizabeth Jones, en visite à Bichkek, au Kirghizstan[6]. Dès 1999, après le retrait ouzbek du pacte de sécurité collective de la CEI, un rapprochement s'était opéré entre Tashkent et Washington; un projet d'installation de base américaine à Outchkoudouk avait été conçu, pour être abandonné devant la ferme opposition russe.

Seul le Tadjikistan, du fait de l'importance des troupes russes qui y sont déployées pour protéger le régime actuel et surveiller ses frontières (201e division russe), et le Turkménistan, qui a refusé d'ouvrir son territoire à un contingent américain, pourraient continuer de graviter dans l'orbite russe. Dans ce contexte, il est encore difficile de dire si l'empressement russe à se redéployer à Kaboul constituait une partie du plan conjoint

5. *Le Monde*, 31 janvier 2002.

6. «Compte tenu de la situation politique et économique au Kirghizstan, je promets que nous n'allons pas abuser du soutien que ce pays a accordé aux forces armées américaines, mais je suis absolument certaine que la présence des États-Unis au Kirghizstan est pour de longues années.» Déclaration prononcée à l'issue d'une rencontre avec le président kirghize Askar Akaiev, le 24 janvier 2002 (*La Presse*, 25 janvier 2002).

entre Moscou et Washington, ou s'il s'agissait d'un baroud d'honneur destiné à apaiser un état-major frustré. Une unité du ministère des Situations d'urgence a ainsi pris position à Kaboul, sous couvert d'installation humanitaire et de préparation à la réouverture de l'ambassade russe, dès le 3 décembre 2001. La fermeté russe, exprimée le 14 février 2002 sur le contrat de vente d'un réacteur nucléaire à l'Iran, pour lequel les Américains multiplient les pressions afin que Moscou annule la transaction, illustre ce difficile jeu russe : Moscou cherche à redéfinir la ligne des intérêts qu'elle n'entend pas négocier avec les États-Unis, après avoir déjà, à ses yeux, tant concédé.

La Chine accepte la présence américaine... à court terme

Beijing s'inquiétait, depuis l'échec de sa campagne d'intimidation contre Taiwan en 1996, de la présence militaire américaine à ses portes. Dans l'optique d'un possible — quoique encore improbable — conflit pour récupérer ce que le gouvernement chinois considère toujours comme une province rebelle, la Chine aurait besoin d'une profondeur stratégique, ou du moins de la garantie que ses frontières fussent stables et qu'aucun nouveau front ne s'ouvrît. C'était là tout le sens du partenariat construit avec la Russie, sur des intérêts à court terme bien compris de lutte contre la domination américaine, de coopération technique et militaire, et d'apaisement des facteurs de tension. On peut penser à la frontière de l'Amour dont le litige — non réglé — est gelé pour 50 ans, au peuplement croissant de l'Extrême-Orient russe par des immigrants chinois, à la perception renforcée de la part des Russes d'ambitions chinoises à long terme sur ces provinces « injustement » arrachées à la Chine impériale par la Russie tsariste dans les traités inégaux au XIXe siècle.

La nécessité de monter un large front commun pour entreprendre cette « guerre contre le terrorisme » a conduit Washington à assouplir sa position envers la Chine. Dans ce contexte, l'entrée de la Chine au sein de l'OMC était un gage de meilleures relations concédé par Washington à Beijing afin de s'assurer de la coopération chinoise dans l'entreprise de combat contre les auteurs de l'attentat du 11 septembre. De surcroît, à l'instar de la Russie, la Chine tire des bénéfices politiques de l'intervention américaine en Afghanistan. La sécurité au Xinjiang résumait l'essentiel de la politique afghane de Beijing. Alliées du Pakistan, les autorités chinoises ont patiemment tenté de convaincre les talibans, protégés d'Islamabad, de cesser leur soutien aux groupes indépendantistes ouïgours actifs au Xinjiang. Après avoir échoué dans leurs entreprises, les autorités chinoises ont vu dans l'offensive américaine le moyen de se débarrasser du régime taliban, au risque d'un relatif refroidissement de leurs relations avec le Pakistan. De plus, le gouvernement chinois se sert du prétexte de la lutte contre les réseaux islamistes pour renforcer la répression des milieux nationalistes ouïghours.

Mais Beijing ne comptait pas sur un déploiement durable des forces américaines en Asie centrale. De leurs nouvelles positions, grâce à quelques avions radars, les Américains peuvent surveiller toute la région et envisager des opérations militaires à travers l'Asie centrale jusqu'en Chine. C'est bien parce qu'elle redoutait ce scénario que la Chine avait exigé, en vain, que l'intervention afghane soit placée sous l'égide des Nations unies.

Aujourd'hui, c'est tout le travail de pénétration diplomatique de la Chine, incarné par l'Organisation de coopération de Shanghai[7], qui se trouve ainsi remis en cause. La Chine a également pu mesurer la fragilité du

---

7. Organisme fondé par Beijing en 1996 qui regroupait, avec la Chine et la Russie, le Kazakhstan, le Kirghizstan, le Tadjikistan et l'Ouzbékistan.

partenariat qu'elle avait souhaité développer avec la Russie pour, justement, renforcer l'exclusion des États-Unis de cette région : Moscou a très rapidement fait volte-face et fait taire ses critiques à l'endroit de Washington, sans consulter son partenaire chinois. Pour reprendre pied dans la région à court terme, la Chine n'a d'autre choix que de chercher l'appui du Pakistan. Au-delà du différend temporaire provoqué par l'appui chinois à l'élimination du régime taliban, c'est là tout le sens de la visite du président Mucharraf à Beijing en décembre 2001 : assurer à la Chine la pérennité de ses liens avec Islamabad.

L'Iran encerclé, en butte à l'ostracisme américain

C'est l'Iran qui, à court terme du moins, a le plus perdu dans la recomposition du paysage politique. Certes, le régime ennemi des talibans, avec lequel Téhéran avait failli entrer en guerre en 1998, a été balayé. Les relations avec le nouveau régime afghan sont cordiales, comme en témoigne la visite, fin février 2002, du premier ministre afghan, Hamid Kharzai, à Téhéran. Elles permettent à l'Iran d'envisager une réelle campagne contre le trafic de drogue à la frontière irano-afghane, un problème qui avait pris de telles proportions lors de la période 1995-2000 que l'armée iranienne engageait parfois de véritables batailles rangées contre les caravanes des trafiquants et avait entrepris la fortification de la frontière.

Mais l'espoir d'une certaine normalisation des relations avec les États-Unis, né à l'automne, parallèlement au rapprochement marqué avec la Grande-Bretagne et l'Union européenne, semble s'être évaporé très vite fin janvier 2002 lorsque Washington a formalisé sa vision de « l'axe du mal » au rang duquel figure l'Iran. Les perspectives de coopération économique et du règlement de la question des avoirs du shah, gelés aux États-Unis depuis 23 ans et qui représentent, avec les intérêts, une somme considérable, se sont évanouies pour l'heure.

Et surtout, les Américains s'installent en Asie centrale, près des frontières iraniennes, maintiennent leurs bases en Arabie Saoudite, tissent des liens étroits avec le nouveau régime afghan et sont en relativement bons termes avec la Russie : c'est ce qui alimente la perception iranienne d'un encerclement complet par les États-Unis. De surcroît, ces derniers développent une rhétorique belliqueuse envers l'Iran où, pourtant, la lutte politique entre les conservateurs et les modérés est encore très indécise depuis l'élection de Khatami en 1997. Cataloguer sans nuance l'Iran dans l'« axe du mal », cher aux nouveaux stratèges américains, traduit sans doute une mise sous pression accrue du régime iranien par Washington. Cette perspective gomme pourtant le rôle modérateur de Téhéran dans les conflits régionaux (Arménie-Azerbaïdjan notamment), son opposition constante aux talibans, et elle relance le danger d'une radicalisation du régime sous la pression de la nouvelle croisade américaine. D'ailleurs, comme pour la Chine, la présence américaine et la réorientation stratégique de nombreuses républiques d'Asie centrale ruinent des années d'efforts de séduction et de pénétration économique.

L'Inde, partenaire américain incontournable ?

Par contre, l'Inde bénéficie considérablement de la nouvelle donne. Son ennemi pakistanais a perdu de nombreux atouts stratégiques avec la disparition des talibans : partenaire incontournable pendant l'automne, le Pakistan perd de son importance avec l'effondrement soudain d'un régime taliban qu'il espérait utiliser pour pacifier l'Afghanistan, séduire l'Asie centrale et se poser en passage obligé pour les débouchés commerciaux de ces républiques. Les contacts diplomatiques entre le nouveau régime afghan et l'Inde se sont développés plus rapidement qu'avec le Pakistan, dès le 12 décembre

2001, et les promesses d'aide du Pakistan envers l'Afghanistan, de l'ordre de 100 millions de dollars, peuvent laisser rêveur compte tenu de la déconfiture de l'économie pakistanaise.

L'Inde était très soucieuse, par ailleurs, du retour en grâce spectaculaire du Pakistan aux yeux de Washington à l'automne 2001 — retour en grâce qui traduisait le rôle crucial du Pakistan dans la campagne américaine pour renverser les talibans et déloger Al-Qaida. L'Inde s'est efforcée de souligner le rôle d'Islamabad dans l'entraînement des groupes armés séparatistes cachemiris, gesticulation diplomatique destinée à ne pas laisser le Pakistan se parer des atours d'un fidèle allié combattant les réseaux islamistes et terroristes. En réussissant à établir un parallèle entre les attentats du 11 septembre et l'attaque contre le Parlement indien du 13 décembre, l'Inde concrétisait un rapprochement qui était envisagé par Washington depuis quelques années et qui prend désormais tout son sens stratégique. L'Inde place ainsi la question de la lutte contre Al-Qaida dans un contexte plus global de lutte contre l'activisme islamiste, dans l'espoir, bien sûr, d'obtenir l'appui implicite des Américains dans le conflit du Cachemire. Pour un pays très soucieux de son indépendance politique, il est remarquable de constater la vitesse à laquelle l'idée d'un renforcement de la coopération militaire avec les États-Unis a progressé. Deux exercices militaires ont déjà eu lieu, en mars et en mai, et des manœuvres navales sont envisagées entre les deux pays. Ce réchauffement diplomatique et militaire vient couronner des efforts, entrepris dès décembre 1997, pour établir des contacts plus étroits. Dès cette époque, les États-Unis étaient devenus l'un des principaux partenaires commerciaux de l'Inde et son principal investisseur. L'administration Clinton désirait rompre avec la structure des relations héritées de la Guerre froide. L'alliance privilégiée entre les États-Unis et le Pakistan n'était pas le premier choix de Washington, qui aurait préféré maintenir sa politique d'équilibre entre l'Inde et le Pakistan telle qu'elle existait jusqu'au début des années 1970. Le choix indien d'une alliance avec l'URSS, dirigée contre la Chine, et la rupture sino-soviétique avaient consacré une triple alliance sino-américano-pakistanaise. L'invasion soviétique de l'Afghanistan avait renforcé le poids stratégique du Pakistan aux yeux de Washington. Mais ces facteurs de géopolitique mondiale ont disparu, et les États-Unis souhaitent un rééquilibrage de leurs relations avec New Delhi et Islamabad. Aux yeux de Washington, l'Inde, séculaire, dotée d'un marché potentiel considérable et d'une flotte capable de tenir tête aux entreprises chinoises dans l'océan Indien, est un atout considérable.

Mais ce rapprochement, souhaité tant par New Delhi que par Washington, doit être géré habilement. Aucun des deux partenaires ne veut heurter de front le Pakistan, ils veulent ménager tant son opinion publique que les cercles de l'armée et des services secrets qui estiment que le Pakistan a sacrifié son intérêt national, et prévenir toute aggravation de sa situation intérieure. Même l'Inde préfère l'État pakistanais actuel à l'effondrement du régime d'Islamabad, auquel pourrait succéder un régime beaucoup plus radical, militant et hostile...

Un Pakistan couronné puis banalisé?

Le Pakistan se retrouvera-t-il à nouveau isolé, après avoir gagné toute l'attention de Washington lorsqu'il s'agissait de démanteler le régime des talibans? Déjà en 1965, suite à la guerre indo-pakistanaise, les États-Unis s'étaient détournés — provisoirement — du Pakistan, conduisant celui-ci à nouer une alliance avec la Chine. Au début des années 1990, Washington avait indirectement encouragé une politique pakistanaise autonome, par son désintérêt total de la question afghane après le départ des Soviétiques, et par sa condamnation du programme nucléaire pakistanais. Pour l'heure, le président Mucharraf est parvenu à maintenir la cohésion d'une société et d'un appareil gouvernemental très divisés sur le soutien accordé par Islamabad à la campagne américaine. Le Pakistan a également perdu le précieux atout que constituait pour lui la présence d'un régime qui lui était favorable à Kaboul. Il n'a eu de cesse de susciter l'avènement de régimes lui étant favorables en Afghanistan, en particulier depuis la très vive tension de 1963 issue de la revendication afghane sur la région pachtoune du Pakistan (frontière du Nord-Ouest). Islamabad, tout comme durant l'occupation soviétique en Afghanistan, estime qu'il est stratégiquement très difficile de gérer une situation conflictuelle sur deux fronts à la fois, l'éternel front du Cachemire et la frontière afghane. Pour contrer efficacement l'Inde, le Pakistan tient à garantir au minimum la neutralité bienveillante de l'Afghanistan. La défaite de 1971 face à l'Inde, puis la présence à sa frontière des troupes d'une Union soviétique politiquement proche de l'Inde, ont largement contribué à la décision pakistanaise de mettre en place son programme nucléaire : la bombe compensait la perte de profondeur stratégique provoquée par l'irruption soviétique en Afghanistan.

Le nouveau régime afghan, où figurent en position de force les Tadjiks et les Ouzbeks de l'Alliance du Nord, est *a priori* perçu à Islamabad comme nettement moins favorable aux intérêts pakistanais, ne serait-ce qu'à cause du souvenir, parmi les peuples du nord de l'Afghanistan, de l'aide massive du Pakistan aux talibans. De fait, l'Inde a tout intérêt à chercher à se gagner l'amitié du régime afghan, ne serait-ce que pour maintenir cette épine dans le pied de son ennemi.

Islamabad a consenti à d'importants sacrifices pour accéder à toutes les demandes américaines : renoncer au régime des talibans et, partant, à ses ambitions en Asie centrale ; démanteler les partis, associations et écoles religieuses qui servaient de base aux plus radicaux des militants islamistes ; museler les officiers de l'armée et des services secrets qui s'opposaient à la politique américaine et faire taire les dissensions au sein du gouvernement ; affronter la colère d'une bonne partie de l'opinion publique.

Washington avait, à l'automne 2001, absolument besoin du partenaire pakistanais pour mener à bien sa campagne afghane. Le Pakistan était devenu un allié incontournable. De fait, en contrepartie des gestes majeurs de bonne volonté du Pakistan, dont certains consacrent l'échec des ambitions stratégiques pakistanaises en Afghanistan et en Asie centrale, les Américains ont récompensé le président Mucharraf. Les sanctions politiques et financières ont été levées, l'isolement diplomatique du Pakistan a pris fin et Washington et Islamabad entretiennent de bonnes relations ; les crédits et autres facilités de paiement ont été débloqués, sauvant le pays d'une asphyxie financière qui menaçait dangereusement le régime.

Le Pakistan, aux premières loges et bien renseigné sur la structure du régime taliban, était ainsi devenu la clé régionale du dispositif de lutte des États-Unis contre Al-Qaida. Il redevenait l'allié privilégié de Washington, reléguait l'Inde à un rôle très marginal dans la région, et comptait bénéficier de l'appui des Américains dans le différend du Cachemire. De plus, le récent référendum sur le prolongement du mandat du général Mucharraf, quoique contesté, marque malgré tout le retour d'une certaine légitimité politique pour le président. Mais le régime des talibans s'est rapidement effondré, et les Américains ont pu établir des bases militaires en Asie centrale et en Géorgie : le rôle du Pakistan, dans la poursuite des objectifs militaires américains, est désormais moindre, sans être négligeable, car on soupçonne les vestiges du réseau Al-Qaida de s'être repliés au Pakistan. Les attentats de mai et juin 2002 à Karachi confirment la permanence d'une menace terroriste dans la région, qui empêche le gouvernement américain de négliger Islamabad. Mais Washington regarde déjà ailleurs, aux Philippines, en Indonésie, dans le Caucase, dans la globalité de l'Asie centrale, en Inde. La désillusion, dont certains analystes et la presse pakistanaise se font l'écho[8], n'en a été que plus forte pour le gouvernement pakistanais : sans être redevenu marginal, le Pakistan n'est pas resté longtemps la pièce maîtresse du jeu diplomatique américain et doit encore régler ses graves problèmes sociaux. Le rapprochement en cours avec l'Inde, qu'Islamabad croyait avoir durablement marginalisée, constitue une illustration flagrante de son rôle désormais moins crucial qu'à l'automne 2001 dans la région.

Washington a par ailleurs promis au Pakistan une aide économique très importante. Si les États-Unis ne respectent pas leur engagement, cela justifiera l'idée, défendue au sein des cercles du pouvoir pakistanais par les milieux qui étaient hostiles à la rupture avec les talibans, que seuls les objectifs du Pakistan doivent guider sa politique. En fait, la marge de manœuvre du gouvernement actuel est très mince, entre le souci de maintenir de bonnes relations avec les Occidentaux, seule garantie d'une reprise économique possible, les pressions des faucons de l'armée et des services secrets de l'ISI qui désespèrent du blocage de la situation au Cachemire après la défaite de 1999 contre l'Inde, et une opinion publique qui attend de son gouvernement qu'il

---

8. Voir notamment Ahmad Faruqui, « Repaying Pakistan », *Far Eastern Economic Review*, 13 décembre 2001 ; et *Pakistan Today*, Lahore, 26 avril 2002 ; *The Friday Times*, Islamabad, 10 mai 2002 ; *The Pakistan Observer*, Islamabad, 10 mai 2002.

enraye la dégradation constante de l'économie. À ce titre, il n'est pas sûr que le récent plébiscite du président soit une garantie de la fin des fractures sociales qui fragilisent le Pakistan.

Pour que leurs opérations militaires et politiques antiterroristes se soldent par un succès réel, il importe, pour les États-Unis, que le Pakistan maintienne une certaine stabilité : il reste ainsi un allié important pour Washington. Mais cette stabilité passe aussi par des gestes de Washington : aide économique majeure, implication dans le différend — très délicat — du Cachemire, équilibre des relations entre Inde et Pakistan, souci des réalités socio-économiques domestiques.

$$* * *$$

Par leur appui trop marqué aux régimes en place, souvent très autoritaires et impopulaires, les États-Unis ne risquent-ils pas de renforcer la polarisation de ces sociétés dans lesquelles la croissance économique se fait attendre, offrant un terreau d'autant plus propice à la diffusion des thèses islamistes que les gouvernants font face à des accusations répétées de corruption ? Ce sont déjà ces conditions socio-économiques qui ont contribué à l'ascension du Mouvement islamique d'Ouzbékistan (IMU). Ce faisant, la présence américaine pourrait être perçue, par l'opinion publique, comme une ingérence étrangère susceptible de faire obstacle aux changements politiques nécessaires, surtout si elle ne s'accompagne d'aucun signe de croissance économique. La construction de l'oléoduc transafghan permettrait aux pays d'Asie centrale de relancer leur développement économique. Il reste cependant que, d'une part, le projet est loin d'aboutir et que, d'autre part, les revenus pétroliers potentiels des pays d'Asie centrale, qui sont considérables, ne garantissent en rien un développement social et économique harmonieux si le gouvernement n'en assure pas une répartition sociale équitable. Que l'on garde à l'esprit les exemples des évolutions économiques de l'Iran pré-révolutionnaire, de l'Arabie Saoudite ou de l'Algérie... Washington saura-t-il éviter les erreurs du passé?

Les États-Unis ont en effet tout intérêt à gérer avec soin la perception de leur présence et de leur soutien envers les régimes hôtes parfois eux-mêmes peu populaires. En effet, la politique qu'ils paraissent vouloir mener en Asie centrale semble être de pousser tous azimuts l'avantage de leur triomphe militaire en Afghanistan. Mais Washington pourra-t-il multiplier les fronts? La politique de double endiguement contre l'Irak et l'Iran, de 1991 à 2001, a été coûteuse et n'a pas produit de résultat tangible. Elle comportait un certain risque : que Bagdad et Téhéran s'entendent sur une coopération minimale pour contrer les démarches américaines.

En s'installant en Asie centrale, les Américains bénéficient de la volonté de certaines de ces ex-républiques soviétiques de prendre leurs distances vis-à-vis de la prééminence russe. Ils comblent aussi les velléités stratégiques de l'Inde, qui cherchait depuis longtemps un rapprochement concret avec Washington, si possible au détriment du Pakistan. À court terme, tant la Russie que la Chine vont tolérer la présence militaire américaine dans leur arrière-cour : d'une part, la conjoncture n'est guère favorable à une politique obstructionniste et, d'autre part, elles voient les avantages d'une lutte conjointe contre les réseaux islamistes militants.

À plus long terme, mener trop ostensiblement une politique qui privilégierait l'extension de l'influence américaine au détriment de celles de Moscou et de Beijing, alors même que Washington se fait officiellement l'avocat de la nécessité de la coopération, pourrait présenter un risque : celui de ressouder une coalition d'États désireux de contrer ce qui est perçu comme une ingérence américaine. À moins que le gouvernement américain ne se sente assez fort pour multiplier les opérations de lutte antiterroriste à travers le monde tout en assurant la promotion directe de ses intérêts stratégiques — pétroliers notamment —, il a tout intérêt, pour pérenniser ses nouvelles positions, à ménager les sensibilités russe, chinoise, pakistanaise, indienne et iranienne.

Par ailleurs, il serait illusoire, pour les autorités américaines, de croire que leur stratégie résolument militaire peut garantir une paix durable. Déjà, en Afghanistan, l'absence totale d'une réflexion politique a des conséquences néfastes. L'appui du Pentagone et de la CIA à des chefs militaires locaux pachtounes, dans le but de pourchasser les noyaux d'Al-Qaida encore présents dans le sud et l'est du pays, a conduit Washington à financer la constitution d'une « armée » afghane. Mais ces chefs se battent souvent entre eux, se remettent à la culture du pavot et, surtout, ignorent l'autorité du gouvernement de Karzai. Début mai 2002, M. Karzai a ouvertement qualifié d'« assassin » Badshah Khan, un chef allié des Américains, promettant de l'« éliminer[9] ». Le concert des protestations des ONG sur le terrain a conduit la CIA à financer rapidement de petits projets locaux, gérés par ces seigneurs de la guerre qu'elle finance, sans passer par le gouvernement de Kaboul, ce qui le prive davantage d'une autorité pourtant à reconstruire sur l'ensemble du territoire afghan. Sans reconstruction et retour de la croissance, l'Afghanistan continuera à vivre grâce à l'économie de la drogue et à constituer un foyer de luttes entre bandes rivales : bref, il demeurera un foyer de guerre. Il en va de même en Asie centrale, où le mécontentement des opinions publiques s'élèvera proportionnellement à l'incapacité

---

9. *Pakistan Observer*, Islamabad, 4 mai 2002.

des gouvernements, malgré l'aide américaine, à assurer l'amélioration du niveau de vie de tous.

À plus long terme, la croissance de l'Asie, de la Chine en particulier, maintiendra la question pétrolière au premier plan des enjeux stratégiques de la région. En 1993, le PIB combiné des pays asiatiques représentait 23 % du total mondial ; en 2010, il devrait en constituer 36 %. De 1992 à 2010, la consommation pétrolière asiatique devrait ainsi doubler, et cet accroissement de consommation sera essentiellement satisfait par les importations, au premier rang desquelles figureront celles de la Chine, importateur net depuis 1994, et dont la dépendance ne cesse de s'accroître depuis. Déjà, on observe une croissance spectaculaire des investissements chinois dans le secteur pétrolier en Asie centrale et en Asie du Sud-Est. La demande chinoise concurrencera alors de plus en plus la demande occidentale, et Beijing sera soucieux d'assurer la sécurité de ses approvisionnements... notamment à partir de la Sibérie et de l'Asie centrale. Assisterons-nous alors à un retour des discours sur la nouvelle guerre froide entre la Chine et les États-Unis ?

Références bibliographiques

Ahmed Rashid, *Taliban : Militant Islam, Oil and Fundamentalism in Central Asia*, New Haven, Yale University Press, 2000. Version française : *L'Ombre des Taliban*, Paris, Autrement, 2001.

Ahmed Rashid, *Asie centrale, champ de guerres : cinq républiques face à l'Islam radical*, Paris, Autrement, 2002.

John K. Cooley, *CIA et Jihad, 1950-2001 : contre l'URSS, une désastreuse alliance*, Paris, Autrement, 2002.

Svatopluk Soucek, *A History of Inner Asia*, Cambridge, Cambridge University Press, 2000.

Patrick Karam, *Asie centrale, le nouveau grand jeu*, Paris, L'Harmattan, 2002.

Sites Internet

The Times of Central Asia
http ://www.times.kg/

Central Asia and the Caucasus, Information and analytical Center
http ://www.ca-c.org/indexe.shtml

Interactive Central Asia Resource Project (ICARP)
http ://www.icarp.com/cenasia.html

The Terrorism Research Center
http ://www.terrorism.com/index.shtml

Central Asia — Caucasus Analysis
http ://www.cacianalyst.org

3

Le terrorisme religieux

ALEXIS COSSETTE-TRUDEL ET SAMI AOUN

Les événements du 11 septembre 2001 ont révélé la vulnérabilité des sociétés ouvertes face à la détermination
d'individus résolus à accomplir leurs desseins par tous
les moyens. L'utilisation de la terreur à des fins politiques, le terrorisme, a connu un développement spectaculaire sur la scène internationale depuis quelques
années.

Lié autrefois au jeu de la compétition Est-Ouest, le
terrorisme s'affranchit aujourd'hui du cadre principalement étatique dans lequel il s'inscrivait depuis l'ère de
la décolonisation et se « transnationalise » graduelle-
ment. Si les systèmes de sécurité des sociétés occidentales ont réussi à neutraliser en grande partie la première
vague de terrorisme des années 1960 et 1970, les nouvelles tendances du terrorisme international et les nouvelles techniques utilisées par les terroristes modernes
ont surpris par leur ampleur.

Les événements du 11 septembre ont également sen-
sibilisé les opinions publiques occidentales à un phénomène d'une dimension nouvelle sur la scène mondiale : l'islamisme. Si ce militantisme islamique — et
surtout celui qui prône l'anti-occidentalisme — a
émergé il y a une vingtaine d'années, c'est au cours des

années 90 que le phénomène a pris une ampleur mondiale avec la victoire du djihad international contre l'Armée rouge en Afghanistan et le retour dans leurs pays d'origine de milliers de moudjahidins aguerris.

Pour comprendre les nouvelles tendances en matière de terrorisme international, et en particulier sa composante religieuse, l'islamisme, il est nécessaire de se pencher sur sa dimension activiste : il s'agit d'étudier le « djihadisme » dans le monde musulman et de voir s'il est en rupture ou en continuité avec le terrorisme classique des années 1960.

Vers une définition du terrorisme

Le terrorisme est un phénomène complexe et il importe de faire la part des choses entre les actes violents de certaines organisations et le discours du pouvoir en place. Quelle est la nature du terrorisme ? Qu'est-ce qu'un acte terroriste ? Le terrorisme se définit-il en fonction des actions menées ou selon le contexte dans lequel il s'inscrit ?

Il ne s'agit pas de créer une véritable typologie du terrorisme, qui constituerait une œuvre monumentale en raison de la complexité du phénomène en question. C'est une grille d'analyse critique qui est proposée ici afin d'appréhender le terrorisme, d'en comprendre les nuances pour arriver à distinguer, par exemple, le cas palestinien de celui d'Al-Qaida.

Il est généralement considéré que le terrorisme est l'arme du faible, de celui qui est incapable de concurrencer son adversaire par des moyens militaires conventionnels. Les définitions du terrorisme sont nombreuses. On peut l'entendre comme une « action spectaculaire violente, mais de dimension limitée, visant à dégrader la volonté de lutte de l'adversaire[1] ». Ou encore selon le FBI, comme « l'usage illégal de la force

---

1. François Géré, *Dictionnaire de la pensée stratégique*, Paris, Larousse, 2000, p. 269.

ou du recours à la violence par un groupe ou un individu lié à une puissance étrangère, ou dont les activités transcendent les frontières nationales, qui est dirigé contre des personnes ou des biens à des fins de cœrcition ou d'intimidation à l'endroit d'un gouvernement, de la population ou de tout autre segment de la société dans la poursuite d'objectifs sociaux ou politiques[2] ». Le développement des médias de masse a assurément contribué à donner de l'importance à ce phénomène, en donnant à chaque acte terroriste un retentissement considérable.

Le contexte national et international est d'importance capitale dans l'étude du phénomène du terrorisme. L'intention et le motif sont également des facteurs explicatifs susceptibles d'éclairer la nature d'un geste dit « terroriste ». Il faut en effet les replacer dans le cadre du processus de légitimation de l'acte terroriste qui cherche, notamment, à infirmer la légitimité du pouvoir en place. Ainsi, les maquis français, italiens et grecs lors de la Seconde Guerre mondiale doivent-ils être classés parmi les organisations terroristes ? Les Viêt-congs étaient-ils des résistants ou des terroristes ? Qu'en est-il de l'OLP, organisation qualifiée de terroriste par les Israéliens, mais perçue comme une organisation de libération nationale par le monde arabe ?

A priori, lorsque les actes de terreur sont dirigés contre des citoyens ordinaires, ils s'apparentent plus à du terrorisme au sens propre du terme. Toutefois, quand la violence touche principalement l'appareil étatique, comme l'armée ou le système judiciaire, elle est souvent décrite comme une résistance au pouvoir en place, qu'elle soit légitime ou non. De façon générale, une action entreprise par un individu ou un groupe dans le but de créer un « effet de terreur » dans la population

---

2. Voir le site du FBI (http://www.fbi.gov/contact/fo/jackson/cntrterr.htm).

civile se classe aisément dans la catégorie des actes dits
«terroristes». À l'inverse, lorsque la violence émane d'un
État dans le but de créer un «effet de terreur» dans la
population civile, elle s'inscrirait soit comme un élément de la guerre psychologique, soit comme un crime
de guerre ou comme un crime contre l'humanité. La différence entre la violence émanant d'individus ou de
groupes et celle provenant d'un État tient dans le fait
que la conduite des États est régie par le droit international tandis que celle des groupes ou des individus l'est
par le droit commun relevant de l'État en question.

Cela dit, le phénomène du terrorisme religieux ne se
limite pas forcément à cette définition traditionnelle du
terrorisme dit «classique». La justification du terrorisme
religieux, son *modus operandi* et son objectif ne ressemblent pas — ou peu — aux caractéristiques de sa contrepartie «classique». Le terrorisme religieux est mondialisant, en ce sens qu'il transcende les frontières de l'État.
Il véhicule également une idéologie très spécifique et se
démarque du terrorisme à caractère social ou politique.

Évolution historique

Le terrorisme était autrefois un phénomène relativement
bien circonscrit. Il était le fait, soit d'individus organisés
et rompus aux techniques terroristes par des réseaux de
renseignements étrangers, soit de groupes de révolutionnaires qui remettaient en cause la nature même du
pouvoir en place. Ces groupes étaient souvent liés à des
mouvements de libération nationale qui avaient pour
but de contrôler tout ou partie du territoire et qui visaient
à substituer une forme d'autorité à une autre.

Par leurs actions d'éclat, ces groupes cherchaient à
attirer l'attention de l'opinion publique sur leurs revendications pour forcer des négociations ou, tout au moins,
se tailler une place à la table des négociations. Il leur fal-
lait donc doser la terreur de façon à être en mesure de

capter l'attention des médias sans se mettre l'opinion publique complètement à dos. Cette première vague de terrorisme a été largement contrée par la politique d'intransigeance des États occidentaux et par l'application stricte des trois principes antiterroristes : tout d'abord ne faire aucune concession aux terroristes, ensuite les traiter comme des criminels de droit commun, et enfin sanctionner les États qui les abritent.

Ce modèle est aujourd'hui de moins en moins pertinent. Le terrorisme a évolué et s'est adapté aux mutations de la société moderne et au contexte international. Les terroristes ne cherchent plus à faire pression sur un auditoire national pour se tailler une place à la table des négociations. Ils cherchent plutôt à infliger une leçon, à mener une guerre subversive ou encore à se venger. Ils sont souvent motivés par une idéologie radicale et leurs tactiques en sont le reflet.

D'ailleurs, les politiques antiterroristes élaborées pour contrer les terroristes de la première vague sont inadaptées à la réalité du nouveau terrorisme. À quoi bon traiter ces terroristes comme des criminels de droit commun quand leur *modus operandi* est l'attentat suicide ? La menace d'emprisonnement n'aurait pas dissuadé les terroristes du 11 septembre. À quoi bon tenter de combattre les organisations terroristes en refusant de négocier avec elles quand leur objectif n'est pas d'obtenir une place à la table des négociations mais plutôt de déstabiliser, de manière spectaculaire et destructrice ? De toute évidence, les politiques antiterroristes actuelles sont impuissantes face à la réalité de la terreur au XXIe siècle[3].

Les tendances actuelles du terrorisme international

L'évolution du terrorisme au cours des dernières années a transformé la nature de la menace contre l'État. Deux

---

3. P.J. Bremer III, «A New Strategy for the New Face of Terrorism», *National Interest–Special Issue*, Thanksgiving 2001, n° 65-s, p. 23-30.

tendances cohabitent désormais au sein des mouvements terroristes. Une tendance au cas par cas — le terrorisme à la pièce (sporadique) — et une tendance profitant des avantages de la mondialisation — le
terrorisme mondialisant (internationaliste).

En ce qui concerne le terrorisme à la pièce, la remise
en cause systématique du pouvoir n'est plus à l'ordre du
jour. Ce genre de terrorisme ne vise que certaines composantes ou segments de la société ; il ne tend qu'à promouvoir ou abolir certaines idées ou façons de faire et
non à réformer la société dans son ensemble. Ce type
de terrorisme reste toutefois marginal et ne constitue
pas de menace réelle pour l'État. Les attentats dans des
cliniques d'avortement constituent ainsi un exemple
probant de terrorisme à la pièce.

Le terrorisme mondialisant dénote une tendance à la
« transnationalisation » de certaines organisations.
Auparavant, les terroristes étaient organisés sur une
base nationale. Or actuellement, ils s'organisent de plus
en plus en réseaux où les « agents » sont mobiles et appelés à opérer dans plusieurs pays. Ce genre de terrorisme
est caractérisé principalement par la nature supranatio-
nale des enjeux et des solutions nécessaires pour le jugu-
ler. Ces organisations sont souvent gérées comme des
entreprises et profitent de toutes les failles du système
international pour accroître leur influence politique et
économique. Al-Qaida représente un cas patent de terrorisme mondialisant en raison de son idéologie militante — l'islamisme — et de sa capacité d'action sur
tous les continents.

L'islamisme, fondement du terrorisme religieux mondialisant

En décembre 1979, l'Union soviétique envahit l'Afghanistan. Une campagne internationale de résistance à l'invasion soviétique s'organise aussitôt, avec le recrutement

dans tous les pays arabes et musulmans de moudjahidins prêts à livrer le djihad (guerre religieuse légale) contre l'Armée rouge. Ces combattants musulmans sont équipés et financés par une coalition impressionnante de pays (et parmi eux, les États-Unis, l'Arabie Saoudite, le Pakistan, le Maroc, l'Égypte, la Jordanie, la Turquie et le sultanat d'Oman). Les moudjahidins utilisent le Pakistan comme base arrière pour lancer des assauts contre les forces soviétiques en Afghanistan. À l'époque, le directeur de la CIA, William Casey, était d'ailleurs responsable de la mise sur pied de l'aide aux moudjahidins.

Dix ans plus tard, l'Armée rouge se retire, défaite, de l'Afghanistan. Les moudjahidins sont victorieux, le djihad international est un succès. Mais pour les milliers de combattants galvanisés du djihad, il n'est nullement question de déposer les armes. Pour eux, la lutte continue, soit en Afghanistan pour renverser le régime pantin de Nadjibollah à Kaboul, soit dans leur pays d'origine respectif pour renverser des régimes perçus comme corrompus et y substituer des États islamistes. Plus tard, d'autres ont commencé à penser que la lutte devait se poursuivre contre l'Occident pour mener le djihad jusque dans les pays qui soutiennent, arment et corrompent les régimes du Proche-Orient.

Suite au désengagement des Occidentaux de l'Afghanistan et à la fin subséquente de leur appui militaire et financier aux moudjahidins, le réseau Al-Qaida prend le relais organisationnel pour maintenir le niveau de mobilisation chez les islamistes : il finance, entraîne et organise les nouveaux réseaux de moudjahidins répartis aux quatre coins du globe. Du coup, le réseau Al-Qaida remplace l'entraînement et le financement offerts par les pays occidentaux par un entraînement, un financement et, surtout, un ordre du jour proprement islamiste avec son corollaire dogmatique : le remplacement de l'ennemi soviétique par l'ennemi américain.

Entre islam et islamisme

Si le terme «islamique» renvoie à l'adjectif utilisé pour définir, de façon générale, ce qui est relatif à l'islam, le terme «islamiste» est porteur d'un tout autre sens. Il représente une mouvance très militante qui prône l'application à la lettre du message de l'islam: il présuppose l'unité du pouvoir séculier et du pouvoir religieux avec, en toile de fond, le recours à la violence et à la terreur pour atteindre son objectif.

Les islamistes se basent sur une interprétation stricte du Coran pour justifier leur vision de l'islam. Pour eux, le monde est scindé en deux. Il y a d'une part, le *Dar-al-Islam*, le territoire, la terre de l'islam et d'autre part, le *Dar-el-Harb*, les territoires en guerre (où les musulmans font la guerre). L'islam prône la paix et l'ordre dans le Dar-al-Islam et la guerre à l'extérieur de ses frontières, dans le Dar-el-Harb. La finalité de cette pensée est de transformer l'ensemble du Dar-el-Harb en Dar-al-Islam. Cela correspond à l'avènement d'un Monde (Dar-al-Islam), un Dieu (Allah) et une Loi (la *charia*) pour l'humanité tout entière. Pour eux, le moyen d'y parvenir est le djihad[4].

L'islamisme comporte également un volet interne: il peut être considéré comme une forme de contestation politique lorsque, sur la scène étatique, il milite pour des réformes politiques et sociales allant dans le sens d'une islamisation plus avancée et d'une «désoccidentalisation» de la société. Vue sous cet angle, la contestation islamiste peut être perçue comme un mouvement d'opposition interne.

Le djihadisme

Cette opposition interne peut toutefois mener à la violence et au terrorisme si les sociétés et les régimes ainsi

---

4. Majid Khadduri, *War and Peace in the Law of Islam*, Baltimore, John Hopkins Press, 1955, p. 25-39.

interpellés résistent à l'islamisation et répondent par la répression. Cette violence peut prendre la forme d'une lutte pour le pouvoir ou d'un mouvement de résistance légitime si la réponse de l'État est excessive. La contestation pacifique se transforme alors en *djihad*, une résistance armée contre le régime perçu comme illégitime et corrompu.

Le djihadisme représente donc la forme militante de l'islamisme. Il correspond au recours, par un groupe islamiste, à la violence pour atteindre ses objectifs politiques et religieux. Dans certaines régions comme au Cachemire ou en Tchétchénie, le djihadisme vise la libération des populations de confession musulmane aux prises avec des régimes non musulmans. Cette forme de djihadisme s'apparente aux mouvements de libération nationale, dans la mesure où les groupes lançant ces djihads sont représentatifs des aspirations des populations locales.

Pour qu'une expression de djihadisme puisse être qualifiée de « terroriste », il faut que la violence soit dirigée contre la population civile ou encore qu'elle résulte de l'instrumentalisation de ces groupes activistes par une puissance étrangère ignorant les intérêts intrinsèques de la population locale.

À cet effet, l'islamisme et le djihadisme ont souvent été utilisés par les grandes puissances dans le but d'atteindre leurs objectifs géopolitiques dans le monde. Au Moyen-Orient, les Américains ont utilisé et soutenu l'islamisme dans certains pays comme rempart contre l'expansion de l'URSS et pour combattre certaines tendances pan-arabistes socialisantes et progressistes. En Asie centrale et dans le Caucase, l'islamisme a servi d'élément déstabilisateur pour l'hégémonie soviétique. Au Pakistan, entre autres, l'islamisme a été utilisé pour contrer les tendances libérales et pacifistes et renforcer la cohésion de la société multiethnique pakistanaise.

Enfin, le premier djihad international d'Afghanistan, dans les années 1980, constitue un cas classique d'instrumentalisation de l'islamisme par les États-Unis pour combattre le bloc soviétique.

L'élément clé du djihad est la notion de mort sacrée, de martyr (*shahid*)[5]. C'est la promesse faite aux combattants musulmans que celui qui meurt sur un champ de bataille lointain en défendant l'islam verra les portes du paradis s'ouvrir. Les mouvements islamistes contemporains entretiennent, alimentent et valorisent cette culture de la mort ; leur endoctrinement consiste à faire en sorte que leurs troupes soient prêtes, à tout moment, au sacrifice ultime pour défendre leur cause. Ce conditionnement idéologique des masses apporte aux mouvements islamistes de très nombreux combattants et candidats au suicide prêts à donner leur vie pour défendre les intérêts de l'islam. Pour tous ces futurs martyrs, le djihad constitue la voie du salut, une façon honorable de vivre et de mourir.

La logique du djihadisme encourage l'effacement de l'appartenance étatique chez les musulmans qui y adhèrent, pour y substituer l'appartenance à l'*oumma*, la communauté des croyants. Les islamistes ne conçoivent pas le monde en termes nationaux et internationaux, mais plutôt en termes transnationaux et pan-islamiques. De façon générale, les combattants du djihad trouvent leur motivation dans la justification religieuse de leurs actes plutôt que dans des considérations de *realpolitik*. Cela n'empêche toutefois pas certains mouvements islamistes de livrer le djihad à l'intérieur des frontières de la société dans laquelle ils s'inscrivent et d'adopter un discours et des revendications nationales, comme en

---

5. Cette notion centrale est traditionnellement chiite, mais elle a été reprise massivement par la mouvance islamiste sunnite dans sa lutte contre certains régimes politiques, notamment en Algérie, en Égypte et en Palestine.

témoigne l'exemple du Front islamique du salut (FIS) algérien.

Le mode d'organisation des réseaux islamistes

Cette façon de concevoir le monde se reflète dans l'organisation des réseaux islamistes, en particulier Al-Qaida. Ces réseaux ont délaissé les modèles organisationnels de type national comme le Groupe islamique armé (GIA) algérien, le Hezbollah libanais ou l'OLP, fondés sur une structure pyramidale rigide avec, à leur tête, un chef politico-militaire. Les réseaux islamistes, pour leur part, sont organisés en toile souple avec, au centre de la toile, un ou plusieurs prédicateurs.

Ces prédicateurs, mollahs, émirs ou cheiks, prêchent en public sans véritablement donner d'ordres précis. À ce titre, Oussama Ben Laden est un fidèle qui s'efforce de réaliser la vision de l'érudit par ses actions. Dans les réseaux islamistes, les fidèles comme Ben Laden ne sont pas des instigateurs mais plutôt des personnes facilitant le djihad. Toutes les actions des chefs comme Oussama Ben Laden sont cautionnées au préalable par des mollahs, par leurs prêches, par des signes d'approbation de la part de l'érudit ou par des *fatwas* (des décrets religieux) signés par ce dernier.

Ce nouveau modèle organisationnel permet à la « toile » islamiste d'éviter les failles du modèle hiérarchique pyramidal. En effet, la hiérarchie pyramidale est plus facile à infiltrer, elle est également vulnérable par le haut : si le chef politico-militaire à sa tête est neutralisé, l'ensemble de la structure se voit dissoute ou mise hors de combat. Bref, le problème de sécurité qu'elle pose est, de façon générale, plus facile à cerner, à comprendre et à contrer.

À l'inverse, le modèle de réseau en toile est plus flexible et capable de survivre à la décapitation de l'organisation. L'infiltration du réseau, plus délicate, n'est pas aussi payante car le processus décisionnel est décentralisé et organisé en cellules individuelles cloisonnées qui sont encouragées à agir de façon autonome. Son éclatement en de multiples entités et son atomisation dans l'espace le rendent plus flou, plus difficile à circonscrire et à comprendre. De toute évidence, il constitue un véritable casse-tête pour les experts en sécurité.

Le réseau Al-Qaida constitue un cas d'espèce dans le sens qu'en plus d'être organisé en toile, il innove en faisant le lien entre différentes organisations terroristes. Ce réseau s'apparente ainsi à une internationale islamiste, facilitant les contacts, les échanges et les transferts entre ses différentes composantes. Il contribue à appuyer, à consolider et à développer le plus de groupes islamistes possible dans le monde, dans le but avoué de renverser les régimes séculiers du monde musulman.

Le mode de financement des réseaux islamistes

À l'instar de la plupart des mouvements terroristes internationaux, la « toile » islamiste utilise des sources de financement illicites comme les revenus du trafic de la drogue, du trafic d'armes, ou encore des enlèvements. Mais les réseaux terroristes islamistes disposent d'une gamme supérieure de moyens de financement, qui les distingue des autres mouvements terroristes.

Premièrement, il existe d'innombrables organismes de charité qui recueillent des fonds partout dans le monde dans le but de perpétuer le djihad. Œuvrant sous le couvert de causes charitables, certains organismes détournent en fait les sommes recueillies vers des groupes ou des causes à caractère idéologique ou politique. Cet artifice financier est possible en raison de l'absence de mécanisme international pour vérifier la distribution des fonds recueillis par les organismes à but non lucratif.

Deuxièmement, il existe un réseau de banques islamiques, né en 1969 lors de la première session de l'Organisation de la conférence islamique, l'OCI, dont les missions principales sont la propagation de l'islam et l'instauration d'un «nouvel ordre économique islamique» basé sur l'entraide et le développement social. La hausse du prix du pétrole dans les années 1970 rendait impérative la mise sur pied d'un réseau bancaire proprement islamique pour gérer les pétrodollars. Incapables de concurrencer le système bancaire transatlantique, ces banques ont été confinées à un rôle marginal sur la scène financière internationale en dépit du poids de leur capitalisation. Certaines branches de ce réseau bancaire recyclent l'argent de l'économie souterraine et du marché noir dans les pays musulmans. Elles servent également de point de transit pour les fonds recueillis par les organismes de charité. Ces banques jouent donc un rôle clé dans la stratégie des mouvements islamistes, leur permettant d'agir sur le plan financier en leur assurant un flux constant d'argent pour la poursuite de leur lutte politique et religieuse[6].

Troisièmement, le système *hawala* de transferts de fonds est couramment utilisé par les organisations islamistes, y compris Al-Qaida. Il fonctionne en trois temps : une somme d'argent est remise par le déposant à un dépositaire (banquier formel ou informel). Ce dépositaire prend contact avec un collègue dans le pays destinataire des fonds reçus et lui demande d'avancer la somme à une personne désignée par le déposant. Cette somme avancée sera récupérée quand ce collègue demandera au dépositaire la même faveur en retour. Le système ne laisse aucune trace de ces transferts de fonds, qui peuvent atteindre des milliards de dollars par jour.

---

6. Roland Jacquard, *Fatwa contre l'Occident*, Paris, Albin Michel, 1998, p. 145-147.

Enfin, les commanditaires étatiques, comme l'Iran, l'Arabie Saoudite, la Syrie, l'Irak ou encore la Libye, financent substantiellement partout dans le monde islamique des organisations islamistes à vocation charitable ou militante sans pour autant que financiers et financés entretiennent des affinités idéologiques. Cet appui étatique aux organisations islamiques militantes est essentiel à leur survie et à leur épanouissement. D'ailleurs, au-delà du support financier, plusieurs États permettent à des organisations terroristes de s'entraîner et d'opérer à partir de leur territoire.

La géopolitique du terrorisme islamique

L'activisme islamique n'est pas confiné uniquement au Moyen-Orient : des États-Unis aux Philippines, en passant par la Russie et l'Afrique subsaharienne, il est présent sur tous les continents. Les réseaux islamistes opérant principalement à partir du Moyen-Orient ont su tisser une véritable toile mondiale d'organisations et de cellules, au sein de laquelle les ressources humaines ou matérielles circulent de façon très fluide.

Ce phénomène de fluidité au sein des organisations militantes, qui touche autant les actifs que les agents, rend très difficile la mise sur pied de mesures visant à résorber le phénomène. Si les lois et les mesures anti-terroristes se durcissent dans certains pays, les fonds et les cellules terroristes se délocalisent vers d'autres régions du monde. Aussi les pays qui souscrivent à la lutte mondiale contre le terrorisme sont-ils confrontés à une tâche monumentale : c'est à l'échelle mondiale qu'il faut envisager les mesures afin de faire en sorte que les conditions favorisant l'émergence du terrorisme soient endiguées de façon permanente.

Il faut, pour ce faire, prendre en compte les origines mêmes de ce militantisme islamique. La question palestinienne et l'appui soutenu des États-Unis à l'État d'Israël — perçu comme inconditionnel et injuste — constituent une source majeure de cet activisme. Plus globalement, il trouve son origine dans la place — considérée comme injustement réduite — du monde arabo-musulman dans le système mondial.

En effet, bien que les pays arabes disposent des plus grandes réserves pétrolières au monde, leur influence politique reste mineure. Le pétrole représente la première ressource stratégique de la planète et les économies des pays avancés en sont totalement dépendantes, ce qui explique que le pétrole a été la cause et l'enjeu principal de plusieurs conflits modernes. Toutefois, les pays arabes demeurent incapables de transformer cet avantage économique écrasant en potentiel politique réel. Les banques islamiques se montrent tout aussi inaptes, malgré le poids de leur capitalisation, à concurrencer les banques du système transatlantique. Les raisons avancées sont toujours les mêmes : corruption des élites, dissensions interarabes, unité de l'Occident face aux questions d'ordre stratégique concernant le Moyen-Orient.

L'islamisme propose donc un modèle différent. Il offre de remplacer le modèle de l'État-nation imposé aux pays arabes par l'Occident depuis près d'un siècle par un modèle coopératif pan-islamique sans frontières. Cet objectif n'est pas sans rappeler le pan-arabisme de Nasser dans les années 1950 et 1960. L'unification du monde musulman, propriétaire des plus grandes réserves de la première ressource stratégique de la planète, pourrait mettre fin, selon cette doctrine, à la déconsidération de la civilisation de l'islam, lui rendre la place qui lui revient et proposer une véritable alternative aux valeurs libérales de l'Occident. C'est pourquoi, dans plusieurs régions du monde où se trouvent des populations musulmanes vivant sous des régimes séculiers, il existe également des cellules islamistes visant à substituer, à

l'administration laïque et civile en place, une administration exclusivement islamique opérant selon les règles
de la *charia*. Ainsi financée, organisée et motivée, la
mosaïque internationale islamiste fédère des organisations terroristes qui risquent de retenir l'attention au
cours des prochaines années et qui trouvent, dans des
États faibles, la niche nécessaire pour se constituer des
bases d'opérations.

Afghanistan • Al-Qaida — « la base » — est un mouvement créé par Oussama Ben Laden au cours du djihad
international contre l'occupation soviétique en Afghanistan. Bien que le réseau ait été sérieusement ébranlé
par la phase initiale de l'opération « Liberté immuable »
et que l'État islamique sur lequel il s'était greffé, le
régime des talibans, ait été défait, il ne faudrait pas
conclure que l'Afghanistan est devenu une terre ouverte
aux valeurs libérales et au modèle occidental de gouvernance. Le « front afghan » n'est pas fermé. Toutefois, le
réseau des camps d'entraînement terroriste a été déman-
telé, ce qui prive les organisateurs du djihad mondial
d'une base arrière pour recruter les combattants et organiser les opérations.

Algérie • En 1989, l'Algérie adopte une nouvelle constitution qui entérine le multipartisme. Fin décembre 1991,
après avoir remporté 853 sièges sur 1550 aux municipales, le FIS remporte le premier tour des législatives.
Les élections sont alors annulées par le gouvernement,
sur des pressions de l'armée et le FIS est dissous. L'Algérie bascule alors dans la violence. Le conflit fera des
dizaines de milliers de morts en quelques années[7].

Les GIA constituent la résistance armée au gouvernement algérien suite à la dissolution du FIS au début
de l'année 1992. Des membres de la garde rapprochée

---

7. Voir le site Algeria-watch pour un bilan plus détaillé
(http://www.algeria-watch.org/mrv/2002/aw_dossier_2002.htm).

d'Oussama Ben Laden sont d'ailleurs issus des GIA. Leurs opérations vont de l'assaut contre les institutions de l'État à l'assassinat de journalistes en passant par les détournements d'avions et les meurtres en série de civils pour créer un climat de terreur généralisé en Algérie. Leur objectif est évidemment de renverser le pouvoir en place et d'installer un État islamique en Algérie.

Égypte • Al-Gaama'a al-Islamiya, la plus grande organisation terroriste d'Égypte depuis la fin des années 1970 est également très active mondialement. La Gaama'a a annoncé un cessez-le-feu en 1999 et n'a entrepris aucune opération en Égypte depuis 1998. Son chef spirituel est le cheik Omar Abd-el Rahman, incarcéré aux États-Unis pour l'instigation du premier attentat contre le World Trade Center en 1993. Ce groupe est connu pour ses attaques contre les touristes étrangers — le tourisme étant l'une des plus importantes sources de revenus de l'Égypte — dont la plus notoire à Louxor en 1997 fit 58 morts. Au printemps 2002, le cheik Abd-el Rahman a annoncé une rupture du cessez-le-feu suite aux opérations israéliennes dans les territoires palestiniens[8].

Le djihad islamique égyptien est un autre mouvement égyptien qui conspire pour renverser le régime et établir un État islamique. Ce groupe est affilié à Al-Qaida de sorte qu'il ne fait plus qu'un avec elle. D'une part, son dirigeant, Ayman Al-Zawahiri est le bras droit d'Oussama Ben Laden et le maître à penser des attentats du 11 septembre, et d'autre part, Mohamed Atta, le coordinateur de l'opération de septembre, était également membre du djihad islamique égyptien.

Liban • Mouvance politique libanaise, le Hezbollah, «Parti de Dieu», est créé en juin 1982 à la suite de l'invasion israélienne et avec l'aide de l'Iran. Ce mouvement

---

8. Voir U.S. Department of State, Counterterrorism Office, *Patterns of Global Terrorism 2000*, [en ligne], avril 2001 (http://www.state.gov/s/ct/rls/pgtrpt/2001/html/ig).

cherche, d'une part, à instaurer, au Liban, une république islamique — à l'image de celle de l'Iran — et, d'autre part, à asseoir l'influence chiite dans le monde arabe.

Le Hezbollah regroupe de nombreuses organisations à vocation sociale — aide aux familles des prisonniers et blessés de guerre, reconstruction de zones sinistrées par les bombardements israéliens, par exemple —, ainsi que des écoles et des hôpitaux. Il contrôle également un réseau diversifié de médias (radio, télévision, presse écrite), ce qui lui permet de promouvoir ses idéaux anti-libéraux et fondamentalement anti-occidentaux, de même que l'islamisation de la société libanaise. Le Hezbollah est financé par l'aumône musulmane obligatoire, des apports étatiques (de la Syrie et de l'Iran, notamment) ainsi que par des donations.

Outre son activisme social, le Hezbollah mène une guérilla particulièrement violente qui l'a conduit, à la suite de détournements d'avions et de prises d'otages, à être catalogué parmi les groupes terroristes.

Yémen • Le Yémen abrite plusieurs groupuscules islamistes tels que l'Armée islamique d'Abyane-Aden — une organisation liée à Al-Qaida, qui s'oppose à la centralisation du pouvoir et milite pour une meilleure répartition des richesses — et des groupes de jeunes islamistes cherchant à réduire l'influence de l'Occident dans le pays. D'ailleurs, Oussama Ben Laden est originaire du Yémen et Al-Qaida y maintient un nombre important de contacts et d'agents. C'est à partir du port d'Aden que des éléments d'Al-Qaida ont lancé une opération contre le USS *Cole*.

Somalie • Depuis 1992, le mouvement islamiste Al-Itihaad Al-Islamiya est lié à Al-Qaida et donc inféodé à Oussama Ben Laden. Son discours est résolument anti-américain et anti-occidental. Les camps d'entraînement de terroristes — dispersés sur l'ensemble du territoire somalien — hébergeraient un grand nombre de membres d'Al-Qaida et d'Al-Itihaad et de sympathisants et réservistes. Al-Itihaad Al-Islamiya prône, dans un premier temps, la réunification de la Somalie par un islam radical et, dans un second temps, l'exportation de ce modèle islamique.

Philippines • Le Front islamique de libération Moro (FMIL) naît en 1978 d'une scission du Front Moro de libération nationale. Lorsqu'en 1996 le Front Moro de libération nationale conclut un accord de paix avec les autorités philippines, le FMIL choisit de continuer la lutte. Cependant, les jeunes musulmans, insatisfaits devant son inaptitude à promouvoir les valeurs islamiques, durcissent leur discours au sein d'un *nouveau* groupe, Abou Sayyaf.

Abou Sayyaf est un groupe d'activistes musulmans fondé — avec le concours, semble-t-il, du beau-frère d'Oussama Ben Laden, Mohammad Jamal Khalifa — par Kumander Abou Sayyaf. Le groupe Abou Sayyaf tente de «reconstruire l'espace national philippin non pas sur la base d'un tracé arbitraire issu de la décolonisation, mais en utilisant comme levier l'appartenance à l'islam[9]». Son but est de voir la *charia* appliquée sur le territoire philippin, au besoin par les armes — il compte entre 200 et 300 combattants enrôlés, entre autres, à la suite de séjours au Moyen-Orient et il est armé par le Pakistan notamment.

Au nombre de ses revendications, on trouve la prohibition des zones de pêche nationales aux étrangers, la levée de l'embargo contre la Libye et le rétablissement du troc. Ses ressources proviennent essentiellement d'attaques-commandos et de prises d'otages.

---

9. Solomon Kane et Laurent Passicousset, «Un espace national fragmenté. Islam contestataire aux Philippines», *Le Monde Diplomatique*, juillet 2000, p. 25.

Indonésie et Malaisie • Le Laskar Djihad, le Conseil indonésien des moudjahidins (MMI) et le Jemaah Islamiyah sont toutes trois des organisations liées idéologiquement à Al-Qaida ou ayant été entraînées par celle-ci. Ces trois organisations militent notamment pour l'instauration d'un État islamique en Indonésie.

L'islam militant en Malaisie est sous l'influence de groupes extrémistes qui se trouvent dans les pays voisins, comme le Laskar Djihad indonésien. Deux groupes radicaux cohabitent en Malaisie (le Groupe de moudjahidins malais (KMM) et le Parti islamique pan-malaysien) et revendiquent l'instauration d'un État islamique et l'application de la *charia*. La police malaise affirme que le KMM collabore avec Abou Sayyaf. D'autres sources estiment que le GMM a définitivement rejoint le réseau Al-Qaida.

Il existe donc des dizaines d'organisations islamistes résolues à renverser les pouvoirs séculiers en place et à instaurer la *charia*. Ces réseaux islamistes sont actifs sur les cinq continents. En Europe, divers groupes liés à Al-Qaida œuvrent notamment en Bosnie et en Tchétchénie.

★ ★ ★

Quelles sont les pistes de solutions au problème du terrorisme religieux ? Quel avenir les événements du 11 septembre tracent-ils pour ce type de terrorisme ? Les solutions ne sont pas évidentes : les mouvements terroristes ont une capacité d'adaptation rapide à un système répressif et une aptitude réelle à en identifier les faiblesses et les moyens de le contourner. Les solutions définitives au problème du terrorisme religieux devront donc être multilatérales et consensuelles.

Au niveau mondial, il apparaît capital d'agir sur le climat international de sécurité. Dans les années 1960 et 1970, ce climat favorisait les mouvements contestataires et les luttes de libération nationale. Aussi, au début des années 1990, l'appui étatique au terrorisme diminua-t-il sensiblement en raison du climat de détente créé par la fin de la Guerre froide. Aujourd'hui, le climat international de sécurité doit être remodelé de façon à enrayer les mécanismes du terrorisme.

Ce remodelage de la structure internationale de sécurité passe forcément par une solution durable au problème palestinien. La politique de colonisation des territoires occupés et de répression d'Israël à l'endroit des Palestiniens, et l'appui sans équivoque des États-Unis à l'État hébreu génèrent dans le monde arabe les conditions propices aux expressions d'extrémisme qui sont les fondements du terrorisme religieux. Sans un règlement définitif de la question palestinienne, la lutte contre le terrorisme n'atteindra jamais son objectif ultime de reconfiguration de la structure mondiale de sécurité.

L'appui étatique à la terreur doit être délégitimé. Il faut, d'une part, susciter un discours international défavorable à la terreur. Et il importe, d'autre part, d'engager la communauté internationale à agir de façon pro-active pour faire pression sur les États qui abritent ou soutiennent des groupes terroristes, pays occidentaux y compris. Car le djihadisme est véritablement problématique dès lors qu'il est le fruit de l'instrumentalisation de ces groupes par une puissance étrangère.

D'ailleurs, cet aspect de la lutte contre la terreur est déjà bien entamé. La stratégie américaine a fait volte-face à la suite du 11 septembre ; Washington rompt ses liens avec la mouvance djihadiste. Les tentations d'instrumentaliser certains mouvements islamistes pour faire avancer les intérêts américains dans le monde ont été reléguées aux oubliettes. Les Américains tenteront désormais, partout, de couper les vivres à la mouvance djihadiste en faisant pression sur ses sources de financement, notamment étatiques. Le pendant de l'engagement total, mondial et illimité contre le terrorisme est que cette lutte fait fi des leçons et principes d'engagement appris au cours du xxe siècle, soit bien circonscrire la cible et l'objectif des opérations de façon à savoir quand l'objectif sera atteint et les opérations terminées, limiter le plus possible les risques d'embrasement et d'élargissement du conflit aux régions limitrophes, et subordonner les opérations militaires à la diplomatie.

L'art de la guerre en Occident ne s'est jamais si mal porté. La stratégie américaine de lutte contre le terrorisme reste floue sur l'atteinte des objectifs, et la fin des opérations ne se profile pas à l'horizon. La lutte sera livrée partout dans le monde, en dépit des risques d'embrasement du monde arabe et de déstabilisation régionale qu'elle pourrait susciter. L'unilatéralisme américain dans la conduite des opérations ne laisse que peu de place au politique : le militaire prime sur le diplomatique avec en toile de fond une montée possible aux extrêmes et une confrontation finale entre les États-Unis et les États récalcitrants.

Si, au début, les évènements du 11 septembre ont été perçus par certains mouvements islamistes comme une victoire, la réalité semble aujourd'hui bien différente. Le réalignement d'une partie du monde — le Pakistan y compris — sur la logique de la lutte antiterroriste et la présence massive des forces de la coalition antiterroriste en Asie centrale, en Asie du Sud-Est et au Moyen-Orient semblent devoir redistribuer les cartes géopolitiques.

Références bibliographiques

Roland Jacquard, *Au nom d'Oussama Ben Laden*, Paris, Picollec, 2001, 324 p.

Steven Simon et Daniel Benjamin, « The Terror », *Survival*, vol. 43, hiver 2001-2002, p. 5-18.

Pierre Conesa, « Al-Qaida, une secte millénariste », *Le Monde Diplomatique*, janvier 2002, p. 8 et 9.

« Terrorism : Living With Fear », dans *Understanding Global Issues*, n° 104, Buxton Press, 2001, p. 18.

Bruce Hoffman, « Responding to Terrorism Across the Technological Spectrum » dans John Arquilla et David Ronfeldt, *In Athena's Camp*, Santa Monica (Calif.), RAND, 1997, p. 339-368.

Sites Internet

Terrorism Research Center
http ://www.terrorism.com

Un rapport de la Jane's sur Al-Qaida
http ://www.janes.com/security/international_security/
news/jir/jiro10726_1_n.shtml

Federal Bureau of Investigation (FBI)
http ://www.fbi.gov

Federation of American Scientist sur OBL et Al-Qaida
http ://www.fas.org/irp/world/para/ladin.htm

*Le manuel de formation d'Al-Qaida sur le site
du département de la justice américain*
http ://www.usdoj.gov/ag/trainingmanual.htm

4

La menace grandissante des armes de destruction massive[1]

JEAN-FRANÇOIS RIOUX

Les attaques du 11 septembre 2001 ont consacré l'avènement du terrorisme de destruction massive. Ces attaques ont clairement démontré que, dans l'avenir, les terroristes les plus fanatiques n'hésiteront pas à sacrifier des milliers de gens pour leur cause. De fait, le nombre des victimes du World Trade Center équivaut à celui que pourrait causer une attaque à l'arme chimique ou biologique, tout en restant toutefois infiniment inférieur aux pertes qui résulteraient d'un attentat à l'arme nucléaire.

La menace des armes de destruction massive évolue continuellement. Et si de nouvelles menaces ne cessent de s'ajouter dans ce domaine, les anciens sujets d'inquiétude demeurent : ainsi l'aptitude de la Russie à protéger son important arsenal de la Guerre froide, la guerre larvée entre l'Inde et le Pakistan dont on connaît le potentiel nucléaire et l'éventualité — plausible — de l'usage d'armes de destruction massive dans le conflit israélo-arabe.

S'il n'existe pas de définition objective de ces armes, on peut cependant dire que les armes de destruction

4

---

1. L'auteur tient à remercier son assistant de l'UQAM, Sébastien Barthe, pour son excellente collaboration à cette recherche.

massive sont non conventionnelles et ont un potentiel destructeur considérable. Autrement dit, elles peuvent être utilisées par de petits groupes d'individus pour causer un grand nombre de pertes humaines et matérielles. Les quatre types d'armes de destruction massive (ADM) sont les armes chimiques, les armes biologiques, les armes nucléaires et les armes radiologiques[2].

Leur capacité de destruction soulève plusieurs questions : Est-il possible que les ADM soient employées par des terroristes ? Peuvent-elles tomber entre toutes les mains ? Quel est le succès des mesures prises pour tenter de les maîtriser et de les éliminer ?

La prolifération des ADM

Les experts ne s'entendent pas sur le nombre exact d'États détenant des ADM. Ces divergences dépendent des sources de renseignement et des critères utilisés par les analystes. Il serait trop long d'analyser ici ces controverses. Cependant, à titre d'exemple, tandis que la Federation of American Scientists (FAS) identifie neuf États dotés d'armes nucléaires, 27 d'armes chimiques et 19 d'armes biologiques[3], on concède habituellement l'existence de huit États nucléaires (États-Unis, Russie, Chine, France, Grande-Bretagne, Israël, Inde, Pakistan), le cas de la Corée du Nord demeurant incertain, faute de preuve concrète de l'existence d'armes nucléaires opérationnelles. De même, l'International Institute for Strategic Studies (IISS) reconnaît huit États nucléaires, quatre États soupçonnés de développer des armes nucléaires, sept États ayant un programme d'armes chimiques et douze États ayant un programme déclaré ou

2. Plusieurs textes sur ce sujet incluent une section sur les missiles. Bien que ceux-ci soient intimement associés aux ADM, ils n'en constituent pas une catégorie.

3. Voir le tableau préparé par John Pike intitulé « States Possessing Weapons of Mass Destruction » sur le site de la FAS (http://www.fas.org).

suspecté dans le domaine biologique[4]. Cependant, l'IISS écarte, de manière discutable, de ses statistiques les États qui ont officiellement déclaré ne pas être en possession d'armes biologiques et chimiques. Pourtant, le Traité sur les armes biologiques n'exclut pas la possibilité de créer de telles armes à des fins de recherche afin de mettre sur pied des mesures défensives et les États-Unis admettent d'ailleurs l'existence d'un tel programme. Par contre, l'Inde, comme d'autres pays, ne déclare aucune arme chimique ou biologique, même si l'on est en droit de croire le contraire, compte tenu du degré élevé de sa préparation militaire.

En somme, les experts convergent pratiquement sur le nombre d'États nucléaires officiels (huit ou neuf) et potentiels (l'Irak, l'Iran et peut-être la Libye). Cependant, les estimations des capacités chimiques et biologiques sont plutôt divergentes. Il reste que les chiffres élevés de la FAS sont peut-être les plus pertinents ici, car les capacités chimiques et biologiques des États peuvent plus aisément être converties en armes de guerre et gardées secrètes que les capacités nucléaires.

Les armes chimiques • Les armes chimiques sont des substances d'origine synthétique qui peuvent être dispersées dans les airs ou dans l'eau pour tuer, blesser ou neutraliser leurs victimes[5]. L'usage de poisons mortels contre l'ennemi est une pratique éprouvée. Pourtant, il était impossible de tuer à grande échelle avec les armes chimiques avant l'invention des gaz de combat à la fin du XIXe siècle. Les armes chimiques mortelles modernes sont nombreuses, mais peuvent être regroupées en quatre familles principales : 1) les agents suffocants,

---

4. IISS, *Strategic Survey 2001/2002*, Oxford, Oxford University Press, May 2002, Strategic Geography Annex, p. XXIII-XXV.

5. Mentionnons que les armes chimiques ne sont pas toutes mortelles : certaines tendent simplement à dérouter les ennemis ou les forcer à se rendre : fumée, gaz lacrymogènes, gaz nauséabonds, etc.

comme la chlorine ou le phosgène ; 2) les vésicants, comme le gaz moutarde et la lewisite ; 3) les poisons du sang, comme l'arsine (AsH_3) ; 4) les agents neuro-toxiques, tels les gaz tabun, sarin, soman et VX[6]. Les deux premières classes d'armes ont été utilisées sur les champs de bataille de la Première Guerre mondiale. Bien qu'elles n'aient pas été employées par les belligé-rants au cours de la Seconde Guerre mondiale, ces armes chimiques ont continué à être perfectionnées durant la Guerre froide. D'ailleurs, l'Irak a utilisé le tabun dans sa guerre contre l'Iran et dans la répression des Kurdes durant les années 1980.

Le plus souvent, les armes chimiques ont été répan-dues à l'aide d'explosifs qui les dispersaient rapidement dans l'air. Toutefois, il reste possible de les disséminer à l'aide d'appareils aérosols sophistiqués montés à bord d'aéronefs. Il va de soi que les armes chimiques sont vulnérables aux conditions climatiques qui peuvent favo-riser leur dispersion et leur rapide dilution. C'est d'ailleurs en raison de ces contraintes que certains experts ont pu estimer que ces armes n'étaient pas véri-tablement des ADM. Pourtant, l'ampleur des dégâts que pourrait causer un agent chimique en zone urbaine est massive.

Les armes biologiques • Les armes biologiques sont celles qui cherchent à causer la mort ou la maladie par l'emploi de micro-organismes ou de toxines (poisons dérivés d'organismes vivants). Elles ont constitué les premières armes de destruction massive, employées dès l'Antiquité lorsque, par exemple, des cadavres étaient jetés dans les cours d'eau ou les puits pour provoquer des maladies chez l'ennemi. À ce titre, il semblerait que

---

6. Les premiers empêchent l'inhalation de l'air. Les seconds gonflent les poumons, étouffant la victime. Les troisièmes détruisent la capacité du sang de transporter l'oxygène. Les derniers paralysent le système nerveux central, empêchant la respiration.

la grande peste de 1347-1349 qui élimina au moins un quart de la population européenne se répandit à partir de la ville de Caffa, au bord de la mer Noire, assiégée par les Mongols qui y catapultaient des cadavres pour y répandre la peste. Aujourd'hui, les armes biologiques modernes ont un potentiel impressionnant, et la proximité de la réalité et de la fiction l'est tout autant.

Les armes biologiques n'ont pas encore été employées à grande échelle. Toutefois, on sait que de nombreux États ont mené des recherches poussées pour créer des armes et antidotes. Des variantes de maladies endémiques classiques comme la peste, le choléra ou la variole ont été développées à ces fins. Certains estiment d'ailleurs que, bien qu'éradiquée en 1980, la variole est tout à fait susceptible d'être utilisée par des terroristes[7].

Cependant, la plupart des recherches militaires semblent avoir été orientées vers des toxines comme le bacille du charbon (anthrax), la toxine botulique et le ricin, qui présentent les avantages d'une très grande létalité, d'une grande résistance aux conditions climatiques et environnementales et d'une durée de vie supérieure à celles des micro-organismes vivants.

Les modes de dispersion envisageables des armes biologiques sont multiples : vaporisation dans les airs, incorporation à l'eau potable ou la nourriture, transport par des insectes ou des animaux, voire inclusion dans des marchandises ou des colis postaux. Il demeure toutefois que l'usage des armes biologiques dans la guerre est limité en raison de leur vulnérabilité aux conditions climatiques, du délai entre la dispersion de l'agent et l'émergence de la maladie et du risque de transmettre la maladie aux citoyens du pays émetteur et à ceux des

---

7. Des scientifiques russes ont même demandé dernièrement la mise sur pied d'un programme mondial de vaccination contre cette maladie (André Picard, « Experts Raise Smallpox Alert », *Globe and Mail*, 6 novembre 2001).

pays alliés. Cependant, il y a fort à parier que les terroristes intéressés aux armes biologiques ne se soucieraient aucunement de ces limitations.

Les armes nucléaires • Les armes nucléaires constituent des armes de destruction massive absolues en raison de leur puissance, de la variété de leurs effets destructeurs (souffle, chaleur, radioactivité), de leur insensibilité aux conditions environnementales et de leur taille qui peut être assez réduite. Inventées durant la Seconde Guerre mondiale, elles sont de deux types : d'une part, les armes à fission, dont l'énergie provient de l'éclatement d'atomes d'un métal lourd et instable et, d'autre part, les armes à fusion, tirant leur puissance de l'amalgamation violente d'atomes d'hydrogène déclenchée par une explosion à fission. Les principaux métaux utilisés dans les bombes nucléaires sont l'uranium 235 (obtenu par la séparation de l'uranium naturel) et le plutonium 239 (obtenu par le bombardement de l'uranium par des neutrons dans des réacteurs)[8]. Ces matériaux sont très difficiles à fabriquer et coûteux. C'est pourquoi seuls les États techniquement avancés ont pu produire des armes nucléaires, ce qui explique qu'elles échappent encore aux organisations terroristes.

Seules cinq puissances officiellement nucléaires sont mentionnées dans le Traité de non-prolifération (TNP) de 1968[9]. Toutefois, l'Inde et le Pakistan ont effectué des essais nucléaires au printemps 1998. De même, Israël est une puissance nucléaire, probablement depuis les années 1970. Enfin, la Corée du Nord pourrait s'être dotée de quelques engins nucléaires au cours des années 1990. Le nombre des puissances nucléaires reste relativement faible, si l'on prend conscience du fait que

8. Il est aussi possible d'utiliser d'autres isotopes instables de l'uranium, du thorium et d'autres métaux, mais ces matériaux n'ont pas été retenus pour les programmes nucléaires et sont, par conséquent, peu fréquents.

9. Les États-Unis, l'URSS remplacée aujourd'hui par la Russie, la Chine, la France et le Royaume-Uni.

d'autres États ont eu, à un moment donné, les moyens de se doter de ces armes. En effet, l'Afrique du Sud a brièvement détenu des armes nucléaires, mais a sabordé son programme en 1990. Le Brésil et l'Argentine ont également renoncé à l'arme nucléaire vers 1985 après plusieurs années de recherche et développement. Les anciennes républiques soviétiques de l'Ukraine et du Kazakhstan ont accepté de se départir des armes nucléaires qui étaient sur leur territoire après la désagrégation de l'URSS en 1991.

Le spectre de la guerre nucléaire a marqué la Guerre froide et explique en partie pourquoi les deux superpuissances ne se sont jamais directement affrontées entre 1945 et 1990. Cette époque de dissuasion bilatérale est terminée, et les armements de la Russie et des États-Unis, à la suite des accords stratégiques annoncés en mai 2002, représenteront bientôt un peu moins d'un tiers du total de la fin de la Guerre froide. Dans la même perspective, les autres puissances nucléaires occidentales, la France et le Royaume-Uni, ont aussi réduit la taille de leur arsenal nucléaire.

Malgré tout, la prolifération constitue toujours une préoccupation majeure. Au moins trois cas ont ainsi inquiété dans les années 1980 et 1990 — et inquiètent encore — la communauté internationale. Tout d'abord, l'Irak est soupçonné de poursuivre un programme nucléaire alors que l'ONU lui avait intimé l'ordre de détruire ses installations après sa défaite dans la guerre du Koweït. Ensuite, l'Iran est toujours soupçonné par les Américains de chercher à se doter de l'arme nucléaire. Enfin, la Corée du Nord a effectué un véritable chantage, subordonnant l'arrêt de son programme nucléaire à l'obtention de l'aide économique de l'Occident. Malgré cela, ce pays est toujours soupçonné de vouloir produire des armes nucléaires et d'aider d'autres puissances à en fabriquer.

Des situations très conflictuelles subsistent entre Israël et les pays arabes et entre l'Inde et le Pakistan. Dans le premier cas, on sait qu'Israël a souvent menacé d'utiliser des ADM en représailles à des attaques menées avec des armes non conventionnelles. Ce scénario verrait Israël, attaqué de toutes parts par les nations arabes au moyen d'armes chimiques ou nucléaires, répliquer sur les capitales arabes avec l'arme nucléaire. Un autre scénario serait qu'Israël utilise l'arme nucléaire en réponse à un attentat terroriste utilisant des armes de destruction massive. L'escalade de la violence serait alors dramatique : les États arabes et musulmans répliqueraient par une attaque de grande envergure impliquant des armes nucléaires (par exemple, celles du Pakistan) et détruiraient complètement Israël.

Pourtant, selon des experts, c'est dans le cadre du conflit indo-pakistanais que, depuis 25 ans, le scénario d'une guerre nucléaire est le plus plausible. En effet, il y a eu trois guerres ouvertes entre les deux pays depuis leur indépendance (1947, 1965, 1971). En 1990 et en 1999, de graves incidents sur la « ligne de contrôle » divisant le Cachemire ont amené les deux pays à y masser des forces considérables et à hausser leur niveau d'alerte. En décembre 2001, une attaque terroriste contre le parlement de New Delhi, attribuée par les Indiens aux séparatistes cachemiris soutenus par le Pakistan, a envenimé les relations entre les deux pays. En mai 2002, les deux pays ont accru leurs préparatifs militaires, à la suite d'un attentat ayant fait une trentaine de victimes indiennes à Srinagar, dans le Cachemire indien. La proximité géographique de plusieurs villes des deux pays — y compris les capitales — et l'absence d'une force de seconde frappe rendent pertinents les scénarios de frappes de « décapitation » et d'attaques préventives ou « préemptives ». Autrement dit, dans la situation stratégique instable du sous-continent, les décideurs indiens ou pakistanais peuvent être amenés à estimer qu'il vaudrait mieux détruire en premier la force nucléaire de son adversaire que d'être soi-même détruit[10]. Cette instabilité stratégique chronique, conjuguée aux faiblesses des capacités de détection et des procédures d'évaluation de la menace, crée un environnement propice aux erreurs de perception et aux décisions inconsidérées.

Il est peu probable que la question du Cachemire soit rapidement réglée. Il faut donc souhaiter que l'Inde et le Pakistan puissent instaurer des mesures de confiance entre eux, tout en se dotant d'une capacité de seconde frappe et d'un système de commandement et de contrôle capables de stabiliser leur rivalité militaire.

Les armes radiologiques • Les armes radiologiques ont la capacité de contaminer une population et un territoire par la dispersion de matériaux hautement radioactifs comme le cobalt 60 ou le césium 137, que l'on trouve notamment dans divers appareils à usage industriel et médical. Cette dispersion serait effectuée grâce à des explosifs classiques et non pas par une détonation nucléaire. Quelques kilos d'un matériau hautement radioactif répandus par un puissant explosif au-dessus d'une zone urbaine pourraient engendrer des cancers, générer des malformations congénitales et contaminer les infrastructures, en somme faire des dégâts similaires à Tchernobyl. Une telle attaque aurait des conséquences très déstabilisantes, non pas tant en raison du nombre de victimes qu'en raison de la panique qui en résulterait.

---

10. Les deux pays sont, techniquement, dans une situation de « première frappe » très instable. En effet, les armes nucléaires de l'Inde et du Pakistan sont encore basées sur des avions (les missiles terrestres et sous-marins sont encore en développement) et sont donc plutôt vulnérables. Aussi, dans l'hypothèse d'une attaque coordonnée de leur adversaire, chacun de ces deux pays risque-t-il théoriquement de perdre toute sa capacité nucléaire, sans possibilité de riposte. Le danger réside dans le fait qu'en cas de crise majeure, chaque adversaire peut faire le choix d'utiliser ses armes nucléaires en premier, afin de se prémunir contre le même calcul et une telle frappe « préemptive » de l'adversaire.

Ce à quoi il faudrait ajouter les nombreuses années que prendrait la réappropriation des espaces contaminés du fait des intenses efforts de nettoyage et de démolition qui devraient être consentis[11].

Les armes radiologiques n'ont jamais fait partie de l'arsenal des puissances nucléaires, bien que certains pays aient pu étudier cette possibilité depuis la Seconde Guerre mondiale. Par contre, comme en a témoigné l'actualité du mois de juin 2002, les groupes terroristes pourraient tenter de se doter d'un engin de ce type.

Les ADM entre toutes les mains ?

L'un des enjeux majeurs est que les ADM pourraient tomber aux mains des terroristes. D'ailleurs, certains témoignages ont confirmé que les terroristes d'Al-Qaida, en particulier, tentent de s'en procurer depuis longtemps.

Le terrorisme chimique et biologique

La fabrication d'armes chimiques et biologiques est à la portée des grands groupes terroristes transnationaux. Elle ne requiert que des notions universitaires de chimie ou de microbiologie et des machines comme celles qui sont employées dans l'industrie agroalimentaire ou pharmaceutique. Cependant, il ne faut pas négliger les difficultés, les délais et les limites de ce processus. D'une part, il existe un dispositif juridique limitatif. Ainsi, le « Groupe d'Australie » rassemblant des États développés réglemente sévèrement les transferts des matériaux et appareils susceptibles d'entrer dans la fabrication d'armes chimiques et biologiques, ce qui vient indéniablement en compliquer l'acquisition. D'autre part, la manipulation et le transport de substances biologiques demeurent grandement délicats[12].

---

11. De tels scénarios ont été décrits par Henry Kelly de la Federation of American Scientists (FAS). Voir « Dirty Bombs : Response to a Threat », *FAS Public Interest Reports* 55 (2), [en ligne], March-April 2002 (www.fas.org).

La dispersion d'agents chimiques ou biologiques par aérosol ou par une puissante explosion au-dessus d'une grande ville est un scénario effrayant. Cela pourrait faire des milliers de victimes, créer un état de panique et paralyser l'activité économique de la ville ou du pays. Cependant, il est douteux que même des groupes très sophistiqués puissent se livrer à ce type de bioterrorisme à grande échelle. La fabrication d'agents biologiques hautement efficaces, pouvant être disséminés sur des territoires importants par des aéorosols à grande portée, requiert en effet des ressources scientifiques que seuls quelques États possèdent. C'est donc à plus petite échelle qu'il faut considérer cette menace. Il est plus vraisemblable que les terroristes choisissent de vaporiser leurs poisons dans les conduits d'aération de grands ouvrages publics clos : métros, complexes à bureaux, centres d'achats, aéroports ou stades sportifs. C'est d'ailleurs ce qu'ont fait les fanatiques de la secte Aoum Shinrikyo dans le métro de Tokyo le 20 mars 1995 avec une petite quantité de gaz sarin, tuant 12 personnes et en blessant 5500.

Une autre possibilité est de semer la terreur en diffusant des agents biologiques par les colis et les lettres. Les attaques de l'automne 2001 contre le Congrès américain ont utilisé ce dernier moyen, mais ne visaient pas à tuer massivement, leur cible semblant bien définie. Il reste toutefois que ces attaques ont atteint le but recherché par les terroristes, c'est-à-dire pertes de vie, terreur et perturbations économiques. Cet épisode pourrait également montrer que l'on aurait peut-être tort d'attribuer la menace terroriste aux seules organisations politiques radicales. En effet, le terrorisme «anomique» issu de sociopathes pourrait constituer une menace tout aussi importante.

---

12. Ed Regis, «Evaluating the Threat», *Scientific American*, December 2001.

À la suite des attaques du 11 septembre et de l'alerte au bacille du charbon de l'automne 2001, les États-Unis ont décidé de rehausser les mesures de protection et de santé publique contre les attentats utilisant les armes biologiques. Le 5 février 2002, le président Bush annonçait que le budget consacré à ces mesures allait être porté à 5,9 milliards de dollars américains pour 2003, soit une augmentation de 319 % par rapport aux chiffres de l'année précédente. Les armes biologiques se retrouvent au centre des préoccupations de sécurité occidentales.

Le terrorisme nucléaire

Le terrorisme nucléaire constitue la plus grande menace. Même s'il est probable que des complots terroristes impliquant des armes nucléaires ont déjà été déjoués par les services de renseignements occidentaux, la menace terroriste nucléaire est plus présente que jamais. D'ailleurs, témoignant devant le Congrès le 7 février 2001, le directeur de la CIA, George Tenet, a affirmé être convaincu que Ben Laden cherchait à se doter d'une bombe nucléaire[13]. Dans le procès par contumace de Ben Laden pour son rôle dans les attaques contre les ambassades des États-Unis en 1998, un témoin du gouvernement américain, Jamal Ahmad al-Fadl, a révélé qu'il avait tenté de se procurer de l'uranium pour le compte d'Al-Qaida en 1993-1994[14]. Peut-être que si Ben Laden avait été en mesure de le faire, il aurait déjà utilisé l'arme atomique. En outre, d'autres organisations fanatiques cherchent vraisemblablement à se doter des composantes d'une bombe nucléaire. D'ailleurs, selon des scientifiques étudiant la question, la fabrication d'une

---

13. « Nukes Missing », *Herald Sun Sunday*, February 24, 2002.
14. Kimberley McCloud et Matthew Osborne, « WMD Terrorism and Usama Bin Laden », *CNS Reports*, 2001.

bombe nucléaire est à la portée d'un groupe de terroristes très bien organisé[15].

Le problème principal pour les terroristes demeure l'acquisition des matériaux. Outre la possibilité d'en obtenir de manière illicite auprès d'un État, ils peuvent sans doute se procurer des matériaux nucléaires sur le marché noir, voire les dérober[16]. Et pour ce faire, la Russie reste un terrain de prédilection. En effet, l'immense arsenal de l'URSS, conservé dans des installations souvent désuètes, est gardé et administré par un personnel sous-payé et démotivé[17]. Aussi les vols et les détournements constituent-ils une menace constante. Récemment, six Russes, dont un député de la Douma, des activistes de Greenpeace et des caméramans, sont entrés et ont passé plusieurs heures dans un complexe nucléaire sibérien sans être inquiétés[18]. C'est notamment la raison pour laquelle les Américains aident les Russes à protéger leurs explosifs nucléaires depuis la loi Nunn-Lugar de 1991. Il reste que cet effort devra être renforcé, d'autant plus que l'élimination des deux tiers de l'arsenal déployé avec l'accord du 25 mai 2002 signifie que des milliers d'ogives s'ajouteront aux réserves russes existantes.

Les ingrédients nécessaires à une bombe radiologique peuvent être trouvés — et volés — dans des hôpitaux et des usines. Cela signifie qu'il ne serait pas nécessaire de détourner les matériaux hyper-protégés d'un programme militaire ou de réacteurs civils. Un engin radiologique serait facilement repérable par sa taille,

---

15. Mark Carson *et al.*, «Can Terrorists Build Nuclear Weapons?», étude préparée pour le *Nuclear Control Institute* en 1987, [en ligne], (www.nci.org).

16. George Bunn et Fritz Steinhausler, «Guarding Nuclear Reactors and Material From Terrorists and Thieves», *Arms Control Today*, October 2001, p. 8-12.

17. Peter Grier, «Loose Nukes», *The Christian Science Monitor*, December 5, 2001.

18. Nabi Abdullaev, «Break-in Highlights Nuclear Security Problems», *The Moscow Times*, February 18, 2002, p. 3.

son poids et les radiations intenses qu'il émettrait. Cependant, une attaque radiologique pourrait réussir si, en montant un engin dans un bateau, un camion ou un aéronef, les terroristes parvenaient à l'acheminer rapidement vers son lieu d'explosion avant d'être détectés par la police. De surcroît, pour concentrer les effets nocifs du nuage radioactif, l'engin radioactif pourrait être activé — au même titre que les armes biologiques ou chimiques — dans un lieu public fermé, comme un stade couvert, un métro ou un gratte-ciel. Autre scénario, ces terroristes pourraient également attaquer au lance-roquettes des camions, trains ou avions transportant des matériaux radioactifs.

De plus, les terroristes ont aussi l'option d'attaquer des installations nucléaires civiles, lesquelles constituent en quelque sorte des engins radiologiques potentiels. Dans le contexte d'une guerre, la destruction de ces centrales nucléaires est proscrite par le droit international et certains traités bilatéraux ont d'ailleurs été signés pour prévenir ce type d'attaque, par exemple par l'Inde et le Pakistan. Pourtant, des terroristes pourraient tout à fait tenter de détruire une centrale en y écrasant un avion ou en y faisant pénétrer un camion rempli d'explosifs.

Le risque est réel. Certains croient d'ailleurs que l'avion détourné du 11 septembre 2001 qui s'est écrasé en Pennsylvanie pourrait avoir été destiné à détruire une centrale nucléaire[19]. Bien que cette hypothèse ne soit pas vérifiée, elle soulève des interrogations inquiétantes. À la suite du 11 septembre, les Occidentaux se sont rendu compte que leurs usines nucléaires n'étaient pas construites pour résister à l'impact d'un gros avion de ligne et que les installations nucléaires étaient sans doute insuffisamment protégées. À titre d'exemple, les

---

19. Voir Peter Grier, *op. cit.*

lois américaines n'obligent que le déploiement de quatre gardes armés pour une centrale nucléaire. Des simulations ont démontré que des terroristes pouvaient investir une centrale nucléaire américaine en quelques minutes, alors même que les agents de sécurité avaient été préalablement avertis de l'imminence de l'attaque[20].

Faut-il interdire ou limiter les ADM ?

La lutte contre la prolifération des ADM dispose de nombreux moyens. Elle se caractérise par son ampleur et sa variété, directement liées à la complexité du phénomène et aux divergences d'approche[21]. Cependant, les mesures prises pour limiter la prolifération des ADM ne constituent pas véritablement des succès éclatants. Tout d'abord, les politiques internationales ont, tout au plus, un effet de ralentissement et de limitation de la prolifération. Ensuite, leurs effets diffèrent selon les types d'armes en cause. Enfin, leur efficacité n'est pas toujours vraiment évidente face au phénomène spécifique du terrorisme.

L'abolition des ADM

La stratégie la plus simple et la plus efficace de non-prolifération serait l'interdiction des ADM. C'est là ce que revendique depuis toujours le mouvement pacifiste. Et il est vrai qu'il y a, en la matière, des précédents sérieux. Les armes chimiques, par exemple, ont été définitivement bannies par la Convention de 1997 sur les armes chimiques (CAC) qui en interdit la fabrication, le déploiement et l'utilisation tout en prévoyant un processus de surveillance internationale et des inspections des

---

20. Toutes ces questions sont discutées avec une grande précision par James Hirsh dans « The NRC : What, Me Worry ? », *Bulletin of the Atomic Scientists* 58 (1), Jan./Feb. 2002, p. 38-44.

21. Cette section sur la lutte contre la prolifération des ADM n'est pas exhaustive. Elle ne vise qu'à présenter certaines politiques significatives et à en évaluer brièvement l'impact.

usines chimiques sur le territoire des signataires. Cette convention constitue actuellement le traité de désarmement le plus complet et le mieux encadré, d'autant plus qu'elle bénéficie de l'appui de 145 États en 2002.

Dans le même esprit, un traité international de 1972, comptant plus de 141 signataires, interdit l'utilisation d'armes biologiques. Néanmoins, ce traité n'interdit pas la recherche sur les armes biologiques et, surtout, ne comprend pas de mesures de vérification. Depuis quelques années, les parties discutent de la possibilité de doter ce traité d'une agence de vérification inspirée de celle de la Convention sur les armes chimiques. Cependant, à l'été 2001, les États-Unis se sont retirés de cette négociation, au motif que ces vérifications porteraient atteinte aux secrets militaires et industriels du pays. Réfractaire aux accords de désarmement, l'administration républicaine de George W. Bush préconise plutôt la mise en place de mesures nationales et unilatérales pour mettre un terme à la prolifération[22]. Cependant, l'ensemble de la communauté internationale n'est pas convaincu : plusieurs doutent que les solutions américaines suffisent, et soulignent l'écart entre les réglementations internationales s'appliquant respectivement aux armes chimiques et aux armes biologiques.

Des raisons politiques s'opposent actuellement au bannissement des armes nucléaires. Fondamentalement, elles constituent des instruments ultimes de dissuasion pour plusieurs États puissants et, pour cette raison, leur interdiction n'est pour l'instant pas envisageable. Si l'abolition des armes nucléaires est prévue par l'Article VI du Traité de non-prolifération de 1968, il n'y a aucune échéance attachée à cette clause. D'ailleurs, bien que les États nucléaires ne soient pas

---

22. Barbara Hatch Rosenberg, « Allergic Response : Washington's Response to the BWC Protocol », *Arms Control Today*, July/August 2001, p. 3-8.

encore prêts à se désarmer complètement, ils proclament que chaque réduction de leurs arsenaux nucléaires constitue un pas dans cette direction[23].

L'interdiction complète des ADM aurait pour avantage de rendre leur acquisition plus difficile car elle bannirait du même coup le savoir-faire, les matériaux et les technologies nécessaires à leur développement. Les terroristes auraient d'autant plus de difficultés à se les procurer. Cependant, l'interdiction totale ne pourrait pas offrir une garantie complète de sécurité, car un État voyou ou un groupe fanatique pourrait toujours se doter d'ADM. Les instruments juridiques, aussi perfectionnés soient-ils, ne suffisent parfois pas. En témoigne le cas de l'Irak, qui a développé des armes chimiques et biologiques et un programme militaire nucléaire, tout en étant signataire des grands traités internationaux de renonciation aux ADM.

La non-prolifération des ADM

De nombreuses initiatives visant à restreindre la prolifération des ADM ont vu le jour en plein cœur de la Guerre froide, alors que le désarmement complet semblait hors de portée. De toute évidence, les accords de non-prolifération freinent le processus de prolifération et constituent un procédé dilatoire qui permet aux grandes puissances de réagir et aux États «proliférateurs» d'être sujets à des changements politiques internes favorables au désarmement[24]. Les initiatives de

---

23. En droit international, les armes nucléaires ne sont pas formellement illégales. En témoigne l'avis rendu par la Cour internationale de justice en 1996 : selon la CIJ, l'utilisation d'armes nucléaires constituerait un crime contre l'humanité. Pourtant, elle n'a pas manqué de souligner que le droit international demeurait flou quant au statut de ces armes. Cet avis, dont on notera la portée limitée en raison du fait qu'il ne s'agissait pas d'un arrêt, statue donc sur l'emploi de ces armes et non sur leur détention, et ne résout en rien la question.

24. Dans les cas de l'Afrique du Sud, de l'Argentine et du Brésil, c'est la fin de la dictature qui a permis d'éliminer les programmes nucléaires.

non-prolifération ont deux objectifs : elles visent à réduire, d'une part, la « demande » d'ADM par les États, et, d'autre part, l'« offre » d'ADM, c'est-à-dire les possibilités d'acquérir les matériaux et le savoir-faire nécessaires à leur construction.

Limiter la demande en armes de destruction massive revient bien souvent à garantir la sécurité politique et militaire des États. En effet, la plupart des nations qui ont renoncé à l'arme nucléaire l'ont fait parce qu'elles ne se considéraient plus sujettes à des menaces graves ou parce qu'elles estimaient être mieux défendues par les armes de leurs alliés que par une force nationale. C'est pour cela que les grandes puissances ont offert à leurs alliés des alliances militaires (comme l'OTAN) et des garanties de protection (comme celles qu'offrent les États-Unis à la Corée du Sud). Si l'extension de ces garanties a limité la prolifération au sein de la plupart des États développés, elle demeure peu utile pour contrer des États liant l'acquisition d'armes nucléaires au prestige national ou à la contestation de l'ordre mondial.

Le traité de non-prolifération (TNP), signé en 1968, est le principal instrument politique et juridique de la non-prolifération nucléaire. Il s'agit d'un contrat entre les cinq États détenteurs d'armes nucléaires et les États qui en sont dépourvus. Par cette convention, les premiers s'engagent à ne pas transférer d'engins nucléaires aux seconds, promettent de les faire bénéficier de la technologie nucléaire à usage civil et s'engagent à éliminer leurs armes nucléaires dans l'avenir. En retour, les États non dotés d'armes nucléaires s'engagent à ne pas chercher à acquérir d'armes nucléaires et à soumettre leurs installations nucléaires civiles à une forme de contrôle international. Le TNP est un traité fondamental pour établir des relations de confiance entre les États possesseurs d'armes nucléaires et les États utilisateurs de technologie nucléaire civile. Il faut noter cependant que la plupart des États qui ont cherché à se doter d'armes nucléaires n'ont pas signé ce traité (tels l'Inde, le Pakistan ou encore Israël). Récemment, des États n'ont pas respecté leurs obligations et ont tenté de développer en secret des armes nucléaires (Irak, Corée du Nord) ou aidé des États à s'en procurer (comme la Chine qui a aidé le Pakistan).

Il n'y a pas de traité relatif aux armes radiologiques, puisque les dispositions des accords internationaux sur le nucléaire permettent en principe de contrôler l'approvisionnement en matériaux nucléaires. Cependant, un projet de convention internationale contre le terrorisme nucléaire est discuté depuis quelques années. Ce traité interdirait l'emploi des armes nucléaires ou radiologiques et les attaques contre des installations abritant des matériaux nucléaires. Cela dit, conformément aux principes du droit international, cet accord ne lierait que les États de bonne volonté et resterait sans effets sur les terroristes.

Certaines mesures visent à compléter les accords diplomatiques en créant des obstacles à l'acquisition de matériaux et de technologies nécessaires aux ADM. C'est ce que l'on nomme parfois le contrôle de l'offre. Par exemple, la Convention sur les armes chimiques est complétée par les efforts du «Groupe d'Australie», une association d'États créée en 1984 pour identifier les substances et équipements propices à la fabrication d'armes chimiques et biologiques et enregistrer les transferts internationaux de ces produits. Pour ce qui est du nucléaire civil, le contrôle international s'est nettement amélioré depuis la création de l'Agence internationale de l'énergie atomique (AIEA) en 1957. En effet, depuis 1974, les règles du Groupe des fournisseurs nucléaires (GFN) empêchent le transfert de matériaux et de technologies susceptibles d'utilisation dans un programme militaire vers les États qui n'acceptent pas les mesures de sauvegarde intégrales de l'AIEA. Les pays non dotés d'armes nucléaires sont donc tenus par les fournisseurs nucléaires de soumettre l'ensemble de leurs installations nucléaires civiles à des inspections en règle.

La plupart des pays qui ont illégalement mené un programme nucléaire (Inde, Pakistan, Israël, Brésil, Argentine, Afrique du Sud) l'ont amorcé dans les années 1950 ou 1960, soit avant le raffermissement des règles internationales de non-prolifération. Il est aujourd'hui plus difficile de déjouer le système et il semble que la complicité d'un État nucléaire soit presque nécessaire pour y arriver.

La contre-prolifération

La contre-prolifération est une approche qui a été développée par le gouvernement américain sous la présidence de Bill Clinton et qui a été maintenue à l'ordre du jour sous George W. Bush. La contre-prolifération a été imaginée pour pallier les nombreuses carences des accords de désarmement et de maîtrise des armements. Elle vise à offrir aux États-Unis les moyens de lutter contre la prolifération en dehors du champ conventionnel des grands traités internationaux et des accords de gestion de l'offre[25]. Les moyens de la contre-prolifération sont plus musclés que ceux de la non-prolifération traditionnelle, puisque l'on y utilise le renseignement international, les opérations secrètes, la lutte policière et juridique, les actions militaires préventives, les sanctions.

Les critiques de la contre-prolifération en dénoncent l'unilatéralisme et l'aspect répressif. D'ailleurs plusieurs analystes estiment qu'il serait préférable que Washington privilégie le désarmement multilatéral et accepte, par exemple, de signer un nouveau traité sur les armes

---

25. Sur la contre-prolifération, voir Brad Roberts, « Proliferation and Non-Proliferation in the 1990's : Looking for the Right Lessons », *The Non-Proliferation Review*, Fall 1999, p. 70-82.

biologiques. Il reste toujours que ces traités, quels que soient leur précision juridique et leur soutien politique, ne peuvent enrayer à coup sûr les démarches d'acquisition d'ADM par des États délinquants ou par des groupes terroristes.

★ ★ ★

La prolifération des armes de destruction massive n'a pas cessé avec la fin de la Guerre froide. Au contraire, elle s'est étendue : il y a maintenant au moins huit puissances nucléaires dans le système international et un grand nombre d'États possèdent des armes chimiques ou biologiques.

Néanmoins, les progrès sont indéniables. En témoigne la signature de la Convention sur les armes chimiques. De même, le TNP, malgré ses faiblesses, demeure un instrument majeur de la non-prolifération. Les groupes de fournisseurs parviennent à restreindre l'approvisionnement en matériaux et en technologies. Les armes nucléaires russes sont encore relativement protégées. Et les tentatives des terroristes d'obtenir des armes nucléaires ont jusqu'à présent échoué.

Cependant, les menaces créées par les ADM évoluent toujours. L'utilisation d'ADM par des États délinquants ou des mouvements politiques radicaux est une possibilité constante. Et bien que la très grande majorité des États aient ratifié ou signé la CAC et que les activités de l'industrie chimique soient bien contrôlées, la fabrication et l'utilisation d'armes chimiques sont à la portée des groupes terroristes. Il faut rappeler que la plupart des moyens que pourraient employer les terroristes — chimiques, biologiques ou radiologiques — ne pourraient pas faire plus de victimes et de dégâts que les attaques du 11 septembre 2001. Seules les armes nucléaires peuvent conduire à des désastres d'une plus grande ampleur encore. C'est là une distinction fondamentale entre l'arme nucléaire — véritable arme absolue — et les autres ADM.

Ne serait-ce qu'une question de temps pour qu'une attaque nucléaire se produise ? L'arme nucléaire peut probablement continuer de jouer son rôle dissuasif dans les relations entre États, même dans les situations arabo-israélienne et indo-pakistanaise, pour peu que ces pays acceptent des mesures de confiance et se consacrent à la sécurité de leur arsenal nucléaire. Il reste que le terrorisme nucléaire est une possibilité particulièrement inquiétante. Le risque est réel, malgré les palliatifs que l'on pourrait imaginer. Bien que l'on puisse prendre toutes sortes de mesures politiques et économiques (telles que l'interdiction totale des armes nucléaires ou la lutte contre les causes profondes du terrorisme), on peut craindre que les terroristes les plus fanatiques trouvent toujours des causes pour justifier les pires atrocités. Aussi, plus que jamais, les services de renseignements et les corps policiers sont-ils des outils majeurs dans la lutte antiterroriste.

Puisqu'il est impossible de « désinventer » les technologies nucléaires, biologiques ou chimiques, les mesures de désarmement, de diminution de la demande, de limitation de l'offre et de contre-prolifération ne sont pas contradictoires, mais complémentaires. Elles doivent toutes être poursuivies sans relâche, car elles seules pourront contenir le fléau de la prolifération des armes de destruction massive.

Références bibliographiques

André Dumoulin, « L'avenir du nucléaire militaire », *Problèmes politiques et sociaux*, n° 854, 2001, 88 p.

François Géré, *La prolifération nucléaire*, Paris, PUF, 1995, 127 p.

Pierre Lellouche, Guy-Michel Chauveau et Aloyse Warhouver, Assemblée nationale. Commission de la défense nationale et des forces armées, *Rapport d'information sur la prolifération des armes de destruction massive et de leurs vecteurs*, Paris, Assemblée nationale, 2000, 523 p. (« Documents d'information de l'Assemblée nationale », n° 2788).

Gavin Cameron, *Nuclear Terrorism : A Threat Assessment for the 21st Century*, New York, St. Martin's Press, 1999.

Richard A. Falkenrath *et al.*, *America's Achilles' Heel : Nuclear, Biological, and Chemical Terrorism and Covert Attack*, Cambridge (Mass.), MIT Press, 1998.

Sites Internet

Federation of American Scientists
www.fas.org

Nuclear Control Institute
www.nci.org

Rand Corporation
www.rand.org

Center for Defense Information
www.cdi.org

Center for Non-Proliferation Studies,
Monterey Institute for International Studies
http ://www.miis.edu/offiindex.html

5

La lutte antiterroriste et les guerres de quatrième génération

JEAN-PHILIPPE RACICOT

Pour plusieurs analystes et stratèges militaires, les événements du 11 septembre 2001 sont le coup d'envoi de ce que l'on peut appeler une guerre de quatrième génération[1]. En déclarant la «guerre» au réseau Al-Qaida et aux autres organisations terroristes, les États-Unis et, avec eux, plusieurs autres États du système international ont franchi une étape dans l'évolution de la guerre. Pour la première fois, un acteur non étatique — le réseau terroriste Al-Qaida — se voit systématiquement ciblé par plusieurs États du globe. La lutte contre le narcotrafic international s'apparentait à ce type d'opération, mais n'a jamais disposé de moyens aussi importants alors qu'elle dure déjà depuis des décennies.

Les guerres de quatrième génération et la RAM

Depuis la création du système international moderne en 1648 marquée par la conclusion des accords de Westphalie, la guerre interétatique a subi de nombreuses transformations. Les conflits de première génération étaient des conflits de lignes et de colonnes de soldats en

---

1. Jason Vest, «Fourth-Generation Warfare», *The Atlantic Online*, [en ligne], décembre 2001, p. 2 (http://www.theatlantic.com/issues/2001/12/vest.htm).

formations serrées, armés de mousquets. Cette forme de combat a trouvé son apogée avec le système napoléonien. Les conflits de deuxième génération étaient des guerres industrielles où l'on cherchait à épuiser les ressources matérielles et morales de l'adversaire. Ces guerres d'usure trouvèrent leur expression dans la guerre civile américaine et dans la Première Guerre mondiale. Les guerres de troisième génération ont été des guerres de manœuvre où l'objectif était de déstabiliser l'adversaire, par la vitesse et l'agilité, afin d'éviter des confrontations d'usure. Ce type de conflit est parfaitement représenté par le *Blitzkrieg*[2] allemand lors de la Seconde Guerre mondiale. Les guerres de quatrième génération diffèrent largement des précédentes parce qu'elles quittent le champ de bataille et se déroulent sur plusieurs fronts à la fois. Elles opposent des États à plusieurs autres acteurs non étatiques (des réseaux mafieux, des narcotrafiquants, des groupes ethniques extrémistes et, comme en témoigne l'époque contemporaine, des groupes terroristes). Les conflits de quatrième génération s'inspirent des tactiques des guerres de guérilla, des techniques insurrectionnelles léninistes et maoïstes ainsi que des vieilles méthodes terroristes associées aux conflits de troisième génération et perfectionnées depuis le XIXe siècle. À ceci viennent s'ajouter les effets pervers des nouvelles technologies, du développement des moyens de transport et des possibilités offertes par l'ordinateur personnel et les nouveaux moyens de communication. Les guerres de quatrième génération représentent donc une nouvelle forme d'affrontement, généralement asymétrique, où les lignes de fronts, les combattants et les règles sont difficiles à identifier. Plutôt que de combattre les forces militaires d'un adversaire, il s'agit de toucher les cibles culturelles, politiques et économiques. À titre d'exemple, l'Inde est aux

---

2. Le *Blitzkrieg* était une attaque éclair qui combinait l'emploi de chasseurs-bombardiers, de chars d'assaut et d'infanterie.

prises avec cette forme de conflit depuis plus de dix ans dans son affrontement — direct et indirect — avec le Pakistan. Les États-Unis doivent maintenant y faire face après plusieurs années de relative quiétude. Les forces militaires américaines sont-elles prêtes à relever le défi?

La guerre moderne est fréquemment comparée à la guerre «Nintendo» du golfe Persique de 1991 tant les images verdâtres de Bagdad provenant des caméras nocturnes de CNN et les images vidéo en noir et blanc des caméras embarquées sur les chasseurs-bombardiers américains ont laissé une forte impression. Plus que jamais, la guerre semble distante, propre et précise, et ceci grâce aux nouvelles technologies. Les innovations militaires qui ont vu le jour durant la guerre du Golfe de 1991 se sont développées tout au long des années 1990 sous la bannière de la «Révolution dans les affaires militaires» (RAM ou *Revolution in Military Affairs*). Mais qu'est-ce que la RAM et quelle est son influence sur les forces armées contemporaines? Quel rôle a-t-elle joué à la suite du 11 septembre 2001? Sommes-nous à l'aube d'une nouvelle forme de guerre?

Ce chapitre a pour but d'expliquer la RAM et ses implications pour l'avenir de la guerre ainsi que sa capacité à répondre aux nouvelles menaces qui planent aujourd'hui sur le système international. C'est dans le cadre des conflits récents (Kosovo, mais surtout Afghanistan), plutôt que lors de la guerre du Golfe de 1991, que les technologies associées à la RAM ont démontré leur efficacité. Si elles augmentent les performances des forces armées modernes, les technologies de la RAM n'ont toutefois toujours pas amené les changements cruciaux envisagés sur la composition et la doctrine des forces armées à travers le monde. Les forces armées américaines, qui devancent actuellement tous les autres États du monde dans l'exploitation des avantages de la RAM, sont au seuil d'une révolution majeure. Elles étudient les possibilités qu'offrent la RAM, mais n'ont pas encore effectué les changements structuraux et les adaptations doctrinales nécessaires pour vraiment tirer parti de celle-ci. Les tenants les plus radicaux de la RAM suggèrent de repenser complètement la guerre alors que les forces armées américaines maximisent plutôt les avantages que les nouvelles technologies apportent à une façon conventionnelle de faire la guerre.

Qu'est-ce que la RAM?

Il subsiste souvent une certaine confusion dans les termes employés et fréquemment associés à la RAM. Il importe donc de distinguer les révolutions technico-militaires (RTM), les révolutions dans les affaires militaires (RAM) et les révolutions militaires (RM).

▶ Une révolution technico-militaire (RTM) est essentiellement une innovation technique qui fait son apparition dans le domaine militaire et qui affecte les domaines tactiques, opérationnels ou stratégiques. Il s'agit habituellement d'innovations qui se limitent strictement au domaine de la guerre (par exemple l'apparition de voilures plus performantes, de fusils ayant des cadences de tir plus élevées ou encore d'avions de combat avec un rayon d'action plus élevé).

▶ Lorsqu'une innovation technologique (ou une série d'innovations) obtient un impact plus large, par exemple en ce qui concerne la doctrine et l'élaboration même des stratégies nationales, il est alors possible de parler d'une RAM. Une RAM modifie donc de façon substantielle l'allure des forces armées d'une nation. Ceci entraîne une compétition internationale puisque tout État qui néglige de poursuivre cette RAM se trouve désavantagé face à ses rivaux. Le développement de l'aviation de combat moderne après la Première Guerre mondiale est un exemple de ce phénomène. Une RAM possède également le potentiel d'un phénomène beaucoup plus large, c'est-à-dire d'une révolution militaire.

▸ Ce n'est que lorsqu'une RAM déborde du cadre strictement politico-militaire pour influencer les aspects sociaux et économiques d'une société qu'elle atteint le statut de révolution militaire. Les révolutions technologiques ont alors un impact profond sur les caractéristiques fondamentales d'une société et marquent une rupture nette avec le passé. Pour bien saisir la pleine portée d'une révolution militaire et ses conséquences sociales, il est possible de « découper » l'histoire militaire en plusieurs périodes. Si peu d'historiens et d'analystes s'entendent sur le nombre exact de ces périodes clés associées à des cycles de développement socio-économiques déterminants dans l'histoire de l'Occident, la version de ce découpage qu'offre l'un d'entre eux, Andrew Krepinevich, semble être la plus probante.

Krepinevich identifie dix révolutions militaires[3]. Ces dix révolutions illustrent clairement comment un apport technologique peut générer de profonds changements sociaux et changer le rapport de l'homme avec la guerre :

1. Révolution de l'infanterie (XIVe siècle)
2. Révolution de l'artillerie (fin XIVe – début XVe siècle)
3. Révolution maritime (entre les XIVe et XVIIe siècles)
4. Révolution des forteresses (XVIe siècle)
5. Révolution de la poudre à canon (XVIe – XVIIe siècles)
6. Révolution napoléonienne (XVIIIe – XIXe siècles)
7. Révolution de la guerre au sol (XIXe siècle)
8. Révolution navale (XVIIIe – XIXe siècles)
9. Révolution de l'entre-deux-guerres (XXe siècle)
10. Révolution nucléaire (XXe siècle)

3. Andrew F. Krepinevich, « Cavalry to Computer : The Pattern of Military Revolutions », *The National Interest*, automne 1994, p. 31-36.

Parmi les révolutions identifiées par Krepinevich, les révolutions suivantes sont les plus significatives et permettent de bien saisir ce que peut devenir une RAM :

Révolution de l'infanterie

Lors de la guerre de Cent Ans (1337-1453), le développement de l'arc long, offrant une grande portée et une excellente pénétration des armures, donne l'avantage à l'infanterie légère anglaise sur la cavalerie lourde française. Les batailles de Laupen (1339) et de Crécy (1346) démontrent qu'une armée équipée d'une compagnie d'archers peut anéantir à distance une armée de cavaliers en armure. La combinaison arc long/pique suisse donne l'avantage à l'infanterie après 3000 ans de domination de la cavalerie sur les champs de bataille. Avec cette révolution, la guerre devient plus sanglante, l'équipement des troupes est moins dispendieux et le nombre de combattants sur les champs de bataille ne cesse d'augmenter.

Révolution de l'artillerie

Vers la fin de la guerre de Cent Ans (fin XIVe-XVe siècle), l'attaque reprend l'avantage avec le développement de la poudre à canon et de la métallurgie. Les défenses statiques (villes fortifiées) deviennent vulnérables à des attaques par canon, ce qui renverse l'avantage acquis au cours des siècles précédents. Les sièges deviennent alors une option intéressante puisqu'ils peuvent maintenant être plus rapides et efficaces. Aussi la technique métallurgique améliorant la création de cloches d'églises permettra-t-elle l'élaboration d'un plus long baril aux canons, ce qui augmentera leur portée, leur précision et leur résistance. Contrairement à la révolution d'infanterie, cette révolution est très onéreuse et n'est accessible qu'à un nombre restreint de royaumes. Ces quelques nations (France, Espagne, Angleterre) jouiront de leur avantage et exploiteront cette révolution pour amener la création d'États modernes, centralisés et de plus en plus puissants.

Révolution napoléonienne

Les premiers balbutiements de la Révolution industrielle en France au XVIIIe siècle amèneront une plus grande « industrialisation » de la guerre (standardisation de l'équipement, pièces interchangeables, diminution du poids de l'équipement, mobilité accrue, etc.). La « levée en masse » (prélude à la conscription) multiplie la taille des armées comme jamais auparavant. Les hommes se battent plus volontiers et en plus grand nombre pour la patrie que pour la Couronne. Les troupes endurent davantage de privations et, puisqu'on dispose d'une armée nombreuse, les généraux sont plus enclins à sacrifier les combattants. Les opérations militaires se déroulent sur n'importe quel terrain (mer, villes et campagne). Le développement des « divisions » (véritables armées autonomes), de la cartographie et du réseau routier européen facilite le déplacement des troupes et contribue à l'accélération de la guerre. Napoléon sera le premier à profiter de tous ces avantages en les intégrant dans un système complet et dix années seront nécessaires aux autres puissances européennes pour pouvoir rivaliser avec la Grande Armée.

Révolution de l'entre-deux-guerres

Le développement et le raffinement du moteur à combustion, de l'aviation, de la radio et du radar entre 1919 et 1939 rendront possibles les innovations militaires qui auront un impact déterminant sur la Seconde Guerre mondiale. Les percées techniques et intellectuelles mèneront au *Blitzkrieg*, à la création de porte-avions, aux opérations amphibies et au bombardement stratégique. Ces nouvelles tactiques auront un impact considérable sur l'organisation et la structure des forces militaires qui s'affronteront lors du conflit 1939-1945. En moins de 25 ans, la guerre se transforme radicalement et les armées qui ne se sont pas adaptées en souffrent. La France et le Royaume-Uni seront rapidement battues au début du conflit car même avec un équipement égal (sinon supérieur), elles ne peuvent rivaliser avec l'armée allemande. Cette dernière aura poussé plus loin son adaptation aux nouvelles technologies, tant sur les plans intellectuel, organisationnel que tactique.

Révolution nucléaire

Cette révolution est probablement la révolution militaire la plus marquante du xxe siècle, surtout avec l'apparition des missiles balistiques intercontinentaux. La révolution nucléaire amène la possibilité d'une destruction quasi instantanée du tissu politique, social et économique des États et de leur population. Le stockage et l'accumulation des armes nucléaires feront naître les concepts de non-utilisation et de dissuasion. Les missiles stratégiques, les sous-marins nucléaires et les navires nucléaires influenceront l'organisation et la projection de la force militaire.

Le début du xxie siècle est-il l'aube d'une nouvelle révolution militaire ? Il est encore trop tôt pour le dire. Le développement actuel des nouvelles technologies de l'information et leur influence sur les forces armées modernes semblent toutefois indiquer que l'actuelle RAM pourrait devenir une révolution militaire complète. L'analogie avec une porte ouverte sur une vaste pièce sombre semble appropriée. La lumière du corridor adjacent éclaire en partie cette pièce, mais la semi-obscurité empêche de voir la totalité de son contenu. Ainsi, les développements technologiques des vingt dernières années ouvrent plusieurs possibilités pour un nouvel art de la guerre, mais le processus d'imagination et d'implantation est loin d'être terminé. La période actuelle constitue le début d'une RAM et, en ce sens, il importe d'en identifier les principales composantes.

Caractéristiques de la RAM contemporaine

La RAM actuelle tire ses origines des réflexions du haut-commandement soviétique à l'époque de la Guerre froide. En effet, au début des années 1980, l'état-major soviétique se rend compte que l'OTAN, menée par les forces militaires américaines, est sur le point de dépasser de façon qualitative les membres du pacte de Varsovie grâce au développement des nouvelles technologies de frappe et de reconnaissance intégrées (*reconnaissance-and-strike complexes*). Pour des officiers tels que le maréchal-général Nicolai Ogarkov, l'apparition des nouveaux systèmes de contrôles électroniques et la précision croissante des munitions de longue portée rapprocheront les capacités de destruction des armes conventionnelles de celles des armes de destruction massive. Ces réflexions ne passeront pas inaperçues auprès des experts américains, tel Andrew Marshall de l'Office of Net Assessment, qui sera parmi les premiers à sensibiliser le milieu militaire américain au potentiel militaire des nouvelles technologies émergentes. Marshall, avec l'aide de plusieurs chercheurs et auteurs tels Andrew Krepinevich, Eliot Cohen et l'amiral à la retraite William Owens, parviendra à propager l'idée d'une RAM dans les cercles influents de Washington. Ces experts feront tant et si bien que la RAM deviendra l'idée maîtresse de la plupart des documents stratégiques américains importants à partir du milieu des années 1990. Les succès flamboyants des forces militaires américaines durant la guerre du Golfe de 1991 ont servi de catalyseur à la propagation de la RAM. C'est au cours de ce conflit que les hauts dirigeants politiques et militaires prendront la mesure du potentiel des nouvelles technologies militaires, ce qui expliquera pourquoi le terme « RAM » sera si souvent utilisé par la suite à Washington.

La vision de la RAM qui prévaut actuellement dans les documents officiels américains tels que les *Joint Vision 2010 et 2020* est celle de l'amiral Owens qui fait référence à un méta-système ou *system of systems*. Pour Owens, la RAM est avant tout un saut qualitatif dans l'utilisation efficace de la force militaire. Le danger de voir émerger simultanément plusieurs technologies militaires performantes relève du proverbe français « L'arbre cache la forêt ». Les militaires du XXIe siècle ne doivent pas être aveuglés par un système particulier, mais doivent pouvoir visualiser l'ensemble et l'interaction des différents systèmes d'armes, le méta-système. Voilà pourquoi, selon Owens, la clé de l'avènement d'une réelle RAM est un effort soutenu de travail conjoint entre les différents corps armés américains générant une doctrine, une organisation et une stratégie qui puissent maximiser les apports des nouvelles technologies de l'information[4].

Pour Owens, le méta-système est composé de trois catégories de technologies différentes[5]. La première est *Intelligence, surveillance and reconnaissance* (ou ISR). Cette première catégorie regroupe tous les capteurs et technologies de surveillance associés à la collecte de renseignements et à la reconnaissance, ainsi que tout ce qui permet d'identifier et de localiser les forces en présence. La seconde catégorie est le C4I avancé ou *Advanced command, control, communications, computer applications and intelligence processing*. Cette seconde catégorie de systèmes reprend l'information reçue par les capteurs de la première catégorie du méta-système pour donner une

---

4. William A. Owens, « The Emerging U.S. System-of-Systems », *Strategic Forum*, Institute for National Strategic Studies, National Defense University, n° 63, février 1996, p.1.

5. *Op. cit.*, p. 1-2.

meilleure connaissance du champ de bataille. Ces technologies permettent de transformer cette connaissance
en missions et en objectifs à atteindre afin de modifier,
contrôler et dominer ledit champ de bataille. La troisième et dernière catégorie du méta-système d'Owens
est la force de haute précision ou *precision force*. Cette dernière catégorie intègre les connaissances et les ordres
des deux premières catégories du système et les transforme (grâce à l'emploi de plates-formes et de munitions sophistiquées) en résultats sur le champ de
bataille. Le méta-système d'Owens peut donc se résumer à l'expression C4ISR. Cette expression définit une
zone tridimensionnelle ayant la forme d'un prisme rec-
tangulaire virtuel, *the box*, que l'on cherche à contrôler.
Tout ce qui se situe à l'intérieur de cette zone est repéré,
identifié, catalogué et peut être détruit à l'aide de munitions de haute précision. Trois composantes viennent
compléter l'actuelle RAM : les opérations militaires spatiales, la furtivité et l'info-guerre.

Pour plusieurs experts, l'espace représente le nouveau
centre de gravité des forces militaires américaines[6]. Selon
eux, l'utilisation de l'espace extra-atmosphérique modi-
fiera à jamais la guerre sur la planète. À travers l'utilisation de projectiles hypersoniques, d'éventuelles stations
orbitales de contrôle et de commandement habitées par
du personnel militaire et un important réseau de satellites espions et de communications, quiconque contrôlera l'espace contrôlera le globe. Pour l'instant, les États-
Unis ne possèdent aucun concurrent dans ce domaine.
L'administration de George W. Bush a fait de l'espace une
nouvelle priorité pour le Pentagone. Sous la direction du
secrétaire à la Défense, Donald Rumsfeld, et du général

---

6. Voir George et Meredith Friedman, *The Future of War: Power, Technology
and American World Dominance in the Twenty-First Century*, New York, St Martin's
Griffin, 1996 ; et Steven Lambakis, *On the Edge of Earth. The Future of American
Space Power*, Lexington, University Press of Kentucky, 2001.

Richard Myers, actuel président du comité des chefs d'état-major et ancien directeur du commandement spatial américain (U.S. *Space Command*), l'administration Bush a décidé de réorganiser les programmes spatiaux militaires actuels, tout en promettant de faire d'importants investissements en recherche et développement dans les technologies spatiales offensives et défensives nécessaires pour ériger un bouclier antimissile. Malgré les difficultés que cette initiative pourrait soulever au regard des accords de contrôle des armements, l'administration semble décidée à accentuer l'avantage des États-Unis dans cette dimension de la RAM.

Le second élément à ajouter est la furtivité. Elle fut employée ouvertement lors des opérations militaires des années 1990, en commençant par la guerre du Golfe de 1991. Plus qu'une considération pratique pour contourner les nouveaux systèmes de détection radar et infrarouge, la furtivité est devenue une nouvelle façon de concevoir les véhicules. Utilisant des matériaux révolutionnaires qui absorbent l'énergie électromagnétique nécessaire à l'identification par radar des aéronefs, ainsi que des nouvelles techniques de conception et de fabrication, les technologies furtives (*stealth technology*) ont profondément perturbé l'univers de l'aviation. Les premiers avions issus de ces développements technologiques, tels les F-117 et B-2, sont tellement différents des générations précédentes qu'ils paraissent relever davantage de la science-fiction que du département de la Défense américaine. Les technologies furtives s'appliquent maintenant non seulement aux avions et aux hélicoptères de nouvelle génération (F-22, Eurofighter, Rafale, Commanche et Tigre), mais également aux engins de reconnaissance (drones téléguidés Predator et Global Hawk) ainsi qu'aux missiles de croisière et aux navires. Ayant de profondes influences sur la conception des nouvelles plates-formes et des nouvelles munitions, la furtivité doit nécessairement être intégrée à toute définition de la RAM.

Une troisième et dernière dimension s'ajoutant à la RAM est l'info-guerre (*information warfare*). Ce nouveau domaine de la guerre peut être divisé en trois catégories. Le premier type d'info-guerre est constitué par l'attaque, l'influence ou la protection des éléments militaires de reconnaissance, de surveillance, de communication dédiée, de contrôle et de commandement, de guidage et de système de tir. Le second type d'info-guerre implique l'attaque, l'influence ou la protection des liens de communication de base d'une société contemporaine : vocal, vidéo, transfert de données, énergie électrique, système téléphonique, etc. Le dernier type d'info-guerre est ce que l'on appelait auparavant les opérations psychologiques (*psychological warfare*). Ces dernières font référence à l'utilisation des moyens télévisuels, radiophoniques ou imprimés pour attaquer, influencer ou protéger les attitudes, le moral ou le comportement des populations civiles et militaires d'une nation. Que l'on emploie les termes *Infowar*, *Netwar*, *Cyberwarfare*, le domaine de l'info-guerre, en raison des nouvelles technologies, offre de nouvelles possibilités mais aussi des défis dans la conduite des opérations militaires. Il est véritablement appelé à devenir beaucoup plus qu'un élément de la RAM puisqu'il mènera, comme le croit John Arquilla, à une toute nouvelle façon de mener des opérations militaires et antiterroristes[7].

Malgré les éléments révolutionnaires de la RAM actuelle, la version qui a été retenue par Washington est plutôt modérée : le changement à long terme y est

---

7. Le livre de John Arquilla et de David Ronfeldt, *In Athena's Camp*, offre une vision assez complète de ce que peut devenir l'info-guerre. Voir John Arquilla et David Ronfeldt, *In Athena's Camp : Preparing for Conflict in the Information Age*, Santa Monica (Calif.), RAND, National Defense Research Institute, 1997.

contrôlé et modulé. La plupart des documents officiels américains traitant de la RAM présentent une version conservatrice de la RAM (pour autant qu'une « révolution » puisse être conservatrice). Il s'agit de l'application de nouvelles technologies numériques à des doctrines et concepts traditionnels. On imagine encore la guerre comme un affrontement entre deux armées étatiques, ciblant des capacités militaires afin de briser la volonté de l'adversaire. Les innovations technologiques servent donc à faire ce que toute force armée fait déjà, mais de façon plus efficace. Les changements technologiques, sociaux, économiques, politiques et psychologiques que laisse présager l'actuelle RAM sous-tendent cependant une seconde phase beaucoup plus radicale qui n'a pas encore été explorée.

Pour certains auteurs, la RAM telle que nous la connaissons présentement est le résultat d'un contexte post-guerre froide qui n'existe déjà plus[8]. Certes, en raison de la diversification croissante de l'économie et de la rapide diffusion des idées et de la technologie, l'arme économique (embargos et sanctions) sera plus difficile à utiliser de façon ciblée alors que la transmission de l'information permettra à certains États de se développer et de se spécialiser dans certaines « niches » militaires et de réduire ainsi l'écart les séparant des États plus développés. Néanmoins, le changement le plus radical depuis le début des années 1990 est sans aucun doute l'asymétrie croissante des conflits. S'il est vrai que des conflits sont rarement symétriques[9], il semble que l'affrontement entre nations dotées d'armées bien équipées (de type guerre du Golfe de 1991) semble de moins en

---

8. Steven Metz, « The Next Twist of the RMA », *Parameters*, U.S. Army War College, [en ligne], automne 2000, p. 2-3 (http://carlisle-www.army.mil/usawc/Parameters/00autumn/metz.htm).

9. Colin S. Gray, « Thinking Asymmetrically in Times of Terror », *Parameters*, U.S. Army War College, [en ligne], printemps 2002, p.7
(http://carlisle-www.army.mil/usawc/Parameters/02spring/gray.htm).

moins la norme. Les conflits du nouveau millénaire seront nettement moins bien définis. Les militaires et les civils seront difficiles à distinguer les uns des autres, le « front » ne sera plus clairement démarqué et les méthodes non conventionnelles d'affrontement seront dominantes. Comme l'ont démontré les événements du 11 septembre, les menaces sont déjà plus diffuses et difficiles à prévoir aujourd'hui. La RAM offre-t-elle des solutions à ce type de conflit ?

La RAM et la guerre au terrorisme

L'opération « Liberté immuable » qui s'est déroulée en sol afghan illustre l'avenir des opérations militaires utilisant la RAM pour lutter contre des menaces asymétriques telles que le terrorisme international. Les armes et systèmes révolutionnaires utilisés dans cette opération militaire et dans la lutte contre le terrorisme depuis le 11 septembre peuvent être organisés en trois catégories : opérations aériennes, opérations de détection et de surveillance et opérations antiterroristes domestiques.

Opérations aériennes

Les missions aériennes de l'opération « Liberté immuable » qui ont débuté le 7 octobre 2001 ont utilisé une combinaison de force brute traditionnelle et de haute précision liée à la RAM. Du côté traditionnel, les forces armées de la Coalition ont employé un bon nombre de munitions conventionnelles, mais aussi des bombes gigantesques, telle la BLU-82B « faucheuse de marguerites » (*daisy cutter*) qui avait été employée pour la première fois au Vietnam afin de raser des pans entiers de jungle, créant ainsi des zones d'atterrissage instantanées. En Afghanistan, la bombe non nucléaire la plus puissante (6800 kg d'explosifs) a été utilisée contre des concentrations de troupes talibanes autant pour son impact psychologique que pour sa capacité de destruction. Des munitions de ce type, de même que les bombardements massifs (*carpet bombing*) effectués par les vieux bombardiers B-52 représentent donc la force brute. La haute précision a fait ses preuves avec l'emploi d'un nombre élevé de munitions dites « intelligentes » (*smart bombs*). Des 22 000 bombes qui ont été utilisées, approximativement 12 000 d'entre elles furent des munitions de haute précision[10]. Parmi elles, trois présentent des caractéristiques notables. D'abord, les armes de type AGM-130, larguées à partir de chasseurs F-15, peuvent être téléguidées grâce à une caméra vidéo montée sur la bombe et peuvent pénétrer à l'horizontale dans les cavernes et repères montagnards talibans. Ensuite, les bombes GBU-28 « anti-bunkers » (*bunker buster*) peuvent pénétrer jusqu'à l'équivalent de quatre étages sous le sol et exploser ensuite. Finalement, la bombe BLU-118 dite « thermobarre » (*thermobaric weapon*), qui explose à l'intérieur des tunnels, utilise le comportement physique de la pression de l'air et de la chaleur dans un espace restreint pour « aspirer » l'oxygène qui s'y trouve et causer des ondes de choc. Ainsi, aucun sanctuaire taliban n'est resté inaccessible. De même, la bombe à fragmentation CBU-97, employée pour la première fois en Afghanistan, largue dix projectiles lorsqu'elle tombe vers le sol. Ces projectiles sont freinés dans leur chute par un petit parachute et larguent à leur tour quatre disques qui détectent la chaleur dégagée par des véhicules (blindés ou autres) et tirent par la suite des munitions de haute vitesse qui utilisent leur énergie cinétique pour détruire les véhicules. Les missiles de croisière, lancés à partir de bombardiers B-1 et B-52, et les missiles Tomahawk, largués à partir de navires et submer-

---

10. Michael O'Hanlon, « A Flawed Masterpiece », *Foreign Affairs*, vol. 81, n° 3, mai-juin 2002, p. 52.

sibles en mer d'Arabie, ont encore une fois prouvé leur grande portée et leur précision bien que leur conception date des années 1970. C'est le système GPS (*Global Position System*), un réseau de 24 satellites militaires, qui rend ces missiles si efficaces. Le GPS a également permis, pour la première fois en Afghanistan, l'utilisation du système JDAM (*Joint Direct Attack Munition*), qui «convertit», grâce à un ajout d'ailerons et d'un système électronique de navigation, des bombes à gravité conventionnelles en bombes «intelligentes». Les coordonnées que fournit le système GPS sont ensuite transmises aux bombes équipées du système JDAM et leur permet d'obtenir un degré de précision élevé à un coût nettement moindre. Cette précision n'est toutefois pas infaillible comme en témoignent les erreurs d'identification qui ont mené au bombardement d'un dispensaire de la Croix-Rouge internationale ou encore les pertes de vies liées aux «tirs amis» qu'ont subis les troupes canadiennes et américaines.

Opérations de détection et de surveillance

C'est dans ce domaine que la RAM a offert jusqu'à présent sa plus importante contribution dans la guerre contre le terrorisme. Jumelés aux moyens de détection militaires plus traditionnels tels que les stations de radar embarquées AWACS (*Airborne Warning and Control System*) ou encore JSTARS (*Joint Surveillance Target Attack Radar System*), qui datent respectivement de l'époque de la Guerre froide et de la guerre du Golfe de 1991, les nouveaux moyens de détection font en sorte que bien peu de ce qui se déroule sur le champ de bataille échappe aux chefs militaires. Tout d'abord, en orbite, les satellites militaires KH-12 et civils IKONOS fournissent des images de très haute résolution (jusqu'à dix centimètres pour le KH-12!) ainsi qu'une capacité infrarouge permettant l'observation en tout temps. Ensuite, à très haute altitude, la dernière génération d'appareil télé-guidés ou drones (*UAV* ou *Unmanned Aerial Vehicle*) de type Global Hawk permet, durant de longues heures, l'observation au travers des nuages, la détection de la chaleur au sol ainsi que la retransmission d'images à d'autres appareils, tel le JSTARS. Enfin, à basse et moyenne altitude, un autre appareil téléguidé par une connexion satellite ou un observateur au sol, le Predator, permet l'observation en temps réel de l'ennemi grâce à un système vidéo. Pour la première fois en Afghanistan, ce type d'appareil a été muni de missiles anti-blindés Hellfire, ce qui pave la voie pour l'emploi de plus en plus fréquent d'automates sur le champ de bataille. Il est fort probable que les forces spéciales américaines ont eu recours à des véhicules miniatures volants (*MAV* ou *Micro-Air Vehicles*) ne dépassant pas quinze centimètres de diamètre et permettant aux soldats d'inspecter à distance des tunnels, bunkers ou édifices à haut risque. Ces véhicules miniatures utilisent alors leurs caméras vidéo pour transmettre par ondes radio les images à l'opérateur. L'ensemble de toutes ces technologies liées à la RAM permet donc de disposer d'une vision inégalée du champ de bataille et de réduire ainsi ce que le penseur militaire Clausewitz appelait le « brouillard de la guerre ». Ces images sont tout aussi utiles dans un affrontement classique que dans un affrontement contre des troupes « irrégulières » ou contre des terroristes. Pour ce type d'opérations, les technologies liées à la RAM jouent un rôle déterminant et laissent entrevoir des capacités encore plus impressionnantes.

Opérations antiterroristes domestiques

À la suite des événements du 11 septembre, les gouvernements américain et canadien ont décidé de resserrer les contrôles frontaliers et la sécurité dans les principaux points de transit (ports et aéroports) nord-américains. Si

des budgets supplémentaires et du personnel additionnel vont aider à accomplir ces tâches, les nouvelles technologies joueront un rôle déterminant dans la prévention et la détection d'actes terroristes. Cette partie de la
guerre au terrorisme est certes moins percutante que la
dimension militaire, mais elle est tout aussi importante
sinon davantage pour contrer la menace. Cinq moyens
technologiques pour lutter contre le terrorisme ont été
identifiés[11]. Le partage de l'information est le premier
de ces moyens et est constitué de la combinaison des
bases de données compilées par les services de police,
d'immigration et de renseignements afin d'identifier
plus rapidement un individu suspect lors de son passage aux points de contrôle. Étonnamment, ce partage
était très lacunaire avant le 11 septembre et l'est toujours
malgré les efforts et les ressources consentis. Un second
moyen technologique pour lutter contre le terrorisme
est l'ajout, à certaines pièces clés d'identité (permis de
conduire), de puces informatiques contenant des renseignements biométriques (*biometric identifiers*) qui empêchent la fraude et l'utilisation de documents volés.
L'ajout de «visas intelligents» contenant des données
biologiques, outre les motifs et la durée d'une visite au
pays, permettrait d'identifier et de retracer plus rapidement des terroristes. La surveillance numérique (par
exemple du courrier électronique et autres données électroniques) représente également un autre élément
essentiel dans la lutte contre le terrorisme si l'on considère l'utilité d'Internet pour la transmission d'ordres,
de fonds et de renseignements pour les organisations
terroristes. Finalement, les technologies d'identification de visages, comme celles employées aux jeux Olym-
piques d'hiver de Salt Lake City, permettent le repérage

---

11. Shane Ham et Robert D. Atkinson, «Using Technology to Detect and
Prevent Terrorism», *Policy Brief*, Progressive Policy Institute, [en ligne],
janvier 2002, p. 2 (http://www.ppionline.org/documents/IT_terrorism.pdf).

d'individus suspects dans de larges foules et dans des endroits clés, tels les aéroports. Les développements technologiques des vingt dernières années permettent dès aujourd'hui de telles initiatives qui relevaient plutôt jusqu'à présent de la littérature orwellienne et de la science-fiction. Ces technologies posent de graves problèmes éthiques, moraux et légaux. Jusqu'à quel point les sociétés se dotant de tels moyens technologiques sont-elles prêtes à aliéner les droits et libertés de leurs citoyens? Car si ces technologies sont utiles dans la lutte contre le terrorisme, elles n'en demeurent pas moins contraignantes, voire envahissantes, pour quiconque n'a rien à se reprocher. Les technologies associées à la RAM offrent des possibilités dans la guerre au terrorisme international, mais la technologie peut-elle résoudre complètement le problème?

La RAM est-elle la clé pour les conflits de quatrième génération?

À première vue, il semblerait que non. Si l'on reconnaît la souplesse et la flexibilité tactique des forces américaines (leurs commandos d'élite se sont principalement déplacés à dos de cheval en montagne lors de l'opération «Liberté immuable» en Afghanistan), il faut dire qu'elles souffrent néanmoins de rigidité institutionnelle. Les forces militaires américaines, malgré toutes les prétentions de l'administration Bush et sa volonté de «transformer» la défense, opèrent toujours selon un modèle classique. Les conflits de quatrième génération requièrent de petites unités mobiles, hautement spécialisées et indépendantes. Si les forces spéciales américaines répondent à ces critères, on ne peut en dire autant de l'ensemble des forces, qui dépend encore de la puissance de feu, de l'attrition ainsi que des frappes aériennes à haute altitude et à longue portée. De plus, la lourdeur bureaucratique et les affrontements constants des groupes d'intérêts à Washington accentuent l'inertie administrative et les difficultés à modifier la structure et la doctrine des forces armées américaines. Malgré les promesses de la *Quadrennial Defense Review* (QDR) de 2001, il semble que les États-Unis n'envisagent pas de réformes majeures qui auraient un effet durable. De plus, l'augmentation massive du budget de la défense, surtout pour des considérations politiques, donnera un second souffle à des concepts que l'on considérait peu utiles ou mal adaptés au nouvel environnement stratégique. Les nouvelles acquisitions telles que le chasseur F-22 et le système d'artillerie mobile Crusader, qui répondent davantage à des menaces de 1982 que de 2002, auraient normalement dû être supprimées pour libérer des fonds pour des systèmes mieux adaptés aux conflits de quatrième génération (drones, systèmes de communication et de transmission de données, engins spatiaux)[12].

Le seuil est-il franchi? La réponse doit être négative pour l'instant. La plupart des dirigeants militaires américains reconnaissent le potentiel des technologies associées à la RAM. Cependant, l'intégration des technologies qui ont la capacité de changer la structure et l'allure des forces armées se fait de façon très graduelle. À ce stade-ci, il est donc préférable de parler d'« évolution » avec un potentiel révolutionnaire. La reconnaissance de ce potentiel est toutefois une richesse sous-estimée. La composante technologique est certes importante dans une révolution militaire, mais c'est dans le domaine des idées que réside toute la force du changement. Lorsque la Wehrmacht (forces armées allemandes) imagina le

---

12. En juin 2002, le secrétaire à la Défense Rumsfeld avait clairement indiqué sa volonté de mettre fin au programme d'artillerie Crusader évalué à plus de onze milliards de dollars américains, mais aucune décision formelle n'avait encore été prise. Voir Vernon Loeb, « Rumsfeld Untracks "Crusader" », *Washington Post*, 9 mai 2002, p. A-01.

Blitzkrieg dans l'entre-deux-guerres, elle ne disposait pas d'un avantage technologique considérable. C'est à travers la réunion originale et novatrice de technologies existantes qu'une révolution a eu lieu.

L'opération «Liberté immuable» est peut-être un premier exemple de ce que pourrait représenter un conflit de quatrième génération où les technologies de la RAM sont employées avec créativité. Selon l'analyste Michael O'Hanlon, l'opération alliée en Afghanistan fut brillamment conçue et exécutée[13]. Grâce à la combinaison de certains systèmes d'armes américains bien choisis et d'une utilisation judicieuse des forces d'opposition, les talibans auront été renversés rapidement et Al-Qaida a vu disparaître bon nombre de ses combattants ainsi que ses camps d'entraînement et ses bases d'opération en Afghanistan.

Certaines leçons doivent être retenues de ce conflit. D'abord, la haute technologie n'est pas toujours la solution idéale aux problèmes militaires. Ainsi, les bombardiers B-52 qui remontent aux années 1950 ont, une fois encore, démontré leur valeur tactique et psychologique. Ensuite, la dimension humaine est toujours une composante clé. Sans le renseignement «humain» (par opposition au renseignement électronique), sans les commandos et les agents de la CIA au sol pour guider les munitions de haute précision grâce au GPS et aux systèmes de ciblage au laser et sans les forces afghanes d'opposition déterminées à vaincre, tout plan, aussi bon soit-il, aurait été voué à l'échec. Finalement, l'opération «Liberté immuable» a clairement fait la preuve qu'il reste beaucoup de travail à faire si l'on veut améliorer l'interopérabilité entre les différentes forces nationales alliées en place, mais également entre les corps de

---

13. Voir Michael O'Hanlon, *op. cit.*, p. 47.

troupes américains. Les trop nombreuses victimes du « tir ami » en sont la sombre preuve.

C'est donc par le biais d'une plus grande imagination et d'une créativité dynamique, comme celles qui ont été démontrées lors de l'opération « Liberté immuable », que seront probablement surmontés les problèmes structuraux et organisationnels de l'actuelle RAM. N'en déplaise aux États et aux groupes qui contestent la puissance américaine, les États-Unis possèdent, grâce à un programme d'entraînement et d'éducation militaire incomparable, une longueur d'avance non négligeable sur leurs adversaires[14]. Le jour où les technologies associées à la RAM actuelle feront sentir leur plein impact n'est peut-être pas encore venu, mais il n'est probablement plus très loin.

---

14. Le texte de William S. Lind *et al.*, « The Changing Face of War : Into the Fourth Generation », *Marine Corps Gazette*, [en ligne], octobre 1989, p. 22-26 (http://www.d-n-i.net/fcs/4th_gen_war_gazette.htm), démontre avec une justesse étonnante comment certains militaires avaient anticipé avant la fin de la Guerre froide l'allure des affrontements contemporains et des mesures à prendre pour que les forces militaires américaines puissent y faire face.

Références bibliographiques

George et Meredith Friedman, *The Future of War. Power, Technology and American World Dominance in the Twenty-First Century*, New York, St Martin's Griffin, 1996, 464 p.

Thierry Gongora et Harald Von Riekhoff, *Toward a Revolution in Military Affairs. Defense and Security at the Dawn of the Twenty-First Century*, Westport et Londres, Greenwood Press, 2000, 206 p.

Michael O'Hanlon, «A Flawed Masterpiece», *Foreign Affairs*, vol. 81, n° 3, mai-juin 2002, p. 47-63.

Michael O'Hanlon, «Technological Change and the Future of Warfare», Washington (D.C.), Brookings Institution Press, 2000, 208 p.

Zalmay Khalilzad et John P. White, *Strategic Appraisal: The Changing Role of Information in Warfare*, Santa Monica (Calif.), RAND, 1999, 452 p.

Sites Internet

The RMA Debate
http://www.comw.org/rma/

*Technological Change and the Future of Warfare:
Understanding the Revolution in Military Affairs*
http://www.brook.edu/dybdocroot/fp/projects/rma.htm

The Information Warfare Site
http://www.iwar.org.uk/

National Defense University
http://www.ndu.edu/

Global Security
http://www.globalsecurity.org

6

Missiles et antimissiles : une nouvelle course folle ?

SÉBASTIEN BARTHE

Depuis quelques années, les défenses antimissiles balistiques (DAMB) sont un problème grandissant pour la sécurité internationale. Les États-Unis, seule superpuissance restante après le déclin et la mort de l'URSS, semblent bien en voie de se munir, dans les prochaines années, de capacités de défenses antimissiles. Leurs projets de DAMB visent à développer un « bouclier » qui les protégerait contre des missiles de courte et de moyenne portée et contre des missiles intercontinentaux qui pourraient frapper les États-Unis de n'importe où sur la planète. Si cette perspective peut rassurer autant les civils que les militaires américains, elle inquiète cependant plusieurs autres États. La Russie et la Chine, ainsi que certains alliés des États-Unis (dont la France et l'Allemagne), se sont montrées réticentes au développement de DAMB américaines, alléguant un nombre de répercussions négatives sur la sécurité internationale. Plusieurs États ont notamment exprimé leurs craintes que la mise en place de DAMB par les États-Unis mette en danger l'avenir du contrôle des armements nucléaires stratégiques et provoque la prolifération d'une variété de missiles. Depuis l'arrivée à la Maison-Blanche d'une administration républicaine grandement favorable aux

DAMB, début 2001, leur développement rapide a été soutenu avec vigueur. Qui plus est, les attentats terroristes du 11 septembre auront probablement rendu crédible le discours de ceux qui, depuis longtemps, dénoncent l'absurdité de la vulnérabilité de la première puissance militaire du monde face aux missiles balistiques, et qui poussent pour le déploiement à grande vitesse d'un «bouclier» contre ces missiles.

Les DAMB durant la Guerre froide

La question des DAMB n'est pas récente, bien que la période de l'après-guerre froide lui ait donné un sens nouveau. On peut d'ailleurs considérer que la question des DAMB est aussi ancienne que celle des missiles qu'elles sont supposées contrer. Au lendemain du second conflit mondial, les Américains ont bénéficié de l'expertise de scientifiques et de techniciens allemands, qui avaient travaillé sur la conception des fusées V-2 du Reich, pour accélérer leur propre programme de développement de missiles. Durant les années 1950, la portée de ces missiles s'est constamment allongée. Et à la fin de la décennie, les États-Unis et l'Union soviétique détenaient la capacité de frapper rapidement le territoire de leur vis-à-vis avec des ogives nucléaires.

Dans le contexte de la Guerre froide, le risque qu'un conflit se transforme en échange nucléaire massif entre les deux puissances rivales devint le problème principal des relations américano-soviétiques. Comme une telle escalade aurait mis en jeu la survie des deux États, la dissuasion nucléaire est lentement devenue, pour l'un comme pour l'autre, la solution au problème de la compétition stratégique. Si chaque côté possédait un nombre suffisant d'armes nucléaires, il pourrait non seulement survivre à une attaque surprise de l'autre, mais disposerait encore d'un nombre restreint de capacités pour riposter. En conséquence, aucun n'avait intérêt à lancer un conflit.

La stabilité amenée par la dissuasion devenait essentielle au maintien de la paix entre les grandes puissances, même si cette paix reposait sur un «équilibre de la terreur».

Insatisfaits parce que la sécurité de leur État dépendait de sa vulnérabilité stratégique, des gouvernants civils et des militaires américains — en nombre somme toute assez restreint — ont toujours dénoncé la stratégie de la dissuasion. Ils auraient préféré régler la question des missiles balistiques par des moyens militaires, en déployant un « bouclier » antimissiles. Les DAMB, cependant, mettaient en cause la dissuasion. En effet, si les États-Unis avaient été les premiers à développer un bouclier, ils auraient acquis un avantage momentané sur l'URSS et auraient pu menacer de l'attaquer sans craindre d'être anéantis à leur tour. Conscients de ce danger, les Soviétiques auraient probablement débuté une course aux armements. La sécurité des États-Unis n'aurait pas été en meilleure posture après la mise en place d'un bouclier antimissiles, alors que les risques de conflit avec l'URSS auraient augmenté en retour.

Le contrôle des armements offensifs et défensifs

Durant les années 1960, la dissuasion s'est donc plus ou moins installée par la force des choses, aucune des deux superpuissances ne désirant risquer d'être impliquée dans un conflit nucléaire. Ceci a permis d'ouvrir la porte aux premiers pourparlers sur la limitation des armements stratégiques entre les deux superpuissances atomiques. Les discussions américano-soviétiques portaient alors non seulement sur les missiles, mais également sur les DAMB, étant donné leur effet perturbateur sur l'équilibre de la dissuasion. Ces négociations ont abouti en 1972 à la signature de deux traités importants : une entente sur la limitation des armements stratégiques offensifs (le traité SALT), et une sur les DAMB, le traité « ABM » (voir encadré).

Le traité ABM

Signé le 26 mai 1972 à Moscou par Leonid Brejnev et Richard Nixon, le traité avait pour but de limiter le développement des défenses antimissiles à caractère stratégique des États-Unis et de l'Union soviétique.

En préambule, Américains et Soviétiques affirment que les limites imposées au développement des systèmes de DAMB ont deux objectifs : favoriser une accalmie dans la course aux armements nucléaires et approfondir la portée des négociations sur la limitation des armes stratégiques. Les articles du traité portent principalement sur des détails de nature technique. Lors de son entrée en force, l'article III du traité permettait aux deux signataires de posséder chacun deux sites pour déployer des DAMB. En juillet 1974, un protocole additionnel limitait les parties à un seul site. Le nombre des intercepteurs et de leurs fusées propulsives a alors été limité à 100, ce qui empêchait l'un et l'autre de posséder une capacité de DAMB suffisante pour résister à une attaque massive. Au-delà des limites posées au nombre de radars et d'intercepteurs, le traité ABM se voulait un mécanisme pour assurer à long terme la stabilité de la dissuasion entre les deux superpuissances. Pour ce faire, les limites au développement des défenses antimissiles étaient non seulement quantitatives, mais également qualitatives. Chacune des parties acceptait de restreindre ses recherches visant à améliorer les technologies qui pouvaient être utilisées comme capacité stratégique de défense antibalistique, que ce soit des nouvelles technologies ou des technologies déjà existantes (article VI (a)). Le traité interdisait non seulement le déploiement, mais également le développement et les tests sur toute autre capacité de DAMB que celles permises à l'article III (article V). Les parties s'engageaient à ne pas développer de défenses « stratégiques » qui soient mobiles, navales, aériennes ou spatiales (article IV). Finalement, le traité contenait une clause (article XV) permettant aux signataires de se retirer de l'entente moyennant un préavis de six mois à l'autre partie. Le président Bush a invoqué cette clause en décembre 2001, ce qui a mis fin au traité le 13 juin 2002.

Très clairement, le traité ABM voulait empêcher le développement de capacités de défenses antimissiles à caractère « stratégique », c'est-à-dire capables de protéger l'ensemble du territoire et de la population d'un État lors d'un échange nucléaire. Pendant le reste de la Guerre froide, le traité ABM allait demeurer un obstacle majeur sur le chemin des militaires et des politiciens américains qui auraient voulu développer des DAMB contre les missiles intercontinentaux. Le déploiement du système Safeguard, au milieu des années 1970, a dû être effectué en conformité avec les termes du traité, ce qui a fait peser des doutes sur son efficacité[1]. Le traité ABM a par ailleurs résisté à l'Initiative de défense stratégique débutée lors du premier mandat du président Reagan.

Le développement des DAMB après la Guerre froide

Avec la chute du mur de Berlin et la désintégration de l'URSS, la menace principale qui aurait pu justifier la mise en place de DAMB stratégiques disparut. Mais les réalités de l'après-guerre froide allaient favoriser l'émergence d'un nouveau discours en faveur des DAMB. Celui-ci était maintenant articulé autour de trois thèmes.

Tout d'abord, le savoir-faire et les technologies nécessaires à la construction de missiles ont fini par se répandre. Malgré les initiatives, parrainées par les grandes puissances occidentales et la Russie, pour tenter de contrer ce phénomène de prolifération, des États comme la Chine, le Pakistan et la Corée du Nord ont pu transférer leurs connaissances en matière de missiles aux plus offrants. L'Iran, l'Irak, la Libye, la Syrie et l'Égypte, par exemple, ont bénéficié de l'aide technique

---

1. Mis en service à Grand Forks, au Dakota du Nord, en 1976, Safeguard ne resta opérationnel que quelques mois. Le Congrès mit rapidement fin à son financement, alléguant des coûts trop élevés pour le peu de sécurité obtenue en retour.

venue de l'étranger pour faire avancer leurs propres programmes de développement de missiles.

Ensuite, la dissolution de l'URSS a rendu le contrôle des armements soviétiques très problématique. En raison des difficultés économiques que la Russie a connues depuis lors, les risques que son matériel et son savoir-faire en matière de nucléaire se retrouvent de manière illicite entre des mains douteuses ont constitué l'une des plus grandes craintes du gouvernement américain. Ce dernier a donc investi plusieurs millions de dollars, tout au long de la décennie 1990, pour empêcher que les savants russes au chômage aillent travailler pour des gouvernements hostiles aux États-Unis ou que du combustible nucléaire mal gardé tombe entre les mains de terroristes. Ces investissements américains se sont faits sous l'égide d'un programme bilatéral nommé *Cooperative Threat Reduction* (CTR). Le CTR a non seulement cherché à contenir le problème de la prolifération issue de la Russie, mais il a également servi à appuyer financièrement le démantèlement des arsenaux stratégiques russes obsolètes[2].

Enfin, au lieu de voir la disparition de la menace communiste inaugurer une ère de sécurité accrue, les États-Unis se sont plutôt retrouvés après la Guerre froide dans une situation où le nombre de menaces avait augmenté. En haut de la liste de ces nouvelles menaces figurent les États «voyous». Ces États jouent selon des règles autres que celles, établies, du système international (soit le respect de la souveraineté des autres, le recours à l'arbitrage plutôt qu'à la violence pour régler les différends, la protection des populations civiles sous leur juridiction), quand ils n'affichent pas clairement des intentions hos-

---

2. Le projet sur la non-prolifération du Carnegie Endowment for International Peace est l'une des meilleures ressources sur les efforts américains et internationaux pour endiguer les risques associés aux missiles, au savoir-faire et au matériel nucléaires russes.

tiles à l'égard des États-Unis. La plupart de ces « États parias », dont l'Iran, l'Irak et la Corée du Nord, ont des programmes de développement de missiles balistiques et de capacités nucléaires. Les États-Unis craignent que ces parias commanditent des attentats terroristes contre leurs soldats déployés à l'étranger ou contre la population américaine. Ils craignent également que des réseaux de terroristes fanatiques et fortement antiaméricains arrivent à obtenir des armes de destruction massive sans assistance étatique directe. On pense ici principalement à des militants islamistes. Ces réseaux, dont Al-Qaida est un excellent exemple, ne craignent pas de sacrifier leurs membres et des vies innocentes pour faire avancer leur cause.

Les années Clinton

Les nouvelles menaces à la sécurité des États-Unis ne sont pas demeurées sans réponse. En plus d'initiatives politiques (comme le programme CTR ou la suspension du programme nucléaire militaire arraché par Jimmy Carter aux Nord-Coréens en 1994), la décennie 1990 a vu le développement aux États-Unis de certains projets militaires visant à acquérir une capacité de défense antimissiles. Durant les années de la présidence Clinton, le Pentagone a reçu le feu vert pour développer plusieurs systèmes de DAMB pouvant être utilisés sur les champs de bataille de l'avenir. On appelle communément ces systèmes des défenses « de théâtre », pour les distinguer des défenses stratégiques. Ces défenses de théâtre n'ont pas la capacité de protéger l'ensemble du territoire américain contre une attaque de missiles intercontinentaux, car leur rayon d'action est trop restreint. De plus, les ogives nucléaires des missiles intercontinentaux voyagent trop rapidement pour que les défenses de théâtre puissent les intercepter. Le plus connu de ces systèmes est le Patriot, qui a été utilisé lors de la guerre du golfe

Persique en 1991. Plusieurs autres programmes de développement ont été lancés sous Bush (père) et Clinton. On compte parmi eux le système THAAD de l'armée, le *Navy Area Theater Missile Defense* de la marine, le laser aérien de la US Air Force, ainsi qu'un projet multilatéral avec l'Allemagne et l'Italie, connu sous l'acronyme de MEADS.

Le développement des défenses « de théâtre » n'était cependant pas assez ambitieux pour satisfaire la majorité républicaine qui prit le contrôle des deux chambres du Congrès à la suite des élections législatives de 1994. Dans les milieux conservateurs américains, on en était venu à la conclusion que la dissuasion seule ne pouvait plus assurer la sécurité nucléaire, que les risques d'attaques sournoises ou non provoquées étaient fort élevés, et que la solution restante était par conséquent la défense active au moyen d'une DAMB stratégique robuste. Les républicains allaient s'indigner de l'évaluation faite en 1995 par la communauté du renseignement américain qui affirmait que les menaces de missiles intercontinentaux ne se matérialiseraient pas avant quinze ans au moins. Durant l'année électorale de 1996, face à ces pressions grandissantes, l'administration Clinton allait lancer le projet NMD (*National Missile Defense*). Ce dernier aurait été une défense stratégique légère, qui n'aurait pas pu stopper une attaque massive, mais qui aurait été suffisante pour contrer quelques missiles nord-coréens, chinois ou russes, lancés délibérément ou par accident. L'administration présidentielle ne permettait cependant que la recherche et des tests très sommaires sur ce projet de DAMB stratégique, se refusant à autoriser un déploiement avant qu'un système complet ait fait ses preuves.

Pendant le second mandat de Clinton, un débat important s'est engagé sur le NMD. Les deux opinions les plus entendues furent toutes les deux opposées au projet, mais pour des raisons diamétralement différentes. D'un côté, dans les cercles conservateurs et «militaristes», le NMD était perçu comme beaucoup trop limité pour protéger réellement les États-Unis. S'il avait la moindre valeur, c'était en tant que première étape vers un système de DAMB plus solide. Les républicains considéraient également que l'échéancier de Clinton était beaucoup trop long et qu'une défense contre les missiles balistiques était une urgence nationale. De l'autre côté, d'autres demeuraient convaincus que la meilleure solution au problème des missiles balistiques, même après la fin de la Guerre froide, passait par la diplomatie, que ce soit pour empêcher les États voyous de se munir d'armes de destruction massive, ou pour poursuivre la collaboration avec la Russie en vue d'un désarmement nucléaire complet. Pour eux, une solution militaire comme une défense antimissile n'aurait que des conséquences négatives sur la sécurité des États-Unis. Une course aux armements stratégiques risquerait fort d'en découler, affectant des régions aussi instables que le Moyen-Orient, le sous-continent indien et l'Asie de l'Est. Faisant écho à ces critiques, les gouvernements de la Chine et de la Russie se sont publiquement opposés au projet de NMD dès son annonce[3]. Tout au long du reste de la présidence Clinton, la situation resta dans l'ensemble inchangée : seuls l'administration présidentielle, les militaires et industriels qui bénéficiaient du développement des DAMB et la minorité démocrate au Congrès ont fait la promotion du NMD. Lors de la campagne présidentielle de 2000, la position du candidat démocrate, Al Gore, sur les DAMB était celle de la continuité : s'il était élu, il comptait maintenir la politique de compromis de l'administration sortante, politique qu'il avait grandement aidé à concevoir. Le candidat

---

3. On peut trouver une collection des principales attaques verbales de la Russie et de la Chine contre le NMD ou les DAMB en général sur le site de l'Arms Control Association.

républicain et futur président, George W. Bush, épousait, quant à lui, la vue des partisans d'une DAMB stratégique plus solide et comptait apporter des changements considérables au dossier des défenses antimissiles s'il était élu.

George W. Bush à la Maison-Blanche

Les changements promis par Bush ne se sont pas fait attendre. Dès son arrivée à la Maison-Blanche, le nouveau président a très clairement démontré que le développement rapide des systèmes de DAMB, conformément à son programme électoral, serait l'une des priorités de son administration. La nomination de Donald Rumsfeld comme secrétaire à la Défense abondait en ce sens. En 1997 et 1998, Rumsfeld avait présidé une commission chargée d'évaluer les menaces que représentaient les missiles balistiques à la sécurité des États-Unis. Cette commission en était venue à la conclusion que les menaces issues des États voyous étaient pressantes et que seule une DAMB stratégique robuste pourrait vraiment protéger les États-Unis.

Au cours du printemps et de l'été 2001, le pouvoir exécutif américain allait passer à une offensive jamais atteinte jusque-là pour tenter de convaincre à la fois la population américaine, les intellectuels et les gouvernements de la Russie, de la Chine et des « alliés et amis » du bien-fondé de sa politique en matière de DAMB. Le 1er mai, le président Bush annonçait l'envoi de dignitaires de haut rang pour « discuter » des DAMB avec les Européens, les Russes, les Chinois, les Japonais, les Australiens, les Israéliens, les Canadiens et d'autres alliés. Cette offensive diplomatique n'obtint pas les résultats escomptés, les émissaires américains n'ayant en main aucun projet bien défini, ce qu'aucun de leurs hôtes n'a manqué de leur faire remarquer.

Durant l'été, l'administration s'est efforcée de donner à ses projets une forme plus concrète, tout simplement parce que le Sénat n'accepterait pas d'autoriser les demandes de financement élevées pour les DAMB s'il n'avait aucun projet formel entre les mains. Malheureusement pour l'administration présidentielle, le Sénat est passé en juin 2001 d'une majorité républicaine à une majorité démocrate, lorsque le sénateur James Jeffords (Vermont) a quitté le Parti républicain. En conséquence, la Chambre haute est tombée sous le contrôle de sénateurs sceptiques par rapport aux projets présidentiels. Pour tenter de les gagner tout de même à sa cause, le président dépêcha le chef de l'organisation pour la défense balistique du Pentagone (la BMDO), le lieutenant-général Ronald Kadish, ainsi que le sous-secrétaire à la Défense, Paul Wolfowitz, pour expliquer aux sénateurs les nouveaux plans. Ils annoncèrent que, dans les prochaines années, les États-Unis tenteraient d'acquérir une capacité de défense « étalée » contre les missiles balistiques, c'est-à-dire une défense qui intercepterait les missiles ennemis durant toutes les phases de leur vol (mise à feu, vol dans l'espace, retombée vers la cible), l'objectif étant d'obtenir un système « intégré », formé autant de composantes de défenses de théâtre que de composantes de défense typiquement stratégique. Un tel système intégré serait extrêmement complexe à produire, tout aussi onéreux, et demanderait encore plusieurs années de recherche et développement avant d'être achevé. La menace, cependant, n'aurait su rester sans réponse aussi longtemps, c'est pourquoi le département de la Défense mettait tout de suite en place les mécanismes nécessaires pour que les États-Unis pussent bénéficier le plus rapidement possible d'une certaine forme de protection. Les militaires comptaient ainsi utiliser les prototypes fabriqués pour les tests du NMD (qui sera rebaptisé GMD, *Ground-based Midcourse*

Defense) comme capacité de défense minimale. Parallèlement, certains programmes de défense de théâtre qui n'en étaient encore qu'au stade expérimental, comme le laser aérien et le *Navy Area Theater Missile Defense*, allaient être modifiés pour leur permettre éventuellement d'intercepter des missiles intercontinentaux. C'est sur cette base que le Pentagone demandait une hausse de 16 % des budgets alloués aux DAMB — qui passeront en fait de 5,3 milliards de dollars en 2001 à 7,8 milliards de dollars pour 2002, un niveau jamais atteint, même du temps de l'IDS de Reagan. Le Sénat comptait minimiser, voire même annuler cette hausse de budget demandée par le pouvoir exécutif, mais la dynamique changea du tout au tout en l'espace de quelques jours, à la suite des attentats terroristes du 11 septembre 2001.

Les répercussions du 11 septembre sur le développement des DAMB

Immédiatement après les événements du 11 septembre, une certaine confusion régnait quant à l'avenir du développement des DAMB. Plusieurs analystes des politiques de défense américaines ont remis en question le bien-fondé de l'accent mis jusqu'alors par l'administration Bush sur les défenses antimissiles. Après tout, l'odieuse attaque avait été perpétrée par des terroristes sans affiliation claire à un État voyou ou à une cause politique et les malfaiteurs avaient utilisé des moyens technologiques autres que des missiles nucléaires pour obtenir un effet de destruction massive.

De même, la perspective d'une guerre mondiale au terrorisme, déclarée par le président et immédiatement entérinée par le Congrès quelques jours après les événements, impliquait que les fonds destinés aux DAMB seraient peut-être amputés pour se voir réinvestis sur des postes plus importants, notamment la collecte de renseignements ou les activités militaires contre-terroristes à l'étranger.

Finalement, dans le but de construire et de maintenir une coalition internationale pour l'assister dans cette nouvelle guerre au terrorisme, on aurait pu penser que le gouvernement américain allait modérer certaines des propensions à l'unilatéralisme de sa politique étrangère, notamment pour gagner à sa cause la Russie et la Chine. Puisque ces deux États s'étaient maintes fois prononcés contre les projets américains de DAMB, il aurait semblé raisonnable que Washington formule un discours plus conciliateur pour obtenir un soutien accru des Russes et Chinois dans la lutte contre Al-Qaida.

Une fois la poussière retombée, nous constatons plutôt que l'administration Bush a profité de plusieurs occasions pour faire avancer de manière significative ses projets de DAMB. Une des leçons qui ont été tirées du 11 septembre n'est pas qu'une DAMB n'aurait pas été de grand secours pour empêcher les événements tragiques d'arriver, mais bien que les États-Unis sont dangereusement vulnérables face à un éventail toujours grandissant de menaces[4]. Dans ce contexte, les projets de DAMB promettent de réduire l'insécurité future des États-Unis, et ont plutôt reçu une attention redoublée. Aussi l'administration Bush a-t-elle tout d'abord exploité la solidarité spontanée qui est apparue entre les pouvoirs exécutif et législatif dans les jours qui ont suivi les attentats. Et elle a obtenu du Sénat qu'il lève toutes les contraintes attachées au financement des DAMB.

Ensuite, le gouvernement américain a profité du rapprochement stratégique *de facto* avec la Russie, qui s'est opéré pendant les opérations militaires en Afghanistan contre les talibans et les guerriers d'Al-Qaida, pour

---

4. Le gouvernement a même créé une nouvelle agence fédérale chargée de voir comment contrer ces multiples menaces. Le Bureau pour la *Homeland Security*, cependant, ne se mêlera que sommairement des questions de DAMB, qui restent la chasse gardée du département de la Défense

faciliter son retrait du traité ABM. L'administration Bush considère, depuis son arrivée au pouvoir, que l'abandon de ce traité est nécessaire pour arriver à une nouvelle entente avec la Russie sur les défenses antimissiles et la réduction des armements stratégiques. Lors du Sommet de Crawford de la mi-novembre 2001 entre les présidents Poutine et Bush, les Américains n'ont pas réussi à convaincre la Russie qu'elle pourrait tirer avantage d'un retrait simultané des deux États du traité ABM. La délégation russe est demeurée sceptique, ne voyant pas comment ceci servirait ses intérêts si aucune autre entente n'était en préparation. Le Sommet s'est soldé par une déclaration d'intention de part et d'autre plutôt que par une entente solide. Malgré cet échec relatif (les deux présidents ont tout de même annoncé leur intention de réduire des deux tiers leurs arsenaux stratégiques respectifs), l'administration Bush aura quand même utilisé le rapprochement américano-russe pour rendre moins douloureuse l'annonce du retrait des États-Unis du traité ABM au terme des six mois du préavis qui avait été donné le 13 décembre 2001. Défiant le pronostic de nombre d'experts, la Russie a réagi sans excès à cette annonce, et bien qu'elle ait qualifié ce geste d'« erreur », elle a également annoncé son désir d'aboutir à une nouvelle entente stratégique avec les États-Unis.

Enfin, l'administration Bush a également bénéficié du contexte favorable à l'augmentation des efforts en matière de défense du sanctuaire national, découlant du 11 septembre, pour effectuer le remaniement administratif qui allait transformer la BMDO en *Missile Defense Agency* (MDA). Cette réorganisation n'est pas sans effet. Du fait de cette restructuration, la MDA dispose maintenant de pouvoirs étendus pour faciliter l'atteinte des objectifs fixés par le Pentagone. Cette nouvelle agence coordonnera l'ensemble des projets de recherche sur les DAMB : elle aura préséance sur les différents services militaires qui, jusqu'à maintenant, travaillaient chacun de leur côté sans se consulter. Ainsi, l'administration présidentielle se dote d'un outil de contrôle inégalé sur le rythme et sur la forme que prendra, au cours des prochaines années, le développement du nouveau système de défense antimissile intégré.

* * *

La menace posée par les missiles balistiques a, depuis le milieu des années 1950, constitué un problème épineux pour les décideurs civils et les militaires américains. Pendant la Guerre froide, le développement des DAMB a été contraint par la relation dissuasive entre les États-Unis et l'URSS et par le traité ABM. Au terme de la Guerre froide, les États-Unis en sont venus à identifier de multiples nouvelles menaces à leur sécurité, dont la prolifération des armes de destruction massive dans les États voyous. Dans ce nouveau contexte où plusieurs doutaient du bien-fondé de la dissuasion, la retenue dans le développement de défenses antimissiles est devenue de plus en plus difficile à justifier. Pendant la majeure partie de la dernière décennie, les démocrates à la Maison-Blanche sont parvenus à conserver à un niveau minimal le développement des défenses stratégiques, concentrant les efforts des militaires sur les défenses de théâtre, tout en essayant dans le même temps de sauvegarder le traité ABM. L'administration républicaine du président George W. Bush a, quant à elle, des desseins beaucoup plus grands pour les DAMB. Durant sa première année de pouvoir, elle a posé plusieurs gestes facilitant l'acquisition rapide d'une capacité minimale de défense contre les missiles intercontinentaux, tout en pavant la voie pour le développement d'une DAMB stratégique robuste à moyen et à long terme. Les événements du 11 septembre auront renforcé le sentiment de vulnérabilité des Américains et créé un environnement d'insécurité, ce qui a permis à l'équipe exécutive de poser des gestes concrets lui permettant d'atteindre plus facilement ses objectifs : financement soutenu des projets de recherche, acceptation tacite par la Russie de l'abrogation du traité ABM, nouvelles directives et réforme des instruments administratifs pour faciliter leur implantation.

En matière de DAMB, plusieurs questions demeurent quant à l'impact des événements de l'automne 2001 sur la direction que prendront le développement accéléré et le déploiement hâtif d'une capacité minimale de défense antimissile par les États-Unis.

Tout d'abord, il n'est pas sûr que l'attitude modérée adoptée par la Russie pour les besoins de la cause anti-terroriste persiste, ou que cette attitude devienne représentative de l'opinion générale de la communauté internationale. Les alliés et amis des États-Unis pourront peut-être se sentir un peu rassurés par l'approche conciliatrice de la Russie, mais il n'est pas certain que ce soit suffisant pour qu'ils embrassent fermement les projets américains. L'administration Bush clame depuis son arrivée au pouvoir que le développement des DAMB se fera de concert avec ses alliés, mais elle a également démontré qu'elle était prête à avancer seule lorsqu'elle n'obtenait pas les réactions escomptées. Il n'est pas certain que les Européens, les Canadiens ou les autres alliés soient enchantés par la perspective que leur opinion sur le développement des DAMB soit uniquement prise en compte lorsque cette dernière est identique à celle de Washington.

Ensuite, la question des coûts demeure également problématique. Le financement du développement des DAMB reste tributaire des aléas de la vie politique interne des États-Unis. Une rotation partisane au Congrès à la suite des élections de novembre 2002, ou un changement de locataire à la Maison-Blanche après

2004, sont des facteurs qui pourraient influencer l'orientation principale des projets de DAMB et les sommes accordées pour atteindre ces objectifs.

Par ailleurs, les conséquences de l'abrogation du traité ABM restent matière à débat. Bien que les deux seuls signataires en aient été les États-Unis et la Russie, sa portée internationale a toujours été plus grande. En assurant les deux plus grandes puissances nucléaires de leur destruction mutuelle en cas de conflit, le traité constituait la pierre angulaire de la réduction des tensions et du stock des armements stratégiques dans le monde. Qui plus est, le processus de limitation et de réduction de ces armements était un engagement que les deux superpuissances nucléaires prenaient dans le cadre plus large du traité de non-prolifération nucléaire (TNP), qui vise, à long terme, à amener la disparition totale de la menace nucléaire. Plusieurs craignent maintenant que la disparition du traité ABM ne s'accompagne d'un abandon, du côté américain, de l'objectif de désarmement nucléaire complet. Ceci irait d'ailleurs dans le sens général des politiques de l'administration Bush, qui n'a pas hésité depuis un an à dissocier les États-Unis de plusieurs engagements coopératifs antérieurs, les considérant comme trop restrictifs.

Enfin, l'engagement des États-Unis dans une guerre mondiale au terrorisme pourrait influer sur le développement des DAMB. Une présence militaire américaine accrue et soutenue à l'étranger pourrait fort bien montrer la nécessité de commencer par munir les forces armées de défenses de théâtre, plutôt que d'investir massivement dans les défenses stratégiques contre les missiles intercontinentaux. Paradoxalement, l'éradication des cellules terroristes les plus dangereuses et des régimes à la tête d'États voyous, rendrait le déploiement accéléré des DAMB plus difficile à justifier.

Un fait demeure constant : tant que des missiles intercontinentaux se trouveront entre les mains d'États ou de terroristes hostiles aux États-Unis, il y aura toujours dans ce pays des voix qui s'élèveront pour la mise en place d'une capacité de défense contre les missiles intercontinentaux. Ces voix ne seront peut-être jamais satisfaites, et demanderont toujours le développement de nouvelles capacités de défense contre les menaces présentes et futures.

Références bibliographiques

Ivo H. Daalder, James M. Goldgeier et James M. Lindsay, « Deploying NMD : Not Whether, but How », *Survival*, vol. 42, nº 1, 2000, p. 6-28.

Charles L. Glaser et Steve Fetter, « National Missile Defense and the Future of U.S. Nuclear Weapons Policy », *International Security*, vol. 26, nº 1, été 2001, p. 40-92.

Richard Gray, « Nuclear Weapons Proliferation », dans Craig E. Snyder (dir.), *Contemporary Security and Strategy*, New York, Routledge, 1999, p. 171-193.

George Lewis, Lisbeth Gronlund et David Wright, « National Missile Defense : An Indefensible System », *Foreign Policy*, nº 117, 2000, p. 3-24.

Peter W. Rodman, *Shield Embattled : Missile Defense as a Foreign Policy Problem*, Washington (D.C.), The Nixon Center, 2001, 82 p.

Sites Internet

Projet de non-prolifération du Carnegie Endowment for International Peace
http ://www.ceip.org/files/nonprolif/weapons/weapon.asp ?ID=5&weapon=missiledefense

Arms Control Association
http ://www.armscontrol.org/subject/md/

La défense antimissile, du Center for Defense Information
http ://www.cdi.org/hotspots/missiledefense/

L'observatoire sur les défenses antimissiles de la Federation of American Scientists
http ://www.fas.org/ssp/bmd/index.html

Perspectives sur la défense antimissile stratégique, du British American Security Information Council
http ://www.basicint.org/NMDpage.htm

7

L'avenir de la puissance militaire américaine

FRÉDÉRICK GAGNON ET JEAN-PHILIPPE RACICOT

Depuis la fin de la Guerre froide, la puissance militaire
américaine est restée inégalée. En effet, si l'on peut douter de l'hégémonie américaine dans certaines sphères
d'activité des relations internationales telles que le commerce, la finance, l'innovation ou encore la culture,
l'écart qui sépare les États-Unis de leurs plus proches
compétiteurs militaires est pour sa part gigantesque.
Avec 1 369 022 hommes et femmes, les forces armées
américaines ne sont pas les plus imposantes numéri-
quement, mais elles possèdent un équipement de pointe
et un entraînement que peu d'États peuvent se permettre. Ce qui fait en sorte que la puissance militaire
américaine du nouveau millénaire peut être considérée
comme la plus performante de l'histoire.

Toutefois, à l'instar de toute organisation d'envergure,
la Défense américaine évolue et subit des changements au
fil du temps. Ceci est d'autant plus vrai depuis les événements du 11 septembre 2001, lesquels ont été foudroyants
pour la puissance militaire américaine. La reconstruction d'une partie du Pentagone, lui aussi touché par les
actes terroristes, est un symbole éloquent des efforts de
la Défense pour adapter et rebâtir les forces armées américaines face aux nouvelles missions de la « guerre contre

le terrorisme». L'avènement de l'administration de George W. Bush à la suite des élections présidentielles de novembre 2000 a également eu une incidence considérable sur la réorganisation des forces militaires. Plusieurs réformes avaient été imaginées et entamées avant le 11 septembre 2001. Les événements tragiques de New York et de Washington auront eu un effet de tremplin pour certaines d'entre elles, notamment pour le remaniement de la défense du territoire national.

C'est donc à travers la combinaison d'une nouvelle administration et des attentats terroristes subis en sol américain qu'il faut analyser la politique de défense des États-Unis en ce début de XXIe siècle. On peut identifier les principaux axes qui guideront les forces armées américaines dans l'avenir en étudiant les aspects budgétaires, les réformes institutionnelles, les nouvelles missions, la présence à l'étranger et les forces non conventionnelles de la puissance militaire américaine.

L'augmentation substantielle du budget

Une conséquence immédiate des événements du 11 septembre 2001 s'est fait sentir le 23 janvier 2002 lorsque le président Bush a exposé pour la première fois sa demande budgétaire pour la Défense pour l'année fiscale 2003 : 378 milliards de dollars américains[1]. Ceci représentait une augmentation de 48 milliards de dollars, soit près de 14%, par rapport au budget militaire précédent. Si l'analogie avec l'administration de Ronald Reagan de 1980 à 1988 a peut-être été surfaite, le parallèle est ici assez pertinent. En effet, l'augmentation budgétaire exigée par l'administration Bush s'apparente de près à la plus forte augmentation jamais demandée dans

---

1. Ce chiffre correspond à l'hypothèse la plus basse de la fourchette d'estimations, qui va de 378 à plus de 396 milliards de dollars américains selon les sources. L'estimation plus conservatrice a donc été privilégiée, tout en sachant que la somme pourrait être plus élevée.

l'histoire des États-Unis. Pour l'année budgétaire 1982, le gouvernement de Reagan avait augmenté ses dépenses militaires de 17 % par rapport à l'année précédente. Dans la même perspective, le montant total demandé pour le budget militaire 2003 des États-Unis se rapproche du plus haut niveau jamais atteint en la matière. Ainsi en 1985, le Pentagone s'était vu accorder l'équivalent de 286,8 milliards de dollars, ce qui correspond à 450 milliards aujourd'hui. Il appartient cependant au Congrès américain d'approuver ou non cette augmentation, puisqu'il est en fin de compte le véritable détenteur du pouvoir budgétaire dans le système politique américain. Il y a fort à parier que, dans un contexte économique encore difficile et en période de déficit budgétaire, les débats sur la question des dépenses militaires se feront acerbes.

Avec un coût mensuel allant de 500 millions à un milliard de dollars américains, l'opération « Liberté immuable » est en fait une tâche assez lourde à assumer pour le gouvernement américain. Le prolongement des opérations militaires dans la guerre au terrorisme international impliquerait donc l'utilisation d'environ dix milliards en fonds de « réserve » sur les 48 milliards demandés au Congrès par la Maison-Blanche. Les 38 milliards restants serviraient à des augmentations salariales, au renouvellement des infrastructures, à la construction de nouveaux logements, à l'achat d'armes de précision, aux nouveaux moyens de communication et de surveillance et à l'achat d'armes plus traditionnelles (chars, avions de combat et navires de guerre). Cette augmentation est-elle pour autant véritablement nécessaire ? Une plus grande sécurité est-elle atteinte avec un budget de 396 milliards de dollars américains plutôt qu'avec un budget de 330 milliards ? Ailleurs dans le monde, les États semblent parvenir à satisfaire leurs besoins de défense nationale en dépensant beaucoup moins.

Selon le Center for Defense Information (CDI)[2], avec près de 400 milliards de dollars, le budget militaire des États-Unis serait presque six fois supérieur à celui de la Russie, second pays dépensant le plus d'argent pour la défense. Il serait 26 fois plus élevé que le total des budgets militaires des États identifiés comme des « États parias » et désignés comme des menaces à l'ordre international ou aux intérêts américains (Irak, Iran, Libye, Soudan, Corée du Nord, Syrie et Cuba). Finalement, le budget militaire américain équivaudrait au total des budgets d'un groupe de 25 États incluant les membres de l'OTAN, le Japon, la Russie, la Chine, l'Australie, la Corée du Sud et les « États parias ». Le tableau suivant illustre de façon graphique cet écart colossal.

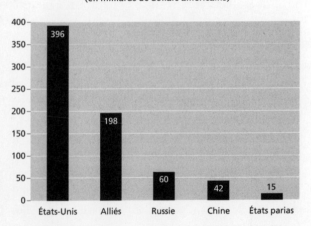

**Dépenses militaires américaines
par rapport à celles du reste du monde**
(en milliards de dollars américains)

Note : L'expression « pays alliés » fait référence aux pays membres de l'OTAN, au Japon, à l'Australie et à la Corée du Sud. L'expression « États parias » fait référence à Cuba, à l'Iran, à l'Irak, à la Libye, à la Corée du Nord, au Soudan et à la Syrie. Les montants exprimés indiquent les sommes prévues pour l'année budgétaire 2002.
Source : Le site officiel du Center for Defense Information (CDI).

---

2. Le CDI utilise le montant de 396 milliards de dollars américains dans son analyse.

La réorganisation institutionnelle de la Défense

Dès son arrivée au Pentagone en janvier 2000, le secrétaire à la Défense, Donald Rumsfeld, a voulu faire sentir la présence d'une équipe républicaine au pouvoir en lançant une série d'études visant à remodeler les forces militaires américaines. Cet effort a finalement été peu concluant parce que peu d'études ont vu le jour jusqu'à présent. Ayant publié certains rapports sur la réorganisation de la défense, les républicains ont vu leurs idées vivement contestées à Washington. D'importants débats ont eu lieu au Pentagone au cours de l'été 2001 sur des questions allant de l'élimination d'installations militaires à travers le pays — par souci d'économie —, à l'ampleur et la nature du bouclier antimissile en passant par la présence américaine dans les Balkans. Tout changement d'importance a été discuté et plusieurs scénarios ont été évoqués, mais ce questionnement s'est fait dans la tourmente alors que le secrétaire Rumsfeld faisait face à une solide opposition tant de l'état-major du Pentagone que des membres du Congrès. Le plan principal des républicains, résultat d'un processus d'écriture réunissant les éléments militaires et civils de la Défense américaine, a finalement été annoncé dans les pages de la *Quadrennial Defense Review* (QDR) le 30 septembre 2001. Ce plan identifie quatre objectifs essentiels[3] :

▶ assurer les alliés et les États amis des États-Unis d'un soutien militaire américain indéfectible ;

▶ dissuader les adversaires des États-Unis d'entreprendre des programmes militaires ou des opérations qui pourraient, dans l'avenir, nuire aux intérêts américains et/ou des alliés et pays amis ;

---

3. Pour consulter le rapport de la *Quadrennal Defense Review* du 30 septembre 2001, voir le site du département de la Défense américain.

▸ dissuader l'agression et la cœrcition en déployant à l'étranger des capacités militaires pouvant rapidement mettre fin à une attaque et causer de sévères dommages aux capacités offensives et aux infrastructures des États belliqueux ;

▸ vaincre de façon décisive tout adversaire qui ne réagirait pas à la dissuasion.

Des nombreuses conclusions de la QDR, deux conduiraient à changer de façon substantielle l'organisation des forces militaires américaines. La première est la priorité que représente désormais la défense du territoire national américain. Dans la planification des forces (*force planning*), la défense des États-Unis est considérée comme l'objectif premier et la mission principale des forces militaires. Celles-ci doivent s'assurer de maintenir un nombre suffisamment élevé de troupes pour défendre la population, le territoire et les infrastructures critiques tout en respectant les contraintes légales américaines. Ceci contraste considérablement avec les dix dernières années où, du fait de la disparition de l'Union soviétique et de la menace d'une attaque de bombardiers transitant via l'Arctique, la défense continentale était considérée comme un enjeu de second ordre et remise en question par certains analystes.

Une seconde conclusion à retenir de la QDR est l'abandon de la *two major war strategy* ou « stratégie de deux guerres ». Plutôt que de mener deux opérations d'envergure — des guerres « régionales » similaires à la guerre du Golfe de 1991 —, la QDR insiste dorénavant sur la capacité des États-Unis à gagner rapidement et de façon décisive une seule de ces guerres tout en effectuant des opérations moins imposantes sur d'autres théâtres. Ceci correspond certainement à la volonté de réduire les effectifs militaires. Cette mesure découle également de la volonté de disposer d'une plus grande flexibilité dans le cadre d'opérations plus restreintes (contrôle des frontières, missions de maintien de la paix), nécessitant un engagement moins important — mais plus long — qu'un conflit régional. La présence continue des troupes américaines dans les Balkans depuis le milieu des années 1990 reflète ce nouveau type d'engagement militaire.

Finalement, l'élimination de la « stratégie de deux guerres » représente, pour l'administration Bush, un engagement à long terme des forces militaires américaines dans la lutte contre le terrorisme. Le terrorisme international, pendant longtemps à l'arrière-plan stratégique américain, a été propulsé à l'avant-scène avec les événements du 11 septembre 2001. La première opération d'envergure, l'opération « Liberté immuable », démontre clairement que les réseaux terroristes transnationaux sont devenus une cible pour la puissance militaire américaine.

L'Afghanistan et l'opération « Liberté immuable »

Près d'un mois après les attentats tragiques du World Trade Center et du Pentagone, les forces armées américaines se sont vu assigner par le président George W. Bush une mission d'intervention militaire en Afghanistan. En guerre contre Al-Qaida, un adversaire transcendant les notions d'État, de frontières et de souveraineté, les stratèges américains possédaient alors l'occasion de tester les capacités offensives des États-Unis face à une menace inhabituelle, un réseau terroriste transnational.

Le caractère atypique et non conventionnel de l'ennemi constituait un défi considérable pour le Pentagone. La puissance militaire des États-Unis serait-elle efficace et suffisante face à un acteur dont le mode d'organisation différait de celui des gouvernements et des armées modernes ? Était-il possible de défaire un rival aussi imprévisible qu'Al-Qaida, avec des moyens militaires initialement conçus pour effectuer d'autres missions ? L'administration Bush a partiellement contourné de telles interrogations en accusant le régime taliban d'œuvrer de concert avec Oussama Ben Laden. De cette façon, l'ennemi a été « re-territorialisé » et les limites géographiques de la riposte américaine identifiées.

Entamée le 7 octobre 2001, l'opération « Liberté immuable » avait plusieurs objectifs opérationnels et stratégiques[4] : convaincre les talibans qu'ils n'avaient rien à gagner en hébergeant les responsables des attaques du 11 septembre ; recueillir les renseignements susceptibles de mener à la capture d'Oussama Ben Laden et au démantèlement du réseau Al-Qaida ; assister et soutenir les efforts de guerre des mouvements d'opposition au régime taliban ; faire de l'Afghanistan une base d'opération peu attrayante pour les terroristes ; fournir une aide humanitaire à la population et aux réfugiés afghans. En continuité avec les opérations « Tempête du Désert » en Irak (1991) et « Force alliée » au Kosovo (1999), l'usage de la force classique et l'emploi systématique des nouvelles technologies militaires ont été préconisés par les États-Unis.

La mission militaire en Afghanistan a impliqué un engagement minimum au sol et un recours substantiel aux bombardements aériens. Leaders d'une coalition de quelque vingt pays dont la Grande-Bretagne, le Canada, la Russie et le Pakistan, les États-Unis ont commandé l'arrivée des fusiliers marins américains en territoire afghan fin septembre 2001. Le rôle de ces troupes — dont l'effectif se montait à 800 en novembre 2001 — a été de mener des opérations spéciales ou *covert actions*. Celles-ci ont consisté notamment à offrir un support

---

4. Voir Gerry J. Gilmore, « Rumsfeld : Don't Expect "Instant Victory" in Anti-terror War », *American Forces Press Service*, [en ligne], 1er novembre 2001, sur le site du département de la Défense américain.

technique et logistique à l'Alliance du Nord, principal mouvement opposé aux talibans. Au préalable, les unités paramilitaires secrètes de la CIA, des équipes formées de cinq ou six individus ne portant pas l'uniforme militaire, avaient ouvert la voie aux forces d'opérations spéciales. En mettant en place des centres d'écoute aux frontières de l'Afghanistan, en identifiant les cibles à frapper du haut du ciel et en infiltrant des cellules terroristes, la CIA a procédé à une collecte d'informations essentielle à l'entrée en scène et au travail de l'armée de l'air américaine[5].

Ce n'est qu'après avoir obtenu les droits d'atterrissage et de survol de plus de 40 pays du Moyen-Orient, d'Afrique et d'Asie que les États-Unis ont entamé les bombardements aériens ou *overt actions* en Afghanistan. À partir de bases situées au Koweït, en Arabie Saoudite ou encore à Diego Garcia, Washington et ses alliés ont effectué 38 000 sorties aériennes entre le 7 octobre 2001 et le 14 mars 2002. Comme ce fut le cas en Irak et au Kosovo, les avions de combat F-6, F-14, F-15, F-16 et F-18, les bombardiers B-52, B-1 et B-2, les hélicoptères UH-60, H-53 et AH-64 Apache ainsi que les frégates et les sous-marins d'attaque ont utilisé à la fois les bombes conventionnelles et les munitions guidées à haute précision pour affaiblir l'ennemi. Grâce aux explosifs GBU (-28, -29, -30, -31, -32, -37) et Mark (-82, -83, -84) ainsi qu'aux missiles Tomahawk, AGM-114 et M-220, la coalition a procédé à des bombardements aussi bien généraux que sélectifs ou de précision[6].

---

5. Voir à ce sujet Bob Woodward, « Secret CIA Units Playing a Central Combat Role », *Washington Post*, Saturday, November 18, 2001, p. A01.

6. Pour plus de détails sur l'armement employé par les États-Unis dans le cadre de l'opération en Afghanistan, consulter la page « Strategy and Weaponry » de la section « America's War on Terrorism » sur le site de la Federation of American Scientists.

Trois campagnes aériennes américaines en comparaison

Opération	Total des sorties aériennes	Total des bombes larguées	Nombre de munitions guidées à haute précision utilisées
Liberté immuable (Afghanistan)	38 000	22 000 (environ)	12 500 (environ)
Force alliée (Kosovo, 1999)	37 500	23 000	8 050
Tempête du désert (golfe Persique, 1991)	118 700	265 000	20 450

NOTE : Les chiffres concernant l'opération « Liberté immuable » datent du 14 mars 2002.

Source : Michael O'Hanlon, « A Flawed Masterpiece », *Foreign Affairs*, mai/juin 2002, vol. 81, n° 3, p. 52.

Préconisant de telles offensives contre les responsables présumés des attaques du 11 septembre, Washington dit avoir remporté une première phase de la guerre contre le terrorisme grâce à l'opération « Liberté immuable ». Si Oussama Ben Laden n'a pas été capturé comme prévu, la stratégie américaine a permis la chute du régime taliban et l'affaiblissement des capacités d'action du réseau Al-Qaida en Afghanistan. Pour ces raisons, les forces armées des États-Unis ont satisfait les attentes de la population et des dirigeants américains durant les premiers mois de la guerre menée en Afghanistan. Ajoutée à la volonté de l'administration Bush d'élargir son offensive à d'autres territoires, l'actuelle confiance dont jouissent les militaires assure aux officiels du Pentagone un rôle de premier plan dans l'élaboration et la mise en place des nouvelles étapes de la lutte mondiale antiterroriste.

La lutte mondiale antiterroriste comme nouvelle mission

Dans les jours qui ont suivi le 11 septembre 2001, le président Bush a fait connaître son intention de mettre au point un plan de riposte mondial au terrorisme. Face à un phénomène jugé mondial, dangereux et multiforme, Washington souligne que seule une réponse substantielle, active et qui tient compte de l'existence de plusieurs fronts peut être efficace. Quelques semaines après le début de l'opération « Liberté immuable », le secrétaire à la Défense, Donald Rumsfeld, a déclaré à son tour que les interventions militaires des États-Unis ne se limiteraient pas à l'Afghanistan[7]. Pour les dirigeants américains, trois réalités font émerger la nécessité d'une lutte mondiale antiterroriste : premièrement, Al-Qaida serait présente dans plus de 50 pays ; deuxièmement, il existerait une multitude d'organisations semblables à Al-Qaida à l'échelle internationale ; troisièmement, certains gouvernements menaceraient de fournir aux réseaux terroristes transnationaux les moyens d'utiliser les armes biologiques, chimiques ou encore nucléaires contre les États-Unis et leurs alliés.

À la suite des craintes qu'ont soulevées les attaques sur New York et sur Washington, la lutte mondiale antiterroriste est devenue, avec la défense du territoire national, l'une des priorités du Pentagone. Puisque l'administration Bush se donne le vaste mandat de faire cesser toute activité terroriste à l'échelle internationale, la tâche qui incombe désormais aux forces armées américaines prendra des années. En 2002, des troupes américaines ont déjà été déployées à l'étranger, notamment en Ouzbékistan, aux Philippines, au Pakistan, en Géorgie, en Indonésie et au Yémen. Contrairement à la stratégie

---

7. Dans les termes de Donald Rumsfeld : « *We don't intend to stop until we've rooted out terrorist networks and put them out of business. Not just in the case of the Taliban and Al Qaeda in Afghanistan, but other networks as well.* » Cité par Rudi Williams, « War Will Continue Until Americans Live Without Fear », *American Forces Press Service*, [en ligne], October 29, 2001, sur le site du département de la Défense.

employée en Afghanistan, ces forces ne prennent pas
directement part aux combats contre les réseaux terroristes. Elles offrent plutôt aux armées de ces pays l'entraînement et le support technique nécessaires au renforcement de la lutte contre une gamme d'individus
utilisant la violence à des fins politiques. Dans la mesure
où une trentaine d'entités figurent sur la liste noire du
terrorisme de Washington, l'administration Bush mul-
tipliera sans doute ce type d'opération. De telles interventions ne sont cependant pas toujours aisées, notamment si l'on considère le cas des États où le respect des
droits humains laisse à désirer. Aussi, pour lutter efficacement contre le terrorisme, une aide économique et
sociale doit-elle être apportée dans ces pays en plus
d'une assistance militaire[8].

La liste noire des organisations terroristes
selon le département d'État américain

CONTEXTE
Le secrétaire d'État américain désigne les organisations terroristes
étrangères (*foreign terrorist organizations*) en consultation avec le
secrétaire de la Justice et le secrétaire du Trésor. Les désignations
sont valides pour deux ans, après quoi elles doivent être renouve-
lées ou expirent automatiquement.

▶ En octobre 1997, la secrétaire d'État, Madeleine K. Albright, a
  approuvé la désignation des 30 premières organisations terroristes étrangères.
▶ En octobre 1999, la secrétaire Albright a renouvelé la désignation de 27 de ces groupes et en a retiré trois qui avaient cessé
  leurs activités terroristes.
▶ La secrétaire Albright a désigné une nouvelle organisation terroriste
  étrangère en 1999 : Al-Qaida. En 2000, le Mouvement islamique
  d'Ouzbékistan a fait l'objet du même traitement.
▶ Le secrétaire d'État, Colin L. Powell, a désigné deux nouvelles
  organisations terroristes étrangères en 2001 : l'IRA et l'AUC.
▶ En octobre 2001, le secrétaire Powell a renouvelé 26 des 28 désignations d'organisations terroristes étrangères.
▶ En mars 2002, le nombre des organisations est monté à 33.

---

8. Voir Victor Garcia, « U.S. Foreign Military Training : A Shift in Focus »,
CDI Terrorism Project, 8 avril 2002.

Localisation principale des organisations terroristes étrangères identifiées par le département d'État américain

Organisation Abou Nidal (OAN) — *Proche-Orient*

Groupe Abou Sayyaf — *Philippines*

Brigades des martyrs d'Al-Aqsa — *Cisjordanie*

Groupe islamique armé (GIA) — *Algérie*

Asbat al-Ansar (Ligue des partisans) — *Sud Liban*

Aum Shinrikyo — *Japon*

ETA (Euskadi Ta Askatasuna) — *Pays basque espagnol et français*

Al-Gama al-Islamiyya (groupe islamique) — *Égypte*

HAMAS (Mouvement de résistance islamique) — *Israël, Cisjordanie, bande de Gaza*

Harakat al-Moudjahidine (HUM) — *Pakistan et Cachemire indien*

Hezbollah (Parti de Dieu) — *Liban*

Mouvement islamique d'Ouzbékistan — *Asie centrale*

Jaish e-Mohammed — *Pakistan, Cachemire*

Djihad islamique égyptien — *Égypte et Proche-Orient*

Kahane Chai (Kach) — *Israël, Cisjordanie*

Parti des travailleurs du Kurdistan (PKK) — *Turquie, Moyen-Orient*

Laskar e-Taïba (LET) — *Pakistan*

Les Tigres de libération de l'Eelam Tamoul (LTTE) — *Sri Lanka*

Organisation Moudjahidine Khalq (MEK) — *Iran, Iraq*

Armée de libération nationale (ELN) — *Colombie*

Djihad islamique palestinien — *Proche-Orient*

Front de libération de la Palestine — *Irak*

Front populaire de libération de la Palestine (FPLP) — *Proche-Orient*

FPLP – Commandement général (FPLP-GC) — *Syrie, Liban*

Al-Qaida — *Transnational*

IRA véritable (Real Irish Republican Army) — *Royaume-Uni et république d'Irlande*

Forces armées révolutionnaires de Colombie (FARC) — *Colombie*

Nuclei révolutionnaire (autrefois ELA) — *Grèce*

Organisation révolutionnaire du 17 novembre — *Grèce*

Parti/Front révolutionnaire de libération du peuple (DHKP/C) — *Turquie*

Groupe salafiste pour le prédicat et le combat (GSPC) — *Algérie*

Sentier lumineux (*Sendero Luminoso*) — *Pérou*

Unités d'autodéfense unies de Colombie (AUC) — *Colombie*

Source : Département d'État américain, « Report on Foreign Terrorist Organizations : 2001 » (http://www.state.gov/s/ct/rls/rpt/fto/2001/5258.htm). Pour plus de détails sur ces organisations terroristes étrangères, voir la page « Patterns of Global Terrorism : 2000 », sur le site du département d'État américain (http://www.state.gov/s/ct/rls/pgtrpt/2000/).

Une autre interrogation soulevée par la lutte mondiale antiterroriste est l'attitude que les États-Unis adopteront vis-à-vis des régimes jugés hostiles par la Maison-Blanche. Accusant l'Irak, l'Iran et la Corée du Nord d'appartenir à l'«axe du mal», George W. Bush a, peu de temps après les attentats du 11 septembre 2001, laissé entendre que Washington pourrait prendre des mesures punitives contre ces pays s'il réussissait à établir leur lien direct avec les activités terroristes internationales. Quoique nulle entreprise militaire d'envergure de la part des États-Unis ne paraisse envisageable sans l'appui préalable des alliés, le gouvernement irakien de Saddam Hussein a souvent été mis à l'index par la Maison-Blanche et le Pentagone au cours de l'année 2002.

La défense du territoire national

Le 11 septembre place la question de la vulnérabilité des États-Unis sur les devants de la scène politique à Washington. Comme l'avait fait la menace nucléaire soviétique durant la Guerre froide, la menace terroriste impose l'obligation pour le gouvernement américain d'organiser la défense de son territoire. En conséquence, le Pentagone a, dans la QDR, fait de la *Homeland Defense* (défense du territoire national) sa priorité pour l'avenir. Partie intégrante de la *Homeland Security* (sécurité du territoire national), la défense du territoire national impute aux forces armées américaines un mandat large et de multiples fonctions. Parmi celles-ci, on trouve la surveillance permanente des frontières et de l'espace aérien, des réseaux de transport et de communication, des services publics et d'urgence et de sites particuliers, tels les entrepôts d'hydrocarbures ou encore les sources d'approvisionnement en eau et en énergie, et le support civil aux différentes agences locales, nationales et fédérales, notamment pour les situations catastrophiques liées aux attaques terroristes, chimiques, biologiques ou nucléaires.

La philosophie qui sous-tend la défense du territoire national est qu'il ne doit plus être permis à quiconque de porter la guerre en sol américain. Pour parvenir à cet objectif, les officiels du Pentagone estiment que certaines réformes de l'appareil militaire américain sont nécessaires. En ce sens, le 28 janvier 2002, le département de la Défense a demandé à la Maison-Blanche d'approuver l'établissement d'un commandement militaire propre au territoire nord-américain (U.S. *Northern Command*). Comme c'est le cas pour les régions de l'Europe, du Pacifique, de l'Amérique latine, du Moyen-Orient et de l'Asie du Sud, un officier haut gradé se verra, pour protéger les États-Unis, le Canada et le Mexique, attribuer l'autorité sur des déploiements domestiques de plusieurs ordres. Les patrouilleurs aériens survoleront les grandes villes, les forces navales surveilleront le large des côtes maritimes, et les effectifs terrestres scruteront les aéroports et les mouvements aux frontières nord-américaines. Le défi est de taille et le Pentagone doit désormais chercher un équilibre entre l'engagement des troupes à l'étranger et la mobilisation de ces dernières à des fins de défense territoriale.

La (re)configuration de la présence américaine en Asie

Depuis la fin de la Guerre froide, les États-Unis projettent de façon substantielle leur puissance militaire dans le monde. Les forces armées américaines sont ainsi stationnées aux quatre coins de la planète. Les missions qu'elles remplissent sont diverses : offensives militaires (opérations « Renard du désert » en Irak et « Force Alliée » au Kosovo), maintien de la paix (opérations *Focus Relief* au Sierra Leone et ONUSOM I-II en Somalie), aide humanitaire et gestion de catastrophes naturelles (opérations *Provide Refuge* au Kosovo et *Avid Response* en Turquie[9]).

---

9. Pour plus de détails concernant le déploiement des troupes américaines à l'étranger, voir le site de Deployment link (www.deploymentlink.osd.mil).

Puisque Washington fait désormais de la lutte mondiale antiterroriste le point central de sa politique étrangère, d'importants changements dans la disposition des capacités offensives des États-Unis à l'échelle mondiale sont à venir.

Depuis le 11 septembre 2001, nombreux sont les signes indiquant que l'Asie sera le prochain théâtre du déploiement militaire américain. Deux indices sont à ce titre particulièrement significatifs : d'une part, la présence de nombreuses organisations terroristes sur la portion orientale du globe et la volonté affichée de l'administration Bush de faire cesser les activités de ces dernières ont pour résultat la création ou le renforcement de liens militaires avec des pays comme les Philippines, la Géorgie, le Yémen, l'Azerbaïdjan, l'Arménie ou encore l'Ouzbékistan ; d'autre part, les récents rapports, discours et décisions politiques émanant du Pentagone vont parfois dans le sens d'un retrait partiel des troupes américaines de régions comme l'Europe et les Balkans.

La QDR est la première à indiquer qu'en l'absence de danger majeur sur le continent européen, le Pentagone devrait y maintenir sa position traditionnelle, mais focaliser davantage sur l'Asie. Tout d'abord, en plus du terrorisme, la montée en puissance de la Chine et l'incertitude entourant la péninsule coréenne menacent de déstabiliser l'Asie du Nord. Ensuite, au Moyen-Orient, les « nations hostiles » comme l'Irak et l'Iran nécessitent plus que jamais une attention particulière, en raison de leur lien possible avec les réseaux terroristes internationaux. Enfin, mi-décembre 2001, Donald Rumsfeld a déclaré que le quart des bases militaires américaines dans le monde n'étaient plus d'une grande utilité[10]. Au même moment, il a fait part aux membres de

---

10. Jim Garamone, « Rumsfeld Discusses Afghanistan, Budget, Base Closure », *American Forces Press Service*, [en ligne], January 8, 2002, sur le site du département de la Défense américain.

l'Organisation du Traité de l'Atlantique Nord (OTAN) de la décision de Washington de réduire de 3100 à 2100 le nombre de ses troupes stationnées en Bosnie. Loin d'être une preuve de désaffection du Pentagone vis-à-vis de l'OTAN, ce repli indique plutôt l'avènement de nouvelles priorités géostratégiques aux États-Unis et, partant, la révision des déploiements américains.

La primauté maintenue de l'OTAN

Les institutions internationales de sécurité et de défense joueront un rôle non négligeable dans la lutte mondiale antiterroriste menée par les États-Unis. La comparaison des responsabilités qui incombent à l'ONU et à l'OTAN depuis le 11 septembre 2001 met toutefois en relief une différence dans la nature des missions que Washington a bien voulu offrir à ces organisations. Jusqu'à présent, l'Alliance atlantique reçoit la faveur de l'administration Bush pour les questions militaires et de défense.

Après avoir condamné les attentats de New York et de Washington, les Nations unies et l'OTAN ont chacune exprimé la volonté de combattre les menaces terroristes à la sécurité et à la paix internationales. Avec la résolution 1373 du 28 septembre 2001, le Conseil de sécurité de l'ONU a d'abord choisi de faire la promotion de mesures de coopération allant du partage d'information au gel des avoirs financiers des réseaux terroristes. Pour leur part, les pays de l'OTAN ont, pour la première fois de l'histoire de cette organisation, mis en œuvre le mécanisme de solidarité militaire prévu par l'article 5 du Traité de l'Atlantique Nord. De cette façon, l'Alliance signifiait que les attaques du 11 septembre 2001 avaient été comprises comme une agression contre tous ses membres. À mesure que les États-Unis campaient les lignes directrices de la lutte mondiale antiterroriste, il devenait clair que se dessinerait une division du travail entre l'ONU et l'OTAN : la première s'occuperait principalement de la recherche de solutions socio-économiques au problème du terrorisme international ; la seconde aurait en charge certaines questions militaires et de défense.

Si le rôle militaire de l'OTAN a été plutôt limité durant les premières semaines de l'opération «Liberté immuable» en Afghanistan, l'administration Bush a tout de même appelé l'Alliance atlantique à assister les forces armées américaines. Ainsi, dès le 9 octobre 2001, cette dernière a déployé des avions AWACS (*Airborne Warning and Control System*) en appui aux missions de surveillance aérienne et de détection que le NORAD (*North American Aerospace Defense Command*) effectue dans les limites du territoire américain. Parallèlement, afin d'assurer une présence navale en Méditerranée orientale, l'OTAN a mis en alerte ses unités qui se trouvaient participer dans le courant de l'année 2000 à l'exercice *Destined Glory* au large de la côte sud de l'Espagne.

Dans les mois qui ont suivi le 11 septembre 2001, les États-Unis ont par ailleurs invité l'Alliance atlantique à poursuivre la lutte au terrorisme et à préparer de futures ripostes. À l'occasion de la réunion du Conseil de l'Atlantique Nord les 18 et 19 décembre 2001, Donald Rumsfeld plaidait déjà en faveur d'une adaptation des concepts militaires de l'OTAN et d'une réévaluation de la menace représentée par des organisations comme Al-Qaida. Lui répondant favorablement, les dix-neuf ministres de la Défense des pays membres de l'Alliance ont insisté sur la nécessité d'augmenter les budgets militaires nationaux et d'imaginer les moyens de contrer de nouveaux attentats terroristes, voire d'éventuelles attaques chimiques, biologiques ou nucléaires[11]. Dans le

---

11. Voir le communiqué de presse de l'OTAN du 18 décembre 2001 intitulé : «Lutte contre le terrorisme : l'adaptation des capacités de défense de l'Alliance», sur le site officiel de l'Alliance atlantique (http://nato.int/docu/pr/2001/p01-173f.htm).

cadre de la lutte mondiale antiterroriste, l'OTAN verra donc sans doute ses activités militaires prospérer.

Si les opérations multilatérales de type onusien ou encore menées sous la bannière de l'OTAN avec des moyens conventionnels hyper-sophistiqués ont compté pour l'essentiel des opérations militaires américaines durant les années 1990, les armes nucléaires semblent avoir occupé un rôle secondaire depuis la chute de l'URSS. Pourtant, elles représentent toujours une dimension cruciale de la puissance militaire américaine et demeurent un objet de convoitise et de compétition internationale. Toute analyse de la puissance militaire américaine doit donc prendre l'arme nucléaire et sa stratégie d'emploi en considération.

La révision de la stratégie nucléaire

La conjonction d'une nouvelle administration républicaine et d'un nouveau contexte stratégique à la suite des événements du 11 septembre 2001 est à la base de changements dans la stratégie nucléaire des États-Unis. En apparence stable depuis la chute de l'URSS, cette dernière est désormais repensée par les dirigeants américains, ce qui risque de perturber l'équilibre stratégique global.

Les premiers éléments de la nouvelle doctrine nucléaire des États-Unis ont été connus de la communauté internationale à la mi-mars 2002 alors que le *New York Times* révélait les grandes lignes d'une étude menée par le Pentagone et présentée au Congrès en janvier 2002, la *Nuclear Posture Review* (NPR). Les détails initiaux de la NPR montrent que la stratégie nucléaire des États-Unis comportera davantage d'éléments de continuité que d'innovations.

Le premier élément sur lequel les États-Unis insistent est une réduction substantielle des ogives nucléaires. À ce sujet, l'administration de George W. Bush avait clairement annoncé ses intentions lors de la campagne présidentielle de 2000 et de nouveau début

2001. La volonté de Washington de réduire unilatéralement son arsenal nucléaire est affichée de façon non
équivoque dans la NPR. Celle-ci propose une forte diminution du nombre de têtes nucléaires américaines, lequel
devrait passer de 6000 aujourd'hui à moins de 2000 en
2012. La décision des républicains de démanteler les
ogives nucléaires s'inscrit dans la continuité de ce qui
avait été envisagé par l'administration précédente, soit
celle de Clinton. Elle répond à des besoins autant économiques que politiques. Tout d'abord, l'entretien de la
force nucléaire américaine est dispendieux et une telle
coupure représente des économies substantielles.
Ensuite, en procédant unilatéralement à une révision à la
baisse du nombre de leurs ogives nucléaires, les États-
Unis veulent éviter de se retrouver les mains liées face à
Moscou dans un nouveau cycle de discussions sur le
désarmement nucléaire. Finalement, ne faisant aucune
concession à son principal rival nucléaire, Washington
espère exercer une pression assez forte — presque
« morale » — sur la Russie pour qu'elle lui emboîte le
pas. Le traité signé à Moscou le 24 mai 2002 constitue le
prolongement de cette attitude américaine face à la Russie, même si l'unilatéralisme américain initial a cédé le
pas à une entente bilatérale souple. Le texte final du traité
est court (à peine 500 mots) et laisse une grande marge
de manœuvre aux deux parties. L'entente parle d'une
réduction finale se situant entre 1700 et 2000 ogives de
part et d'autre et laisse à chaque signataire le soin de
choisir la structure et la composition de force lui conve-
nant le mieux. Cette réduction est globalement positive.
Cependant, le fait que les têtes nucléaires ne soient pas
détruites rend possible un réarmement rapide ou une
perte de contrôle sur certaines ogives qui, entreposées,
peuvent tomber aux mains de groupes mafieux ou terroristes, notamment en Russie. La réduction d'armes

nucléaires marque donc une continuité dans la politique américaine, mais à quel prix.

Un second élément de continuité dans la stratégie nucléaire des États-Unis concerne l'utilisation de la triade imaginée durant la Guerre froide. À l'origine, la triade nucléaire américaine (sol, mer, air) était composée de bombardiers armés de bombes et de missiles de croisière dotés d'ogives nucléaires, de missiles nucléaires lancés à partir de sous-marins (*Sub-Marine Launched Ballistic Missile*, SLBM) et de missiles balistiques intercontinentaux lancés à partir du sol (*Inter-continental Ballistic Missile*, ICBM). On y ajoute aujourd'hui les capacités de frappes non nucléaires, les capacités de défense (défenses antimissiles) et une infrastructure flexible de réponse en cas de nouvelles menaces (capacités d'essais, développement technologique, planification souple). Ainsi amendée, la nouvelle triade répond à une logique de « capacités » (*capabilities-based approach*) plutôt qu'à une logique de « menaces » (*threat-based approach*). La différence entre ces deux approches se situe au niveau de l'intention. La logique de « menace » veut que les États se défendent contre des adversaires qui ont des intentions belliqueuses (Chine et Union soviétique entre 1949 et 1989) alors que la logique de « capacités » suppose que tout État qui a potentiellement les moyens de construire un arsenal d'armes de destruction massive représente un danger.

Conséquemment, et ici réside un élément de rupture dans la doctrine nucléaire des États-Unis, la liste d'États contre lesquels les armes nucléaires américaines pourraient être utilisées en temps de crise ou de guerre est désormais plus longue. La NPR ajoute à cette liste initialement composée de la Russie et de la Chine : la Corée du Nord, la Libye, la Syrie, l'Iran et l'Irak. Une telle décision pose toutefois problème au regard de certains traités internationaux. Par exemple, elle remet en question un principe fondamental du Traité de non-prolifération nucléaire (TNP) selon lequel les puissances nucléaires s'engagent à ne pas utiliser l'arme nucléaire contre un État non nucléaire. En violant ce principe, les États-Unis courent aussi le risque de voir les États qu'ils visent mettre en œuvre les moyens nécessaires pour se doter de l'arme nucléaire, seule garantie de défense contre un État nucléaire. S'ensuivrait une vague de prolifération pouvant perturber l'équilibre stratégique mondial. Puisqu'elle cherche à intimider et à dissuader les États actuellement non nucléaires, l'administration Bush prend donc le risque de voir la sécurité des États-Unis se détériorer davantage.

Finalement, un dernier élément marquant de la NPR, et probablement sa dimension la plus inquiétante, est la volonté de l'administration Bush de développer des armes nucléaires dites «limitées» ou tactiques. La particularité de ces armes est qu'elles permettraient aux États-Unis de frapper des bunkers et des stocks d'armes chimiques ou bactériologiques ennemis, même s'ils sont enfouis ou situés dans des endroits où les armes conventionnelles s'avèrent inefficaces. Ici encore, la volonté d'assurer la sécurité des États-Unis et des autres États de la communauté internationale est évidente puisque l'on cherche à contrecarrer les plans d'organisations terroristes ou des «États parias». Cette initiative pourrait toutefois banaliser l'emploi de l'arme nucléaire : en effet, en ayant accès à des armes nucléaires «réduites» (avec une force explosive et radioactive plus limitée), les décideurs seraient peut-être plus enclins à violer les normes internationales qui limitent actuellement l'utilisation du nucléaire à des fins offensives. L'éventualité d'une nouvelle course aux armements nucléaires entre États voulant éviter d'être pris en défaut est, pour cette autre raison, probable à moyen terme. Finalement, d'après l'administration Bush, le développement potentiel de telles armes justifie la non-ratification de la part des États-Unis du Traité d'interdiction complet d'essais nucléaires (TICEN). Pour l'instant, Washington respecte le moratoire sur les essais, mais se garde le droit de reprendre ses tests si la situation l'exige.

Lorsque le *New York Times* a publié les premiers détails concernant la NPR, plusieurs ont estimé que les dirigeants américains avaient permis une fuite d'information afin de mesurer la réaction et surtout l'opposition aux idées de la nouvelle doctrine nucléaire des États-Unis. Jusqu'à présent, la Chine et la Corée du Nord demeurent celles qui ont réagi le plus vivement au contenu de la NPR. Cela sera-t-il suffisant pour freiner l'administration Bush dans sa volonté de repenser l'utilisation de l'arme nucléaire ? Il faut en douter. De toute évidence, la NPR semble être le document qui définira à l'avenir la stratégie nucléaire américaine.

★ ★ ★

La combinaison d'une nouvelle administration et des attentats terroristes sur New York et Washington sert actuellement de tremplin pour de nouvelles orientations militaires aux États-Unis. Le remaniement de la puissance militaire américaine pourrait toutefois avoir des conséquences négatives. Les idées exposées par le pouvoir politique américain reflètent une certaine hésitation et une improvisation dont font également preuve les individus chargés de planifier et d'organiser la défense américaine. Si certains projets comme la QDR avaient été mûris de longue date, d'autres, comme la NPR, semblent avoir été lancés plus hâtivement. On se retrouve alors dans une situation où les États-Unis accordent une grande importance aux objectifs militaires de la lutte contre le terrorisme international et de la défense du territoire national, tandis que leur stratégie globale de défense semble encore un peu floue. La lutte contre le terrorisme peut-elle représenter un objectif sur lequel un État fonde sa stratégie militaire ? La guerre contre le terrorisme international n'est-elle pas avant tout une entreprise politique ? Plus que jamais, il apparaît qu'une politique de défense ne peut être établie sans une politique étrangère précise. S'il y a des incohérences et des contradictions dans l'une, on retrouvera certainement des difficultés semblables dans l'autre. La double conjoncture d'une nouvelle administration et de la modification de l'environnement stratégique à la suite des événements du 11 septembre 2001 stimule et perturbe donc à la fois la planification militaire américaine.

Références bibliographiques

Moisés Naim, « Reinventing War », Foreign Policy, novembre/décembre 2001, n° 127, p. 30-47.

Richard Perle et al., « After September 11 : A Conversation — Defense Policy », The National Interest, n° 65-S (numéro spécial), Thanksgiving 2001, p. 82-95.

William J. Perry, « Preparing for the Next Attack », Foreign Affairs, novembre/décembre 2001, vol. 80, n° 6, p. 31-45.

Donald Rumsfeld, « Transforming the Military », Foreign Affairs, mai/juin 2002, vol. 81, n° 3, p. 20-32.

« Fission and Confusion », The Economist, 14 mai 2002.

Sites Internet

La section « America's Response to Terrorism »
sur le site de la Brookings Institution
http ://www.brook.edu/dybdocroot/terrorism/

La section « America's War on Terrorism » sur le site
de la Federation of American Scientists
http ://www.fas.org/terrorism/index.html

Le site du département américain de la Défense
http://www.defenselink.mil

Le site du Center for Defense Information
(Renseignements sur les questions militaires américaines)
http://www.cdi.org

Le site du Commonwealth Institute, conçu par
une organisation de recherche publique indépendante
http://www.comw.org

8

La sanctuarisation du territoire national américain

DAVID GRONDIN ET BENOÎT GAGNON

Ce fut un réveil brutal que celui des Américains le matin du 11 septembre 2001. Leur territoire national (*homeland*) était touché en plein cœur, une éventualité qui n'avait jamais vraiment été envisagée, bien que les avertissements aient été de plus en plus nombreux. Le temps est venu de dresser un bilan des conséquences de ces attaques, même s'il est toujours difficile de se prononcer sur l'« histoire immédiate » sans risquer de manquer de recul. Beaucoup répètent *ad nauseam* que « tout a changé ». Certes, on peut déjà observer un impact profond chez les dirigeants et le peuple américains : la recherche (nouvelle) d'une sécurité absolue. Les activités normales ont repris, mais le territoire national, que les Américains croyaient invulnérable, a acquis une signification cruciale suite aux attentats du 11 septembre, et la sécurité et la défense du territoire national sont maintenant devenues les priorités du gouvernement américain. Le gouvernement répond par là au sentiment d'insécurité qui habite les Américains depuis les événements tragiques, un sentiment qui pourra difficilement, il faut le reconnaître, être éradiqué.

Ce territoire national, dont la défense a traditionnellement été négligée au profit des intérêts américains à l'étranger, qu'ils soient politiques, stratégiques, économiques, énergétiques ou culturels, se voit désormais érigé en sanctuaire à défendre coûte que coûte. Maintenant qu'il le sait vulnérable à des attaques asymétriques — attaques qui ciblent les faiblesses d'un adversaire —, le gouvernement échafaude une nouvelle architecture de sécurité et de défense. Deux facteurs l'exigent. D'une part, l'apparition d'«armes de perturbation» massive que peuvent utiliser des terroristes ingénieux et qui viennent compliquer la tâche des décideurs américains. Ces armes, dont le but explicite est de perturber la société visée, prennent la forme d'instruments non militaires utilisés à des fins létales contre des cibles civiles (un avion transformé en missile). Il devient ainsi plus difficile d'imaginer quels outils pourraient être utilisés par des terroristes qui chercheraient à donner des fins militaires à des technologies civiles disponibles. D'autre part, les attaques du 11 septembre ont mis en relief les contestations du modèle américain par des acteurs transnationaux comme les réseaux terroristes ou les réseaux criminels organisés. À ceci, il faut ajouter l'utilisation potentielle d'armes de destruction massive (ADM) par des terroristes, les diverses menaces contre les informations et les infrastructures critiques de la nation, le scénario de guerre interétatique, le narcotrafic et la guerre informatique qui, collectivement, représentent un danger pour la société américaine.

Si une attaque contre les États-Unis survient, les premiers intervenants seront des policiers, des pompiers, des médecins, des employés des services de renseignements ou même des techniciens en informatique. Dans cette optique, le gouvernement américain tente de mettre en place des mesures de sécurité qui lui permettraient de mieux contrer les menaces émergentes. Ultimement, il cherche à établir un «périmètre de sécurité» le rendant quasi imperméable à toute attaque pouvant être perpétrée sur le territoire national américain ; c'est d'ailleurs une vision extensive du territoire qui conduit les États-Unis à concevoir ce périmètre à l'échelle continentale. Il s'agit donc de comprendre la stratégie et les moyens mis en place par le gouvernement américain pour sceller son territoire. Et pour ce faire, il importe de tenir compte tant des obstacles bureaucratiques que des limites mêmes d'une sécurité absolue.

La sécurité et la défense du territoire national

L'effet manifeste du 11 septembre est sans contredit la sanctuarisation du territoire national qui s'exprime dans la « stratégie de sécurité du territoire national » (*homeland security strategy*). Pour plusieurs observateurs, cela s'apparente à un repli stratégique des États-Unis, voire à un nouvel isolationnisme. Or, il serait plus juste de comprendre cette réorientation de la sécurité vers le territoire national en tenant compte du fait que celle-ci avait toujours, dans l'histoire américaine, été garantie. L'attaque de Pearl Harbor représente la seule attaque contemporaine visant le territoire américain jusqu'aux attentats du 11 septembre 2001. Avec les attaques sur New York et Washington, c'était la première fois que le territoire continental américain — le territoire national — était la cible d'une agression terroriste, le traumatisme en a été d'autant plus fortement ressenti par les Américains. Il y a lieu de se demander comment la superpuissance américaine avait pu être aussi mal préparée pour faire face à une telle attaque terroriste. Il faut aussi chercher à savoir si la nouvelle vision — la stratégie américaine de sécurité du territoire national — saura y remédier.

Cette vision de la sécurité consiste en la conceptualisation d'une défense protéiforme, une défense capable de répondre à (presque) toutes les menaces et tous les scénarios envisageables. Ainsi, la sécurité du territoire national peut être définie comme la préparation, la prévention, la dissuasion, la défense et la réponse aux diverses menaces et agressions dirigées contre le territoire américain, sa souveraineté, sa population et ses infrastructures. Elle repose sur plusieurs instruments du système politique américain : la diplomatie, les forces armées, la garde nationale, les services de renseignements, les agences chargées du contrôle de ses frontières, les agences d'application des lois, les gouvernements des États, les autorités locales et municipales, les entreprises privées et les civils qui sont impliqués. Telle une Hydre, l'architecture de sécurité a plusieurs têtes : c'est une défense pluricéphale qui protège le corps de l'animal, soit les États-Unis. Comme pour cet animal mythique, le plan de sécurité prévoit des mesures palliatives en cas de problème : si l'une des têtes de l'Hydre se fait couper, les têtes restantes prendront le relais, le temps que la tête coupée repousse. Ainsi, la sécurité du territoire national répartit ses forces de façon à ce qu'elles puissent se relayer si le besoin s'en fait sentir. Bien sûr, la situation idéale serait que le monstre soit trop bien protégé... La sécurité du territoire national voudrait, en définitive, garantir une sécurité totale.

La nouvelle vision de la sécurité recouvre deux grandes catégories : les opérations préventives et les opérations réactives. Pour les actions préventives, il y a d'abord la *détection*, soit le contrôle et la surveillance permanente des menaces planant sur le territoire américain. Pour éviter des attaques, le gouvernement américain met en place des missions de *prévention*. Il s'agit ici d'éviter d'éventuelles actions ennemies en suscitant la peur de représailles chez les acteurs belliqueux ; cela s'inscrit dans une volonté de dissuader l'agression des intérêts américains. Vient ensuite le cœur de cette vision de la sécurité, c'est-à-dire la *protection* des frontières, des infrastructures et des citoyens des États-Unis par les diverses opérations de sécurité. Juxtaposée à la protection se trouve l'*interdiction*, qui consiste à démanteler les sources potentielles de menaces avant qu'elles ne se concrétisent. Évidemment, il est toujours possible qu'une attaque déjoue l'architecture de sécurité mise en place et touche le territoire américain. Il faut alors passer aux mesures réactives. L'*endiguement* est la première d'entre elles. Elle consiste à mettre en œuvre des mesures qui doivent permettre de limiter les dégâts par l'organisation adéquate des services de secours. Ensuite vient l'*attribution* : c'est l'étape de la recherche et de l'identification des responsables des agressions, ainsi que du choix des sanctions à leur imposer. La dernière réaction est constituée de l'*analyse* et de l'*intervention* : il s'agit précisément de l'étude des moyens employés par les agresseurs afin de déterminer les mesures à prendre pour y répondre efficacement à l'avenir. À la lumière des événements du 11 septembre 2001, il ne fait plus de doute que la réalisation de ces tâches est primordiale dans cette nouvelle conception de la défense du territoire national des États-Unis.

La naissance du concept de défense du territoire national dans la pensée stratégique américaine coïncide avec la mise sur pied par le Pentagone, en 1998, de la Commission américaine sur la sécurité nationale au XXIe siècle présidée par les sénateurs Gary Hart et Warren B. Rudman. La commission établissait les bases de la sécurité du territoire national à travers deux grandes missions : la défense du territoire national et le support civil.

Bien qu'aucune définition du concept de défense du territoire national ne fasse encore autorité, cette notion correspond, de manière concise, à la protection du territoire, de la population et des infrastructures critiques des États-Unis contre des menaces internes ou externes. Ses objectifs sont de combattre et parer les menaces opérées par des acteurs internes ou externes, d'aider les autorités civiles en temps de crise et d'assurer les activités nationales fondamentales. Deux prémisses soustendent cette définition : les nouvelles menaces sont multiformes, diffuses et difficilement saisissables, et la stratégie américaine doit se limiter à la protection des intérêts nationaux.

Le concept de défense du territoire national comprend cinq missions distinctes : la défense antimissile, qui constituerait la première forme de défense au cœur de la défense du territoire national ; l'incorporation de mécanismes permettant d'assurer la continuité des activités gouvernementales dans le cas d'une attaque éliminant le chef d'État et les hauts dirigeants ; la mise en place de mécanismes similaires pour assurer la poursuite ininterrompue des opérations militaires en cas d'agression ; la protection des frontières et des côtes contre la pénétration d'armes nucléaires, bactériologiques, chimiques et radiologiques (NBCR) ; et, finalement, la préparation du support civil (pompiers, policiers, médecins) dans le cas d'attaques perpétrées sur des cibles civiles avec des armes NBCR. D'un point de vue strictement militaire, la défense du territoire national cherche à marier toutes les méthodes de défense traditionnelles, afin de parer à toutes les éventualités. C'est une stratégie basée sur des moyens militaires conventionnels échafaudés sur les principes de la Révolution dans les affaires militaires. Elle repose également sur une défense contre les armes NBCR et sur l'établissement de contingents d'action ayant pour mandat de mener des opérations de réaction rapide et des opérations ponctuelles. En outre, l'objectif global de cette stratégie est de faire du territoire national un sanctuaire sécuritaire.

Le support civil

La composante la plus originale de la sécurité du territoire national se situe au niveau des institutions et des organisations civiles. Étant donné que les nouvelles menaces visent d'abord et avant tout les populations, il importe qu'un effort de défense supplémentaire soit concentré sur les activités civiles. En fait, la défense du territoire national exige une participation accrue des citoyens dans la protection des États-Unis, notamment les premiers secours (first responders) qui sont affectés aux mesures de secours et d'urgence et/ou à la sécurisation des infrastructures critiques.

Le support civil touche plusieurs aspects organisationnels de la société. Il s'agit surtout de préparer tous les secteurs publics et privés américains à prévenir d'éventuelles attaques et à y réagir adéquatement. Les mesures à établir nécessitent une sensibilisation et une coordination des acteurs des différents réseaux complexes[1], concernés par les infrastructures critiques, à savoir celles qui sont vitales au bon fonctionnement de la société. Le spectre d'action est très large, ce qui rend la participation de la défense civile essentielle : cela inclut, par exemple, la gestion et le contrôle de l'immigration et des flots de population, la défense contre des attaques bioterroristes sur les ressources agroalimentaires, la protection des structures informatiques contre la cyberguerre, les opérations de décontamination, les réactions du personnel médical en cas d'attaque nucléaire, la mobilisation adéquate du personnel lié à la distribution de l'énergie électrique.

Les forces armées américaines doivent s'adapter à la réalité de la lutte contre le terrorisme, sur les plans national et transnational. Les réformes institutionnelles

---

1. Les réseaux complexes (aussi appelés systèmes) comprennent un ensemble de nœuds (centres urbains, usines, corporations, etc.) et de liens (autoroutes, lignes de chemins de fer, réseaux électriques, câbles de fibre optique, etc.) reliant ces nœuds. Au fur et à mesure que les sociétés se modernisent, elles se complexifient et deviennent encore plus interconnectées : il y a davantage de nœuds et la densité des liens, la vitesse de propagation d'énergie, d'information et de ressources augmentent, sans compter que les nœuds eux-mêmes deviennent plus complexes.

introduites par la refonte de la stratégie de la sécurité nationale font toutefois de la sécurité et de la défense du territoire national les nouvelles priorités. Étant donné que l'appareil militaire est incapable de contrer à lui seul les menaces terroristes, c'est à la défense civile que revient la tâche la plus délicate de la lutte interne contre le terrorisme. Ainsi, les agences de maintien de l'ordre et d'application des lois impliquées dans le contre-terrorisme doivent mettre en place des programmes de prévention par le biais de contrôles accrus des frontières, du territoire et de l'immigration. Ce faisant, les différentes agences civiles pourront réagir adéquatement à de nouvelles attaques terroristes éventuelles. Des procédures devront donc être mises en place afin d'assurer le bon fonctionnement des activités civiles et gouvernementales en cas d'attaques asymétriques hautement destructrices et perturbatrices.

Parmi les procédures requises pour la préparation des civils à la défense du territoire national, un programme de formation traitant spécifiquement de situations d'urgence comme des attaques terroristes sera élaboré. C'est la Federal Emergency Management Agency (FEMA), qui assure la coordination des mesures d'urgence en cas de désastre naturel, qui fournira aux civils les formations leur permettant de savoir comment réagir en cas de catastrophe. L'objectif est de mettre en place une défense civile en trois temps qui puisse être opérationnelle le plus rapidement possible : prévention, protection et réponse. Il reste cependant que de nombreuses difficultés se dressent devant le projet de sanctuarisation du territoire national...

Les défis posés par la sanctuarisation du territoire national

Les États-Unis sont loin d'être préparés à affronter une agression impliquant des armes de destruction massive, encore moins avec des « armes de perturbation massive »

(des attaques utilisant des moyens techniques rudi-
mentaires pour transformer les technologies en outils
létaux). Comme certains spécialistes le concluaient déjà
en 1998[2], le gouvernement américain ne percevait pas
l'imminence de la menace posée par d'éventuels terroristes utilisant des armes NBCR : « [D]ans ses actions et
ses politiques, le gouvernement américain ne considère
pas le danger d'une attaque spéciale faite avec des armes
NBCR comme un défi prioritaire à la sécurité nationale,
malgré la rhétorique parfois employée[3]. »

Si le 11 septembre a révélé les déficiences de l'état de
préparation (*preparedness*) des États-Unis à une attaque
terroriste, l'ampleur des dégâts matériels et le défi lancé
à la superpuissance américaine par ces actes terroristes
ont provoqué une transformation radicale de la politique contre-terroriste des États-Unis. Certes, faire la
« guerre au terrorisme » implique que le contre-terrorisme
constitue une réponse militaire menée par une organisation militaire. Pourtant, le militaire n'est qu'une
infime partie de la lutte contre le terrorisme. En effet, la
majeure partie des efforts nécessaires relèvent des activités des agences de renseignements et d'application
des lois. L'amélioration de l'état de préparation des
États-Unis dépend de la capacité du gouvernement à
revoir ses structures. L'annonce par le président Bush,
en juin 2002, de la proposition de création d'un ministère de la Sécurité intérieure (*Department of Homeland Security*) indique la ferme intention du gouvernement de
mieux préparer les États-Unis à lutter contre le

---

2. Voir l'étude *America's Achilles' Heel : Nuclear, Biological, and Chemical Ter-
rorism and Covert Attack* de Richard Falkenrath, Robert Newman et Bradley
Thayer du Centre Belfer pour les sciences et les affaires internationales de
l'Université Harvard.
3. Richard A. Falkenrath, Robert D. Newman et Bradley A. Thayer,
*America's Achilles' Heel : Nuclear, Biological, and Chemical Terrorism and Covert
Attack*, Cambridge (Mass.), MIT Press, coll. « BCSIA Studies in International
Security », 1998, p. 261.

terrorisme. Cette restructuration gouvernementale, si elle reçoit l'aval du Congrès, sera la plus importante depuis 1947, année où le *National Security Act* créait la Central Intelligence Agency (CIA), le Conseil de sécurité nationale (*National Security Council*) et le comité des chefs d'état-major (*joint chiefs of staff*). Comme en 1947, l'objectif est que soient mieux intégrées et plus centralisées les structures organisationnelles et les procédures bureaucratiques du gouvernement américain impliquées dans la sécurité du territoire national et dans la lutte contre le terrorisme.

L'incapacité du gouvernement américain à prévenir les événements du 11 septembre a conduit à l'élaboration d'une série de réformes organisationnelles. L'une des conclusions du rapport du 15 février 2001 de la Commission américaine sur la sécurité nationale au XXIe siècle indiquait déjà les défaillances organisationnelles en cas d'attaques terroristes éventuelles dirigées contre le territoire national :

> Malgré un consensus de plus en plus marqué sur l'imminence d'une menace au territoire national posée par des armes de destruction et de perturbation massive, le gouvernement américain *n'a pas* adopté la sécurité du territoire national comme une mission prioritaire de la sécurité nationale. Ses structures et stratégies sont fragmentées et inadéquates. Ainsi, le président doit développer une stratégie complète et proposer de nouvelles structures organisationnelles pour prévenir des attaques sur le territoire national ainsi que pour leur riposter si la prévention et la défense échouent. Toute réorganisation doit tenir compte de l'ampleur des scénarios que nous envisageons et de l'énormité de leurs conséquences. [...] Les États-Unis *sont aujourd'hui piètrement organisés pour élaborer et implanter une stratégie complète pour protéger le territoire national.* Les organisations et effectifs qui existent actuellement pour la sécurité du territoire national sont répartis sur plus de deux

douzaines de départements et agences, ainsi que dans les 50 États. [...] Cette Commission croit que la sécurité du territoire national américain contre les menaces du nouveau siècle devrait être la mission première pour la sécurité nationale du gouvernement américain[4].

Le coup d'envoi de la réorganisation visant à assurer une meilleure coordination des acteurs et secteurs liés à la sécurité du territoire national a été donné avec la création, le 8 octobre 2001, du Bureau de la sécurité du territoire national (*Office of Homeland Security*). Par la même occasion, l'ex-gouverneur de l'État de la Pennsylvanie, Tom Ridge, a été nommé au poste d'assistant au président pour la sécurité du territoire national. À l'instar du Conseil national de sécurité, l'ordre exécutif présidentiel donnant naissance au Bureau de la sécurité du territoire national crée également le Conseil pour la sécurité du territoire national (*Homeland Security Council*), ayant pour mandat de conseiller et d'assister le président pour la sécurité du territoire national.

À ces deux structures (le Bureau de la sécurité du territoire national et le Conseil pour la sécurité du territoire national) s'ajoute le ministère de la Sécurité intérieure, qui, en toute logique, sera créé si le Congrès l'avalise. Il rassemblerait quatre grandes divisions : la sécurité des frontières et des transports ; l'état de préparation et la réponse des premiers secours pour les situations d'urgence ; la protection des infrastructures et l'analyse de l'information ; et les contre-mesures NBCR (nucléaires, biologiques, chimiques et radiologiques). La triple mission de ce nouveau ministère sera d'empêcher de nouvelles attaques terroristes sur le territoire américain, de

---

4. The United States Commission on National Security/21st Century, *Roadmap for National Security Change : Imperative for Change. The Phase III Report of the U.S. Commission on National Security/21st Century*, [en ligne], Washington (D.C.), The United States Commission on National Security/21st Century, 15 février 2001, p. 10 (http://www.nssg.gov/PhaseIIIFR.pdf).

réduire la vulnérabilité des États-Unis face au terrorisme, de minimiser les dommages en cas d'attaques et d'aider le pays à se remettre de celles-ci. Mais cela ne veut pas dire que ce ministère agira seul dans la lutte antiterroriste. Par exemple, le FBI demeurera l'agence ayant la première juridiction (*lead agency*) pour prévenir les actes terroristes sur le sol américain. La CIA et les autres agences de renseignements extérieurs continueront, quant à elles, à s'occuper de la collecte et de l'analyse de l'information critique pour la transmettre ensuite à la division de l'analyse de l'information et de la protection des infrastructures[5]. La mise en place de cette nouvelle structure gouvernementale découle d'une nécessité d'établir une meilleure coordination et une communication plus efficace entre le gouvernement fédéral, les gouvernements des États et des villes et le secteur privé pour assurer la sécurité du territoire national. En d'autres mots, l'administration W. Bush veut éviter un nouveau 11 septembre, ou à tout le moins, y être mieux préparée.

Les obstacles bureaucratiques

Bien que les réformes bureaucratiques entreprises par les dirigeants américains aient été accueillies favorablement par les membres du Congrès et le peuple américain, les architectes de cette réorganisation savent pertinemment qu'aucune structure organisationnelle ne peut être parfaitement efficace. Depuis quelques années, ils cherchaient d'ailleurs à régler certains problèmes organisationnels mais de façon trop limitée. Même s'ils préconisaient la création d'une organisation chargée de coordonner, planifier et intégrer l'éventail des activités gouvernementales impliquant la sécurité du territoire

---

5. U.S. Government, White House, The Department of Homeland Security, [en ligne], Washington (D.C.), juin 2002, (http://www.whitehouse.gov/deptofhomeland/book.pdf).

national, les membres de la Commission américaine sur la sécurité nationale au XXIe siècle reconnaissaient les limites d'une telle réorganisation.

La réforme organisationnelle n'est pas une panacée. Il n'y a pas de cadre organisationnel parfait, ni de mesure de gestion infaillible. La raison en est que les organisations sont faites d'individus, et que les individus recourent invariablement à des moyens informels pour gérer leurs relations avec les autres, selon les tempéraments et personnalités de chacun. Même une excellente structure organisationnelle ne peut rendre plus sage ou patient un dirigeant fautif ou impétueux. Or, un cadre organisationnel déficient peut rendre de bons dirigeants moins efficaces. Une organisation solide est importante, car elle peut faire en sorte que les problèmes soient rapidement et efficacement confiés au niveau décisionnel approprié. Elle peut également équilibrer les impératifs conflictuels inhérents à tout système décisionnel de sécurité nationale — entre l'implication d'un individu expérimenté et l'apport d'un expert, entre la rapidité de décision et d'exécution et le besoin de considérer une variété de points de vue, entre la flexibilité tactique et la constance stratégique[6].

Le problème de coordination des activités liées à la sécurité du territoire national pourra être atténué par la création du ministère de la Sécurité intérieure, mais il n'en sera pas résolu pour autant[7]. En effet, il est impossible de fédérer au sein d'une même organisation la centaine d'organisations concernées par la sécurité

---

6. The United States Commission on National Security/21st Century, *op. cit.*, p. 6.

7. Voir Joseph S. Nye, «Government's Challenge : Getting Serious About Terrorism», dans *How Did This Happen ? Terrorism and the New War*, sous la dir. de James F. Hodge, Jr. et Gideon Rose, New York, Public Affairs/Council on Foreign Relations Inc., 2001, p. 206-207 ; Richard K. Betts, «Intelligence Test : The Limits of Prevention», dans *How Did This Happen ? Terrorism and the New War*, *op. cit.*, p. 145-161.

Organisation du ministère de la Sécurité intérieure

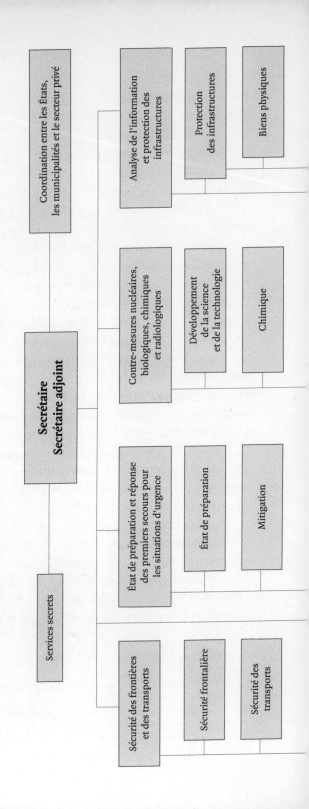

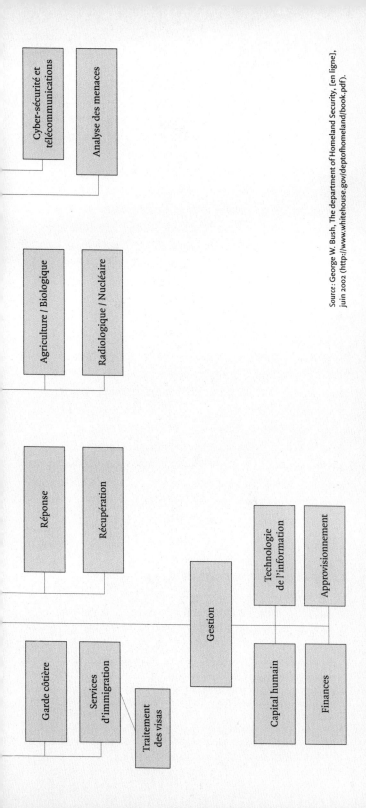

Cyber-sécurité et télécommunications

Analyse des menaces

Agriculture / Biologique

Radiologique / Nucléaire

Réponse

Récupération

Gestion

Technologie de l'information

Approvisionnement

Capital humain

Finances

Garde côtière

Services d'immigration

Traitement des visas

Source : George W. Bush, The department of Homeland Security, [en ligne], juin 2002 (http://www.whitehouse.gov/deptofhomeland/book.pdf).

du territoire national sans que les aléas de la politique intérieure américaine ne les rattrapent ; ces agences ont des fonctions et objectifs propres qui ne se limitent pas à la lutte contre le terrorisme. Elles ne verront peut-être pas d'un bon œil qu'une bonne partie de leur budget soit consacrée à la sécurité du territoire national. Si le ministère est créé, le nouveau chef de la sécurité intérieure sera doté d'une autorité en matière de budget, ce dont le directeur du Bureau de la sécurité du territoire national ne dispose pas[8]. L'autorité du directeur du Bureau de la sécurité du territoire national est en effet restreinte, celui-ci n'ayant pas le contrôle opérationnel des agences sous sa juridiction. En effet, il n'a aucun pouvoir décisionnel dans les activités quotidiennes de ces agences ; il a tout au plus un pouvoir de supervision. Ces limites qui restreignent l'exécution et le succès de la stratégie de sécurité du territoire national pourraient être surmontées par le nouveau ministère. Mais il faut tout de même souligner que le bilan des six premiers mois du directeur du Bureau de la sécurité du territoire national comporte des aspects positifs : Tom Ridge est effectivement parvenu jusqu'ici à assurer un leadership quasi présidentiel dans la coordination de la réponse gouvernementale.

Le Conseil pour la sécurité du territoire national, qui rend directement compte au président, devra s'assurer de bien harmoniser ses activités avec le Conseil national de sécurité, organe responsable de la coordination de la politique étrangère et de la défense. Le Conseil pour la sécurité du territoire national devra toutefois faire de la planification stratégique sa priorité afin que les États-

---

8. Le Bureau de la sécurité du territoire national a été instauré par un ordre exécutif présidentiel, et non par une loi du Congrès. Il n'a donc pas obtenu d'autorité légale en matière de budget, ce qui implique que ses avoirs budgétaires seront décidés à même le budget de la Maison-Blanche. C'est pourquoi son directeur est contraint de travailler de concert avec le Bureau de la gestion et du budget (*Office of Management and Budget*) pour élaborer et exécuter une stratégie échelonnée sur plusieurs années par les différentes agences impliquées.

Unis puissent affronter une menace similaire aux événements du 11 septembre ou une crise de même ampleur. Puisqu'il est plus qu'un organisme de consultation réactif, le Conseil pour la sécurité du territoire national doit être en mesure de préparer, prévoir et prévenir les crises et les urgences ainsi que les moyens de les gérer.

Si le 11 septembre a contribué à imposer une réorganisation devenue nécessaire, le succès de cette restructuration complète, qui concerne le Bureau, le Conseil et le ministère, tous liés à la Sécurité du territoire national, dépendra de l'engagement soutenu des élus américains et de l'appui populaire à cette entreprise. Et c'est sans compter le fait que les rivalités bureaucratiques traditionnelles ne se sont pas estompées. Au-delà des difficultés organisationnelles de la nouvelle architecture de sécurité, une prise de conscience s'impose : il faut accepter le nouvel état d'insécurité qui accompagne les sociétés modernes.

Les limites d'une sécurité absolue du territoire national

Dans son analyse des événements du 11 septembre, le politologue Thomas Homer-Dixon a souligné que les sociétés modernes, reposant sur des systèmes technologiques, économiques et sociaux sophistiqués, devront faire leur deuil d'une sécurité absolue[9]. Les principales menaces asymétriques de demain sont celles que laissent entrevoir les attentats du 11 septembre. *Les menaces les plus susceptibles de se manifester ne sont pas les armes de destruction massive mais bien les « armes de perturbation massive »*. Par armes de destruction massive, on entend les armes nucléaires, biologiques, chimiques, radiologiques et hautement explosives. Dans le cas d'« armes de perturbation massive », on parle d'impact perturbateur sur le système visé. Cela ne conduit pas à nier l'effet destructeur des

---

9. Thomas Homer-Dixon, « Weapons of Mass Disruption : The Rise of Complex Terrorism », *Foreign Policy*, nᵒ 128, janvier-février 2002, p. 52-62.

« armes de perturbation massive », mais leur fonction première n'est pas tant de détruire que de perturber. Les attentats du 11 septembre donnent lieu à un constat mitigé quant à l'atteinte des objectifs des terroristes. Certes, les dégâts sont considérables, mais les systèmes financiers américain et mondial n'ont pas souffert autant qu'on aurait pu le croire, même si la confiance des consommateurs a été éprouvée et que certaines industries — notamment aérienne et touristique — ont subi des pertes importantes. Cependant, l'effet perturbateur manifeste est, avant toute chose, psychologique. C'est là le principal succès des terroristes du 11 septembre. Ce nouveau « terrorisme complexe » pourra, si ses protagonistes saisissent le fonctionnement et la nature des systèmes complexes, être plus destructeur et, surtout, plus perturbateur. La vulnérabilité des systèmes technologiques et économiques des sociétés modernes et leur interconnectivité et complexité croissantes font d'elles des cibles de choix.

Le terrorisme est avant tout une guerre psychologique ; les menaces asymétriques qu'il représente cherchent, entre autres objectifs, à révéler à la société sa vulnérabilité. « On peut même dire que, en vertu de l'impact psychologique qu'elles ont, la simple existence de ces armes représente une menace — même en l'absence d'une capacité de les rendre opérationnelles[10]. » En conséquence, avec le 11 septembre, est morte la croyance voulant que la technologie puisse prévenir une attaque contre le territoire national américain. L'autre croyance américaine que la supériorité militaire garantit la sécurité nationale est également devenue caduque. Les sociétés modernes sont des cibles faciles pour les terroristes. Et les États-Unis, malgré leur super-

10. Donald A. La Carte, « La guerre asymétrique et l'utilisation de forces spéciales dans l'application des lois en Amérique du nord », *Revue militaire canadienne*, vol. 2, n° 4, hiver 2001-2002, p. 28.

puissance, n'échappent pas à cette règle. C'est en cela que les «armes de perturbation massive» sont innovatrices, car elles permettent à de petits groupes ou à des individus marginaux de détruire massivement en profitant de la vulnérabilité croissante des systèmes technologiques et économiques des sociétés modernes. Selon Homer-Dixon, l'augmentation du potentiel destructeur est due à trois développements technologiques. Tout d'abord, des progrès dans la technologie de l'armement au XXe siècle permettent une plus longue portée et rendent les armements plus précis, plus destructeurs, plus faciles à utiliser et, surtout, financièrement plus abordables. Ensuite, les technologies de communication permettent à des groupes violents de rassembler des ressources et de coordonner mondialement leurs activités, peu importe où ils se trouvent (partage d'information sur les tactiques de recrutement et sur les armements, sur les transferts de fonds entre les frontières et sur les plans d'attaque). Les technologies de traitement de l'information augmentent considérablement la puissance et l'efficacité des terroristes, en leur permettant de crypter leurs messages à l'aide de logiciels de cryptage faciles à trouver et peu coûteux. Enfin, la Toile (le «Web») permet l'accès à de l'information critique, tels les plans de construction des édifices du World Trade Center, les procédés utilisés par les experts en démolition pour détruire des édifices ainsi que l'ingéniosité technique requise pour transformer en «armes de perturbation massive» du matériel non létal. En somme, les technologies contribuent à la vulnérabilité des sociétés modernes due à leur interconnectivité et à la concentration géographique croissante des voies de communication, du savoir, de la richesse et du capital humain. En retour, elles renforcent les groupes terroristes en leur permettant de s'organiser et de disposer d'un potentiel de destruction plus important.

En fait, le terrorisme complexe fonctionne un peu comme l'aïkido ; il redirige les énergies et les forces — les technologies — des sociétés modernes contre elles-mêmes. Le plus clausewitzien[11] des terroristes cherchera donc à viser les réseaux complexes dits critiques, à savoir ceux dont les sociétés modernes dépendent le plus : les réseaux de production et de distribution d'énergie, d'information, d'alimentation et les réseaux hydrographiques et les réseaux de transports, tels les autoroutes, les chemins de fer et les aéroports ainsi que le réseau de la santé. C'est en s'en prenant aux infrastructures critiques que l'action terroriste aura un impact maximal, surtout si elle frappe de façon imprévisible pour donner l'impression que rien n'est impossible. L'effet de peur généralisée qui en découle permet alors de priver les citoyens du (des) pays touché(s), les États-Unis dans ce cas-ci, de leur sentiment de sécurité et de bien-être ; une paranoïa collective s'empare d'eux et l'effet perturbateur et déstabilisateur recherché par les terroristes est atteint.

Il faut reconnaître les limites de la préparation à des attaques terroristes utilisant des « armes de perturbation massive ». On peut certes réduire les vulnérabilités en sécurisant les réseaux technologiques et économiques par l'introduction de courts-circuits et par la dispersion des biens et capitaux de grande valeur. Toute mesure visant à sécuriser ces réseaux sera indéniablement un frein au rendement parce qu'elle ralentit les processus, ce qui nuit considérablement aux chances d'implantation de telles mesures contraignantes, malgré la sécurité et la stabilité qu'elles pourraient procurer aux réseaux. Pour contrer l'effet le plus perturbateur des « armes de perturbation massive » — son incidence sur

---

11. Carl von Clausewitz était un stratège allemand ayant fait les guerres napoléoniennes, qui préconisait l'utilisation maximale des forces concentrées sur les points névralgiques de l'adversaire. Carl von Clausewitz, *De la guerre*, Paris, Minuit, 1955.

la psyché collective —, Homer-Dixon insiste sur le rôle central des acteurs des réseaux d'information. Plutôt que de céder au sensationnalisme et à l'information continue après une attaque faite avec des «armes de perturbation massive», il faudrait que les médias d'information se concertent : ils devraient présenter la même information et, surtout, de façon calme et posée en cherchant à rassurer, réconforter et conseiller les gens. Dans les semaines qui ont suivi les attentats, le gouvernement américain, afin de réduire les effets d'une crise économique majeure, a essayé de contrecarrer les effets psychologiques négatifs de l'insécurité. Il a encouragé ses citoyens à consommer et à reprendre au plus vite une vie normale pour ne pas que les terroristes gagnent sur le monde «civilisé». Un appui des médias dans le sens suggéré par Homer-Dixon aurait certes aidé la cause gouvernementale. Mais une telle action risque d'être impopulaire dans les sociétés démocratiques, aux États-Unis particulièrement où le droit à la liberté d'expression et à la liberté de presse s'avère garanti par le tout premier amendement à la Constitution des États-Unis (le *Bill of Rights* de 1791).

Depuis le 11 septembre, les Américains prennent de plus en plus conscience du fait que leur économie compétitive repose sur des infrastructures critiques qui sont devenues plus concentrées, plus interconnectées et plus sophistiquées. Cela les rend d'autant plus vulnérables que les infrastructures critiques sont, pour la plupart, seulement protégées pour dissuader des vandales amateurs. Le gouvernement américain semble donc avoir tiré la leçon qui s'imposait. Dès le 24 septembre 2001, dans la foulée des attentats du 11 septembre, il proposait un projet de loi intitulé *Critical Infrastructure Information Security Act of 2001*. Ce projet sous-entend que la sécurité d'un monde comportant de nombreux réseaux passe par une responsabilité partagée entre les différents acteurs de ces réseaux — entre le gouvernement fédéral et le secteur privé et à l'intérieur même du secteur privé. Ce projet de loi était déjà en préparation avant les événements du 11 septembre, mais ceux-ci ont précipité son examen au Sénat le 24 septembre 2001. Il a ensuite été déféré au Comité des affaires gouvernementales du Sénat, où il est toujours pendant, n'ayant pas encore été soumis au Sénat pour faire office de loi.

Si la vulnérabilité des sociétés modernes repose en grande partie sur leur dépendance à la technologie, il demeure que les hautes technologies sont au cœur du processus de sécurisation des frontières du sanctuaire national américain. En effet, pour permettre un contrôle plus efficace des biens et des personnes qui circulent aux frontières américaines, notamment la détection et la surveillance, les technologies d'information revêtent une importance primordiale.

Pour la détection, il s'agit d'établir des méthodes de contrôle et de surveillance basées sur les hautes technologies afin de limiter, voire empêcher, les entrées clandestines d'immigrants et de matériel illicite. Les moyens envisagés vont de l'identification des individus par des indicateurs biométriques — comme les empreintes rétiniennes et la puce insérée sous la peau — au repérage de cargos à l'aide des satellites, ou à la carte d'identification à puce. La surveillance repose directement sur l'utilisation des satellites, qui rend possibles la surveillance continuelle des voies maritimes entourant le territoire national, ainsi que la surveillance aérienne et aérospatiale du territoire continental américain.

Il reste cependant que l'efficacité des outils technologiques peut très vite atteindre ses limites. Par exemple, les technologies d'information simplifient les tâches des responsables de la sécurité des États-Unis, mais elles ne peuvent suppléer au facteur humain. Des employés formés en conséquence devront assurer les services de sécurisation des frontières et des points d'entrée tels que les ports et aéroports. Il appartiendra donc aux douaniers et aux autres agents aux frontières d'être doublement vigilants ; à cette fin, les effectifs ont été augmentés avec l'embauche de 800 nouveaux inspecteurs douaniers. Cependant, la frontière ne peut être entièrement étanche, dans la mesure où les « passeurs » qui aident les clandestins à pénétrer en territoire américain n'empruntent pas les routes soumises aux contrôles douaniers, sans compter qu'il est impossible, pour des raisons économiques et humaines, de vérifier systématiquement tous les cargos et conteneurs qui gagnent le sol américain.

★ ★ ★

Les Américains savent désormais que leur superpuissance est contestée et qu'ils sont plus vulnérables qu'ils ne l'auraient cru. Avec ces attentats sur le territoire national, les dirigeants américains sont maintenant convaincus que la défense du territoire ne peut être assurée uniquement à partir de l'étranger ; la sécurité nationale ira dorénavant de pair avec la sécurité du territoire national. Le territoire national américain a ainsi acquis un statut de sanctuaire à protéger à tout prix. En effet, avec leur stratégie de sécurité du territoire national, les États-Unis donnent l'impression de poursuivre une quête vaine, cherchant en quelque sorte à assurer leur sécurité de façon absolue.

Dans un ouvrage récent, l'expert américain en études stratégiques, Charles Doran, reprend la métaphore de la cité sur la colline — terme employé par le pasteur John Winthrop en 1630 lors des débuts de la colonisation des futurs États-Unis — en l'appliquant à l'Amérique du Nord, à la fois phare de la civilisation et forteresse[12]. Il est vrai qu'étant bordée par trois océans et un golfe,

---

12. Charles F. Doran, *Why Canadian Unity Matters and Why Americans Care*, Toronto, University of Toronto Press, 2001, p. 39-40.

l'Amérique du Nord possède à la fois les attributs d'une puissance maritime et ceux d'une puissance continentale. Cela n'en fait pas pour autant une forteresse. Les événements du 11 septembre auront montré qu'il est impossible de mettre en place des mesures infaillibles de défense, de protection et de prévention contre des terroristes usant d'«armes de perturbation massive». Les auteurs des attentats ont créé un précédent qui risque de se reproduire, d'une façon tout aussi imprévue et en cherchant à créer une sorte de paranoïa collective. C'est en sensibilisant tous les acteurs à leur vulnérabilité, leur complexité et leur interconnectivité grandissantes que les sociétés modernes pourront réduire les risques de succès d'une attaque de perturbation massive. Aussi, l'élaboration de scénarios pessimistes demeure essentielle, même si elle est rarement prise au sérieux par les instances politiques et décisionnelles. En ce sens, le 11 septembre sera peut-être salutaire, car il montre que des scénarios qu'on aurait probablement rejetés auparavant peuvent se concrétiser. Même si Homer-Dixon remet en cause la capacité des sociétés modernes à s'y préparer, les envisager constitue en soi un premier pas significatif.

En définitive, les Américains doivent accepter qu'il y ait un prix à payer pour maintenir ce qui constitue les fondements mêmes de la démocratie libérale, à savoir le respect des droits civils et libertés individuelles. Le défi posé aux États-Unis sera de ne pas succomber à l'appel de la sécurité absolue et de rejeter l'État policier. Il leur faudra accepter un équilibre, non plus de la terreur, mais de la sécurité. En d'autres termes, si une société sans risque et sans menace relève de l'utopie, les mesures contraignantes de la sécurité du territoire national ne doivent cependant pas entraver le retour à la vie normale de la société américaine. Ultimement, c'est la seule victoire *vraiment* possible sur le terrorisme.

Références bibliographiques

Ashton B. Carter, « The Architecture of Government in the Face of Terrorism », *International Security*, vol. 26, n° 3, hiver 2001-2002, p. 5-23.

Michael O'Hanlon *et al.*, *Protecting the American Homeland*, Washington (D.C.), Brookings Institution Press, 2002.

Thomas Homer-Dixon, « Weapons of Mass Disruption : The Rise of Complex Terrorism », *Foreign Policy*, n° 128, janvier/février 2002, p. 502-562.

James F. Hodge, Jr. et Gideon Rose (dir.), *How Did This Happen ? Terrorism and the New War*, New York, Public Affairs/Council on Foreign Relations Inc., 2001.

Eric V. Larson *et al.*, *Preparing the U.S. Army for Homeland Security : Concepts, Issues, and Options*, Santa Monica (Calif.), RAND Corporation, 2001.

Sites Internet

Site de l'ANSER Institute for Homeland Security
de Arlington (Virginie)
http://www.homelandsecurity.org/

Site sur le Bureau de la sécurité du territoire national
de la Maison-Blanche, Washington (D.C.)
http://www.whitehouse.gov/homeland/

Site sur la Défense du territoire national du Center
for Strategic and International Studies de Washington (D.C.)
http://www.csis.org/burke/hd/index.htm

Site sur la Défense du territoire national du Projet sur le terrorisme
du Center for Defense Information de Washington (D.C.)
http://www.cdi.org/terrorism/homeland.cfm

Site sur la Sécurité du territoire national
du United States General Accounting Office, Washington, (D.C.)
http://www.gao.gov/homelandsecurity.html

9

Vers une intégration militaire nord-américaine

DAVID GRONDIN

Après l'économie, la sécurité semble être en passe de devenir le moteur de l'intégration nord-américaine. Depuis pratiquement quinze ans, l'intégration économique progresse, de l'Accord de libre-échange (ALE) entre le Canada et les États-Unis à l'Accord de libre-échange nord-américain (ALENA) pour aboutir, demain peut-être, à la Zone de libre-échange des Amériques (ZLEA). Les événements du 11 septembre 2001 vont sans nul doute accentuer l'intégration continentale nord-américaine. Cette fois, ce n'est pas l'économie qui sera en cause, mais la sécurité. Le contexte semble s'y prêter, d'autant plus que les ententes militaires ou les partenariats de sécurité donnent rarement lieu à des débats qui dépassent les cercles d'initiés et d'experts. De surcroît, la sensation nouvelle d'insécurité et de vulnérabilité des Américains porte en elle les germes de réformes substantielles : les réorganisations institutionnelles et les innovations gouvernementales ont pour but avoué d'ériger une architecture de sécurité pouvant assurer la prévention, la préparation et la défense contre de nouvelles menaces terroristes. Cette nouvelle perspective privilégie l'intégration militaire du continent nord-américain.

Qu'adviendra-t-il donc de la relation canado-américaine? L'après-11 septembre se traduit par trois développements spécifiques. Tout d'abord, il amène les États-Unis à revoir la défense et la sécurité du territoire national. Ensuite, il rapproche encore plus le Canada des États-Unis en matière de sécurité et de défense. Et enfin, il convainc le Canada du besoin de se préparer à faire face à de nouvelles menaces à la sécurité nationale et à assumer un rôle plus important dans le domaine de la sécurité internationale. D'emblée, une constatation s'impose : les menaces terroristes visant le territoire national américain ont remis en question la sécurité des frontières canado-américaines et la relation de défense canado-américaine dans son ensemble.

Certains voient un côté révolutionnaire dans l'intégration militaire nord-américaine. Or, une étude plus rigoureuse de l'évolution du partenariat stratégique entre le Canada et les États-Unis pour la défense continentale tend à nuancer ce constat. Plutôt que de révolution, il faudrait parler d'évolution. Mettre en lumière l'émergence d'un tel processus, en soulignant les communautés et les spécificités des approches canado-américaines en matière de sécurité et de défense de l'espace continental nord-américain, devient ainsi un exercice nécessaire et opportun. Après la première phase — l'économie —, le temps semble maintenant venu de passer à la seconde phase de l'intégration nord-américaine...

La construction du partenariat stratégique

Les origines de la collaboration canado-américaine en matière de défense — le partenariat stratégique canado-américain — remontent aux discours mémorables de 1936 et 1938 du président américain, Franklin Delano Roosevelt. Ses discours de l'été 1936 évoquaient l'appartenance des États-Unis et du Canada à un même système politique — le libéralisme démocratique — et faisaient du Canada un « bon voisin », une attention auparavant réservée aux États latino-américains. Son discours prononcé le 18 août 1938 à Kingston, en Ontario, garantissait au Canada une protection sans équivoque. Alors que la menace allemande était imminente, Roosevelt voulait explicitement rassurer le public canadien. Il exprimait la nouvelle préoccupation américaine d'une éventuelle défense continentale pour l'Amérique du Nord : « Le peuple américain ne demeurera pas de glace si le territoire canadien était menacé par un autre empire. » La réponse du premier ministre canadien d'alors, William Lyon Mackenzie King, abondait dans le même sens :

> Nous avons aussi nos obligations en tant que bon voisin, et l'une de ces obligations est de voir nous-mêmes à ce que notre pays soit immunisé dans la mesure de nos capacités face à une attaque ou une invasion possible. Si une telle chose venait à se produire, les forces ennemies ne devraient pas être capables de poursuivre leur chemin vers les États-Unis en passant par le territoire canadien, que ce soit par voie terrestre, maritime ou aérienne[1].

La réciprocité dans leur relation de défense du continent nord-américain était évoquée pour la première fois. Les premiers jalons d'une intégration continentale militaire et sécuritaire étaient en voie d'être posés.

La pierre originelle du partenariat stratégique canado-américain est la Déclaration d'Ogdensburg du 18 août 1940, créant le Permanent Joint Board on Defense (PJBD). Cette Commission permanente canado-américaine de défense (CPCAD) se veut avant tout un organe de consultation. Deux fois par an, la Commission formule des recommandations aux gouvernements respectifs sur les questions de ressources (humaines et matérielles) et sur les problématiques pertinentes pour

---

1. William Lyon Mackenzie King, *Historical Quotes*, [en ligne], août 2002 (http://www.dfait-maeci.gc.ca/canada-magazine/wr_6/english/t12-e.html).

la défense de l'Amérique du Nord (terrestre, maritime et aérienne). Le Comité canado-américain de coopération militaire, créé en 1946, vient appuyer le travail de la commission : il facilite l'élaboration de plans militaires conjoints pour la défense de l'Amérique du Nord, tel le Plan canado-américain de sécurité de base qui régit l'utilisation coordonnée des forces maritimes, terrestres et aériennes des deux pays, en cas d'hostilités. Par conséquent, le Comité de coopération militaire sert de lien direct entre les états-majors militaires des deux pays. Dès 1940, les États-Unis et le Canada allaient donc élaborer leur politique nationale de défense en fonction de leurs intérêts convergents plutôt que de leur seul espace territorial. Une expérience commune d'appartenance à un même espace géographique (le continent américain) et une communauté de valeurs (le libéralisme démocratique) s'inscrivaient désormais dans une reconnaissance mutuelle et une considération conjointe de la défense de l'Amérique du Nord. Pour le Canada, cet engagement revêtait une double signification : une volonté d'indépendance par rapport à la mère patrie britannique et une continentalisation de sa politique de défense et de sécurité (ni plus ni moins qu'une volonté de voir sa sécurité nationale associée à celle du continent nord-américain).

Pourtant, il serait présomptueux d'avancer qu'avec la Déclaration d'Ogdensburg, le Canada s'alignait sur le géant américain. Il ne faut en effet pas confondre le contexte de cette déclaration avec le nouvel équilibre des puissances au sortir de la Deuxième Guerre mondiale. Alors qu'ils étaient déjà la première puissance économique mondiale à l'aube de cette guerre, les États-Unis sont devenus une superpuissance mondiale durant la Deuxième Guerre mondiale. En outre, l'héritage du second conflit mondial, auquel est étroitement lié l'éclatement de la Guerre froide, est le point de départ du partenariat stratégique canado-américain.

Une relation inégale entre la souris canadienne et l'éléphant américain

La relation de défense et de sécurité entre le Canada et les États-Unis est caractérisée par une profonde asymétrie. Dans cette relation bilatérale, le terme alliance a été volontairement évité, car la Déclaration d'Ogdensburg ne constitue pas une alliance formelle. Selon le diplomate canadien John Holmes, c'est le contrepoids européen qui permettrait d'expliquer l'absence d'une alliance formelle entre les États-Unis et le Canada. Le Canada n'a pas voulu tout miser sur le continent nord-américain (dans une vision dite continentaliste) et il s'est efforcé d'entretenir une visée internationaliste (ou atlantiste) en appuyant fortement la création de l'Organisation du Traité de l'Atlantique Nord (OTAN) en 1949. Tout en accentuant son implication bilatérale avec les États-Unis, le Canada cherchait à ne pas être trop affecté par le « double dilemme de sécurité des puissances secondaires[2] ». Le Canada, en faisant des gains sur le plan de la sécurité, voulait ainsi éviter de sacrifier sa souveraineté.

Pourtant, malgré le spectre de l'intrusion américaine dans les différentes sphères de la souveraineté canadienne et l'écart de puissance entre les deux acteurs, une impression d'égalité caractérise la logique interne de la relation. Bien évidemment, cette impression ne signifie pas pour autant que la relation est réellement égalitaire : les États-Unis demeurent prépondérants dans cette relation et dictent le plus souvent l'orientation de la politique de défense et de sécurité du continent nord-américain. Cela n'empêche cependant pas le Canada d'exercer une certaine influence sur la conduite de la politique étrangère et de sécurité nord-américaine par

---

2. Voir Stéphane Roussel, « Le Canada et le périmètre de sécurité nord-américain : sécurité, souveraineté ou prospérité ? », *Options politiques*, vol. 23, n° 3, avril 2002, p. 15-22.

l'entremise de certains de ses ministres des Affaires étrangères et de ses premiers ministres.

L'ambivalence canadienne vis-à-vis des États-Unis

La relation privilégiée qu'entretient le Canada avec les États-Unis est sa relation extérieure la plus importante. Il y consacre par conséquent les efforts qui sont nécessaires à sa pérennité. Selon les ministres des Affaires étrangères en poste, l'attitude canadienne vis-à-vis des États-Unis empruntera une voie ou une autre. Elle alternera ainsi entre l'inclination continentaliste et l'inclination internationaliste. Or, cette dichotomie s'avère mal engagée car le concept de continentalisme y est mal employé, voire dénaturé, étant associé à l'isolationnisme (tendance, prêtée à la tradition politique américaine, de restreindre ses interventions sur la scène internationale en s'isolant sur le continent américain). Par conséquent, le continentalisme a souvent été utilisé dans une optique négative — l'isolationnisme — et s'est édifié en un mythe tenace qu'il y a lieu d'expliquer.

Par définition, depuis le pacte canado-américain de 1940, le Canada a été continentaliste. Les auteurs ayant insisté sur la portée internationaliste de la politique étrangère canadienne ont toujours craint que la promotion du continentalisme ne conduise à l'absorption du Canada par les États-Unis. De façon cinglante mais juste, certains auteurs ont répliqué en montrant l'importance du continentalisme pour l'internationalisme canadien : « [...] l'évitement canadien d'une attitude de dénonciation est partiellement une tactique subtilement calculée, mais vis-à-vis des États-Unis, cette stratégie est également basée sur une certitude qu'en dernière instance, ce sont les internationalistes les plus éclairés qui ont habituellement triomphé dans la grande république (les États-Unis). Si ce n'était pas le cas, le Canada n'existerait pas[3] ». Cependant, accepter le continentalisme signifie pour certains une aliénation de la politique étrangère canadienne, le Canada abandonnant son internationalisme au profit d'un continentalisme à l'américaine (ce qui n'est pas sans rappeler un débat récurrent aux États-Unis).

Au demeurant, cela revient à voir le continentalisme comme une inévitabilité découlant d'une régionalisation à l'échelle globale qu'un engagement internationaliste avait apparemment réussi à tempérer ou retarder. Pourtant, rien n'empêche de concevoir le continentalisme avec davantage d'optimisme ; le Canada peut tirer avantage du contexte continental pour défendre ses intérêts nationaux et internationaux, tout comme il peut assurer sa souveraineté même si cette dernière s'avère légèrement amputée par l'intégration continentale. En outre, cela signifie que la politique étrangère canadienne repose sur une pensée voulant que des engagements et des initiatives limités soient suffisants pour assurer la prospérité et la sécurité du Canada sans que des sommes faramineuses ne soient consenties aux Affaires étrangères. Le continentalisme va donc de pair avec l'internationalisme et ne l'exclut pas[4].

L'influence du ministre des Affaires étrangères du Canada dans les rapports avec les États-Unis

Aux yeux de plusieurs, le passage de Lloyd Axworthy aux Affaires étrangères aura été marqué par un internationalisme intrusif. Certains évoquent une « révolution

---

3. John W. Holmes, « Conclusion : Security and Survival », in *No Other Way : Canada and International Security Institutions*, sous la dir. de John W. Holmes, Toronto, Center for International Studies, University of Toronto, 1986, p. 146.

4. David G. Haglund, « Strategy 2020 and the Question of "Continentalism" », dans David G. Haglund (dir.), *Over Here and Over There : Canada-U.S. Defense Relationship in an Era of Interoperability*, Kingston (Ont.), Queen's Quarterly/Conference of Defense Association Institute, 2001, p. 28.

Axworthy», eu égard aux ambitions élevées exprimées et défendues par Axworthy pour son agenda de sécurité humaine. Pour eux, sa promotion de la sécurité humaine à l'échelle mondiale et son implication dans des dossiers chauds comme les mines antipersonnel, les enfants affectés par la guerre, la Cour pénale internationale et, surtout, la réforme du Conseil de sécurité de l'ONU relevaient d'une nouvelle vision des relations internationales. Pour d'autres, Axworthy est plutôt l'héritier d'une tradition libérale fidèle aux Pearson et Trudeau, celle d'une diplomatie canadienne plus indépendante face aux États-Unis. En ce sens, il n'est pas surprenant qu'il ait été perçu par les Américains comme un ministre audacieux n'ayant pas compris « qu'un ministre des Affaires étrangères canadien [était] censé parler doucement en brandissant un petit bâton[5] ».

L'arrivée de John Manley est venue améliorer les relations avec les États-Unis, plutôt tendues sous Axworthy : Manley a fait des relations canado-américaines sa priorité, notamment en raison des considérations économiques qui y sont associées. Si Manley paraît avoir joué un rôle effacé dans les premiers mois de son mandat, ce qui a amené plusieurs partisans d'Axworthy à regretter son activisme sur la scène internationale et dans les relations avec les États-Unis, le 11 septembre 2001 et ses suites ont consacré Manley comme l'homme de la situation pour le Canada. Il n'a pas hésité à clamer que le Canada devait accepter de porter sa part du fardeau s'il voulait conserver son statut et son influence dans les affaires internationales. Ceci impliquait une augmentation substantielle des ressources allouées à la défense, à la sécurité, au renseignement et à l'aide internationale. L'idée défendue par Manley n'est pas neuve. En discutant du statut international du Canada, John Holmes,

---

5. Steven Pearlstein, « Canada's New Age Diplomacy », *Washington Post*, Washington (D.C.), 20 février 1999, p. A13.

illustre diplomate canadien, affirmait que si le Canada apportait peu ou avait peu à offrir, il ne pouvait s'attendre à être écouté. Mais en étant simplement perçu comme faisant tout son possible, le Canada pouvait augmenter sa crédibilité[6].

Dans la lutte contre le terrorisme, Manley, en tant que président du comité spécial sur la sécurité, s'est illustré face à son homologue Tom Ridge, le nouveau responsable de la sécurité du territoire national des États-Unis. Il donnait l'impression d'un homme posé sachant où aller et se faisait rassurant pour une population encore secouée par les événements tragiques du 11 septembre. Manley s'est rapidement imposé comme le vice-premier ministre *de facto* dans sa relation avec les dirigeants américains. Cela n'a donc surpris personne lorsque, le 15 janvier 2002, dans un remaniement ministériel majeur, Jean Chrétien a fait de lui son second, tout en lui laissant la responsabilité des relations canado-américaines en matière de sécurité.

Par contre, la nomination de Bill Graham au poste jusqu'alors occupé par Manley a pris plusieurs observateurs par surprise. Bill Graham dispose pourtant d'une solide expérience en affaires internationales qui devrait compenser son inexpérience ministérielle. Connu pour son soutien à l'idée d'une indépendance relative face aux États-Unis, tout en étant défenseur du libre-échange, il se trouve à mi-chemin entre les positions activistes d'Axworthy et les orientations économiques données par Manley. Dans les rapports avec les États-Unis, il sera intéressant de voir comment Graham agira. Car s'il reconnaît leur importance cruciale, il n'en reste pas moins intéressé à poursuivre le travail entrepris par Axworthy pour rétablir la crédibilité du Canada en tant que puissance moyenne, notamment dans son rôle d'intermédiaire

6. John W. Holmes, *loc. cit.*, p. 138.

dans les institutions multilatérales, telle l'OTAN. Cet agenda internationaliste ne doit toutefois pas être vu comme une entrave à la bonne entente entre les États-Unis et le Canada ; les États-Unis auront tout à gagner à avoir un allié à part entière assumant ses responsabilités. Comme le souligne le spécialiste américain des questions stratégiques canado-américaines, Charles Doran, les États-Unis veulent un allié capable d'initiatives (au sein de l'OTAN notamment) plutôt qu'un allié dépendant continuellement des États-Unis. C'est ce que disent vouloir les porte-parole diplomatiques et politiques du Canada. Or, dans les faits, le Canada n'est pas à la hauteur de sa rhétorique : « L'éloquence de la diplomatie n'est pas suffisante. Si l'appareil militaire appuyant cette diplomatie s'efface, un siège important disparaît également à la table de négociation[7]. »

Les premiers pas vers l'intégration de la sécurité intérieure

Il ne fait aucun doute que l'Amérique du Nord, depuis le 11 septembre 2001 surtout, a emboîté le pas de l'intégration continentale militaire et sécuritaire. C'est un processus qu'on voyait poindre depuis longtemps. Mais les événements du 11 septembre et la réponse au terrorisme en ont fait la priorité du gouvernement américain. Les accords bilatéraux canado-américains du 3 décembre 2001 sur la coopération commune pour la sécurité frontalière et l'immigration et du 12 décembre 2001 sur la création d'une frontière intelligente et d'une zone de confiance nord-américaine sont une première étape, ou plutôt une nouvelle phase, de ce processus d'intégration continentale militaire et sécuritaire. On se dirige véritablement vers un périmètre de sécurité nord-américain

---

7. Charles F. Doran, *Why Canadian Unity Matters and Why Americans Care : Democratic Pluralism at Risk*, Toronto, University of Toronto Press, 2001, p. 58-59. Traduction libre.

qui impliquerait une coordination des politiques canadiennes et américaines en matière de renseignements, de défense et de sécurité, de commerce et d'immigration. Mais pour l'instant, il est encore trop tôt pour évaluer *toutes* les conséquences de ces accords.

Dans les relations canado-américaines, l'impact le plus remarquable est le rapprochement entre le Canada et les États-Unis sur le plan de la sécurité. Sans sombrer dans un optimisme béat ou dans un fatalisme naïf, cette question d'intégration continentale doit être prise au sérieux par les dirigeants canadiens. Le Canada n'est plus en mesure d'assumer seul sa propre sécurité et les frontières séparant le Canada des États-Unis sont vulnérables et poreuses. Les États-Unis veulent ainsi s'assurer de sécuriser l'intégralité du continent. Si le Canada n'est pas prêt ou apte à défendre son territoire, les États-Unis le feront pour lui, avec ou sans son consentement. Durant la Guerre froide, c'était déjà un peu vrai. Mais, d'une part, la donne post-guerre froide et post-11 septembre impose aux Canadiens de se demander s'ils veulent avoir un mot à dire dans la future défense de l'Amérique du Nord et s'ils veulent y participer. Et d'autre part, ils pourraient plutôt décider de s'en remettre totalement à la toute-puissance américaine, avec les conséquences graves que cela risque d'entraîner, notamment la perte de souveraineté. Fondamentalement, le Canada peut déplorer de devoir prendre une décision sur l'intégration continentale sécuritaire et militaire. Mais il demeure qu'il devra choisir son rôle, sinon les États-Unis le feront pour lui.

Depuis le 11 septembre 2001, la question de la sécurité interpelle beaucoup d'individus et de représentants étatiques qui prenaient jusqu'alors celle-ci pour acquise. Le Canada ne peut plus se satisfaire de bonnes paroles pour garantir sa sécurité. Il faudra que des fonds soient investis. L'avantage est que ces augmentations de dépenses seront moindres dans un cadre continental intégré que dans un cadre purement national. Le terrorisme et l'emploi possible d'armes de destruction massive amènent une redéfinition complète de la défense militaire et civile. À la lumière des événements du 11 septembre, les scénarios les plus pessimistes et les réponses à ceux-ci doivent être repensés. C'est donc une toute nouvelle architecture de sécurité qui sera mise en place pour détecter, prévenir et réagir à d'éventuelles attaques terroristes. Le Canada sera donc invité à prendre part à une éventuelle structure de défense continentale. Il avait déjà été invité par les États-Unis à associer ses efforts aux leurs pour répondre aux priorités de la défense du territoire national, comme le prouvent les accords de décembre 2001 sur la sécurité frontalière et la création d'une « frontière intelligente ».

Le Canada fait déjà partie intégrante de la structure de défense aérienne et aérospatiale continentale grâce au NORAD (*North American Aerospace Defense Command* ou Commandement de la défense aérospatiale du continent nord-américain). La suite logique voudrait qu'il prenne part à une structure conjointe chapeautant les dimensions terrestre et maritime de la défense continentale reposant, comme pour le NORAD, sur une coopération entre le Canada et les États-Unis (et non une alliance). Ce faisant, la souveraineté du Canada ne serait pas entamée par une approche continentale de la sécurité. En effet, le Canada conserverait son pouvoir décisionnel pour l'envoi de troupes sous la bannière onusienne ou pour une action continentale concertée. Il n'aurait donc pas à participer aux actions entreprises par les États-Unis dans le cadre d'une opération pour la sécurité du territoire national s'il jugeait que ses intérêts n'étaient pas en jeu.

Le NORAD constitue un atout pour le Canada. Tout d'abord, il lui permet d'avoir une défense à moindre coût et il s'avère crucial quant à l'interopérabilité avec les États-Unis. Ensuite, il fournit au Canada un accès direct et une influence sur la planification de défense et de sécurité des États-Unis. Enfin, il lui garantit un accès à l'espace extra-atmosphérique, ainsi que plusieurs informations utiles pour la surveillance et le renseignement. Par conséquent, la prospérité et la sécurité du Canada en dépendent bien plus qu'on ne pourrait le croire. L'espace extra-atmosphérique (grâce à l'apport des satellites) constitue effectivement un centre vital d'activité militaire et économique indispensable. Activité militaire d'abord, pour la protection des infrastructures essentielles, pour le NORAD et la défense continentale, pour l'interopérabilité avec les États-Unis et les alliés européens, pour les missions et opérations de paix et pour la surveillance et la transparence des traités de désarmement et de contrôle des armements. Activité économique ensuite, pour les contrats de défense (commerciaux et civils), pour les télécommunications, les courriels, les appareils bancaires, les transactions financières, le système mondial de localisation, pour la télévision par câble et par satellite, pour les prévisions météorologiques, pour les dispositifs de détection à distance enregistrant l'épaisseur de la couche d'ozone. Par le biais du NORAD, de nombreuses activités essentielles à la prospérité et la sécurité du Canada se trouvent en fait directement concernées par l'espace aérospatial que le NORAD protège.

Pour assurer la défense de ses intérêts, le Canada a tout avantage à contribuer au NORAD. Une intégration continentale y étant déjà partiellement instaurée, son approfondissement sur le plan de la sécurité et de la défense est une suite logique pour garantir la sécurité du continent dans son intégralité. Le Canada se retrouve donc aujourd'hui à la croisée des chemins. Bien qu'il ait, théoriquement, le choix d'y participer, la réalité le contraint vraiment à l'accepter, en y participant plutôt qu'en le subissant : « [...] dans les faits, il n'y a souvent "aucune autre avenue"[8] ».

Les impératifs de l'interopérabilité

L'intégration de la défense continentale intérieure doit être comprise dans le contexte de la coopération bilatérale à l'extérieur, c'est-à-dire dans les parties du monde où le Canada a collaboré étroitement avec les États-Unis lors de déploiements militaires durant la Guerre froide et l'après-guerre froide. Pour le Canada, le seul moyen de conserver une capacité de combat est d'intervenir conjointement ou en coalition avec des alliés, notamment les Américains :

> Tant dans la réalité actuelle que dans l'avenir, les Américains sont nos alliés les plus importants, et la solide relation qui nous unit profite depuis longtemps à nos deux pays. Nous devons prévoir d'entretenir cette relation en renforçant notre interopérabilité avec les forces armées américaines, en nous entraînant ensemble, en partageant le fardeau de la détection et des télécommunications mondiales et en adoptant des solutions coopératives face aux dangers asymétriques émergents qui menacent la sécurité continentale[9].

Le Canada ne peut agir seul militairement sur la scène internationale et l'interopérabilité implique la capacité des forces armées de coalition à mener ensemble des opérations militaires dans un but commun. L'interopérabilité impose *de facto* une intégration des forces canadiennes dans les forces américaines, car au niveau des forces interopérables, la technologie, l'instruction, la doctrine et les procédures qu'elles utilisent doivent être

---

8. John W. Holmes, *op. cit.*, p. 146. Traduction libre.

9. Gouvernement du Canada, Chef d'état-major de la Défense, *Façonner l'avenir de la défense canadienne : une stratégie pour l'an 2020*, [en ligne], Ottawa, juin 1999 (http://www.vcds.forces.ca/cds/strategy2k/intro_f.asp).

coordonnées pour fonctionner ensemble de façon homogène. La stratégie de défense canadienne requiert donc une expansion du programme conjoint et combiné d'entraînement et d'exercices entre les forces américaines et canadiennes pour que soient inclus tous les environnements possibles avec les États-Unis[10].

L'interopérabilité découle davantage d'une nécessité que d'un choix. Étant donné le développement de la Révolution dans les affaires militaires (RAM) et des équipements de pointe des États-Unis, le fossé technologique entre les deux pays s'est creusé, ce qui rend l'interopérabilité d'autant plus difficile. Dans les faits, le Canada risque de perdre une partie de son autonomie en resserrant la coopération avec les États-Unis. Il n'a cependant pas vraiment le choix s'il désire continuer de jouer un rôle global dans la sécurité mondiale. C'est donc ce qu'il a fait dans l'opération « Force alliée » de 1999 au Kosovo sous l'égide de l'OTAN en éprouvant, de façon plutôt *ad hoc*, son interopérabilité avec les États-Unis. Il a alors mis l'armée de l'air canadienne au service de celle des États-Unis, des CF-18 étant utilisés dans des offensives de bombardement aérien. Qui plus est, en investissant, par exemple, dans des programmes de communication par satellite, le Canada contribue à accroître son interopérabilité avec les États-Unis et bénéficie en retour d'une certaine capacité d'action indépendante. L'interopérabilité est en quelque sorte la conséquence directe de l'acclimatation canadienne à l'unipolarisme américain, ou du moins à la prédominance américaine. Certes, elle intègre militairement le Canada aux États-Unis sur la scène internationale, mais elle rapproche également les États-

10. Joel Sokolsky, « Between the "Pulpit Diplomacy" and the "Bully Pulpit" : The Axworthy Doctrine, Neo-Wilsonianism, and Canada-U.S. Relations », in David G. Haglung (dir.), *op. cit.*, p. 66.

Unis du Canada. C'est en ce sens que s'établit la compatibilité des politiques de sécurité canadienne et américaine depuis la fin de la Guerre froide.

Au début de l'année 2002, beaucoup de critiques ont été émises à l'endroit du gouvernement de Jean Chrétien à la suite de l'intervention militaire en Afghanistan dans laquelle les troupes canadiennes ont été déployées, notamment parce que les troupes canadiennes se trouvaient sous le contrôle opérationnel des États-Unis. Pourtant, le *Livre blanc* de 1994 avançait déjà que, n'ayant plus les moyens d'agir seuls, les militaires canadiens allaient dorénavant être employés dans des coalitions. Le fait que ce soient les premières troupes terrestres canadiennes de combat à être déployées au front depuis la guerre de Corée contraste avec les opérations précédentes ; c'est aussi ce qui a suscité la critique des élus d'opposition canadiens. Contrairement à la majorité des opérations où ont été impliqués les militaires canadiens depuis dix ans, la mission Apollo n'est pas une mission de maintien de la paix mais bien une opération offensive. La critique qui a soulevé l'ire des Canadiens est celle du traitement des prisonniers de guerre faits par le Canada. En effet, le Canada devait les remettre aux forces américaines, car il ne possédait pas les effectifs nécessaires ni les installations pour leur prise en charge. C'est le traitement des prisonniers par les États-Unis, qui ne considéraient pas les prisonniers talibans ou les membres du réseau Al-Qaida capturés comme des prisonniers de guerre tels que définis par la Convention de Genève, qui a outré les élus canadiens. Pour le meilleur ou pour le pire, la voie de l'interopérabilité embrassée par le Canada venait de prendre un nouveau tournant. Qu'on le déplore ou non, les militaires canadiens se sont trouvés intégrés aux forces armées américaines en Afghanistan, ce qui risque de devenir de plus en plus la règle dans le futur...

La sécurité humaine, une source de tension entre le Canada et les États-Unis ?

Parler d'une interopérabilité accrue entre le Canada et les États-Unis en matière de défense impose de se demander ce qu'il advient de l'agenda de la sécurité humaine, si fièrement promu par le Canada dans sa politique étrangère depuis 1996. Faut-il que le Canada y renonce ? Est-ce là une source de tension entre le Canada et les États-Unis ? Loin de représenter une dissension à un niveau stratégique, l'agenda de la sécurité humaine permet plutôt au Canada de se définir un créneau distinct en politique étrangère tout en demeurant le partenaire loyal des États-Unis. On a beaucoup fait état de l'attitude américaine négative à l'égard de l'agenda de la sécurité humaine. Certains ont même laissé entendre que cela pourrait aller jusqu'à remettre en question la relation canado-américaine en matière de sécurité et de défense. Rien n'est plus faux. En fait, ce qui a choqué les Américains, c'est que ce soit le ministre des Affaires étrangères du Canada, Lloyd Axworthy, qui ait pris l'initiative de définir l'agenda de la communauté internationale lors de son mandat. En tant que première puissance mondiale, c'est un rôle que les Américains préfèrent se réserver. Pour eux, cette croisade pour la sécurité humaine aurait plutôt dû être entreprise sous un *leadership* américain[11].

Loin d'être désavoué par les États-Unis, l'agenda de la sécurité humaine permet au Canada d'intervenir aux côtés des États-Unis dans des zones de conflits éloignés sans donner l'impression d'y être contraint. Au Kosovo par exemple, le Canada est intervenu aux côtés des États-Unis et comme membre de l'OTAN pour assurer la sécurité humaine des populations kosovare et albanaise, qui étaient menacées par les forces du régime yougoslave

---

11. David Haglund, *op. cit.*, p. 14.

de Slobodan Milosevic. L'objet de la sécurité humaine est l'individu ou, plutôt, la communauté d'individus. La sécurité humaine va donc au-delà des frontières politiques pour s'intéresser aux seules communautés humaines. Si certains, comme les États-Unis, affirment que le Canada s'est doté d'un agenda ambitieux quant à la sécurité humaine, c'est que la sécurité humaine vise à la fois la protection des droits et de la vie des individus contre des menaces structurelles et conjoncturelles[12]. C'est une vision de la sécurité qu'on dit « inclusive », parce qu'elle a pour finalité la sécurité physique des individus, l'équité sociale, le règne du droit, une gouvernance juste et équitable, la protection des droits humains fondamentaux, la protection des civils dans les conflits et un développement durable. Dans cet esprit, la sécurité humaine fait appel à un interventionnisme libéral qui n'est pas sans rappeler Woodrow Wilson. Profondément libérales, les idées novatrices de l'agenda de la sécurité humaine tireraient ainsi leurs racines autant de la culture politique américaine que canadienne. Par conséquent, seules l'appellation et les ressources qui y sont consacrées distingueraient les vues canadiennes des vues américaines.

La critique américaine portait donc sur les ambitions de cet agenda politique du Canada, alléguant que la rhétorique canadienne appelait à des investissements et des capacités significatives. Sur le fond, les Américains ne sont pas opposés à la sécurité humaine, comme l'indiquent les paroles de l'envoyé spécial américain à l'Assemblée générale de l'Organisation des États américains en juin 2000 : « Bien que le terme comme tel soit nouveau, la sécurité humaine décrit une idée sur laquelle les

---

12. Par menaces structurelles, on entend ici des vulnérabilités chroniques (famine, pauvreté, misère, maladie, etc.) et par menaces conjoncturelles, des perturbations ponctuelles (pertes d'emploi, catastrophes naturelles, etc.).

fondations des États-Unis sont bâties — la dignité et la valeur inhérente de l'individu[13]. » Les États-Unis acceptent les principes de la sécurité humaine. Après tout, les États-Unis ont fait de l'intervention humanitaire quand ils sont intervenus au Kosovo.

Tout compte fait, il n'est pas primordial que les États-Unis rejettent l'agenda de la sécurité humaine dont le Canada se fait l'architecte. Ce qui compte, c'est que le Canada puisse aller de l'avant avec son propre agenda de sécurité sans que les États-Unis ne s'en formalisent. Pragmatiques, les États-Unis appuieront certes des projets qui ne seront pas en conflit avec des intérêts nationaux plus importants. Ils agissent et agiront, à l'occasion, en concordance avec l'esprit de la sécurité humaine que promeut le Canada sur la scène internationale. C'est ainsi que, sous Clinton, les États-Unis ont fait du SIDA une menace à la sécurité nationale des États-Unis en 2000 ainsi qu'une menace à la sécurité mondiale en soutenant la résolution 1308 du Conseil de sécurité de l'ONU en juillet 2000. C'est un pas significatif pour un État taxé de ne s'occuper que de ses intérêts nationaux ! La question est toutefois de savoir s'ils iront plus loin qu'un appui de principe. Dans d'autres situations, comme au Kosovo, les États-Unis pourront cautionner une intervention humanitaire pour justifier leur action, ce qui est compatible avec les préceptes de la sécurité humaine. Or, ce seront davantage des considérations d'intérêt stratégique suscitées par un désastre humanitaire qui justifieront une intervention de leur part. Ainsi s'explique leur opposition fondamentale au Traité d'Ottawa sur les mines antipersonnel de 1997, qui réduisait

13. Kenneth H. MacKay, Jr., cité dans Rajeev Venugopal, « Canadian Foreign Policy and the "Human Security" Paradigm : Engaging Modern Canada -U.S. Relations », *Troisième séminaire annuel des étudiants diplômés : relations Canada - É.-U.* [en ligne], Ottawa, Carleton Université, 30 avril au 4 mai 2001 (http://www.cfp-pec.gc.ca/otherannualevents/8012-8E.pdf).

les capacités d'action des forces armées américaines. En outre, du point de vue de la relation canado-américaine, l'agenda de la sécurité humaine permet au Canada de concentrer son action dans des domaines bien précis dans lesquels les États-Unis ne sont pas directement impliqués, en ne nuisant pas à leurs intérêts. Le Canada peut ainsi développer une politique étrangère qui soit le reflet de ses intérêts et valeurs. Le défi du Canada demeure toutefois de ne pas se borner à soutenir une politique à tout prix indépendante de celle de son plus proche allié.

Quelle place pour une politique étrangère canadienne ?

Il est encore plus clair, depuis le 11 septembre 2001, que les États-Unis recherchent expressément un rapprochement des politiques canadiennes et américaines, en politique étrangère notamment. Il est toutefois trop tôt pour connaître la pleine mesure des répercussions sur le Canada de la stratégie américaine de sécurité du territoire national pour la défense commune du continent. Une meilleure compréhension et une analyse plus juste de la stratégie américaine de sécurité du territoire national sont donc requises : déduire, comme semblent le faire les responsables gouvernementaux canadiens, que les États-Unis effectuent un repli stratégique et qu'ils se désengageront de leur rôle sur la scène mondiale est une erreur. Le Canada devra prendre des mesures proactives qui tiendront à la fois compte de la nature asymétrique de la relation, de la priorité qu'il entend lui attribuer et de ses intérêts.

Si, pour certains observateurs[14], le temps est venu de parachever l'intégration continentale, le Canada doit d'abord procéder à une redéfinition de ses intérêts

---

14. Comme l'expert américain Christopher Sands du Center for Strategic and International Studies de Washington.

continentaux. Une réflexion s'impose donc, car des mesures hâtives faisant primer la sécurité sur des considérations économiques, par exemple, risquent d'être néfastes pour le Canada — notamment des mesures rendant plus difficile la libre circulation des biens et des personnes aux frontières canado-américaines. Le Canada doit ainsi développer un programme de politique étrangère capable de faire avancer les intérêts et les valeurs du Canada sur le continent nord-américain, d'une part, et sur la scène mondiale, d'autre part. Dans cet esprit, de nombreuses craintes d'un alignement plus étroit entre le Canada et les États-Unis ont été exprimées depuis le 11 septembre. Le Canada veut s'assurer qu'avec l'avènement d'un périmètre de sécurité, son rôle traditionnel hors de l'Amérique du Nord ne sera pas diminué. Il est donc appelé à choisir sa voie. Il *peut* et *doit* se montrer proactif dans l'élaboration d'une nouvelle architecture de sécurité continentale : il ne doit pas se contenter d'un rôle passif qui l'amènerait à simplement réagir aux initiatives américaines. Si l'occasion de prêcher par l'exemple peut paraître idéale pour le Canada, c'est en misant sur sa vision élargie de la sécurité qu'il doit le faire. Or, pour ce faire, le Canada doit dépasser le stade de la rhétorique et réinvestir dans ses capacités internationales : « Une politique étrangère "à rabais" ne suffira pas à sauvegarder et à avancer les intérêts et les valeurs du Canada dans ce monde plus dangereux. Bref, le Canada ne peut pas continuer de "jouer dans la cour des grands" et d'assumer le rôle que les Canadiens attendent de lui, celui d'une vraie puissance internationale, sans se doter des outils nécessaires[15]. »

---

15. Le ministre des Affaires étrangères d'alors, John Manley, cité dans le Comité permanent des affaires étrangères et du commerce international, *Le Canada et le défi nord-américain : gérer nos relations dans un contexte de sécurité accrue. Rapport préliminaire du comité permanent des affaires étrangères et du commerce international*, [en ligne], Ottawa, décembre 2001. (http://www.parl.gc.ca/infocomdoc/37/1/fait/studies/reports/faitrp03-f.htm).

L'établissement d'une zone de confiance

Le débat américain sur la sécurité du territoire national qui s'est amorcé après les attentats de New York et Washington a un impact direct sur l'orientation de la politique étrangère canadienne. La sécurité du continent et des frontières communes est repensée par les dirigeants américains et canadiens et il n'est pas faux de parler d'une communauté de valeurs et d'intérêts en Amérique du Nord. S'il est vrai que les États-Unis et le Canada partagent des traits culturels, normatifs, politiques et sociaux communs, reconnaître cette communauté et l'enchâsser dans un cadre institutionnel conjoint constituent deux actions bien distinctes. Par conséquent, le Canada doit faire preuve de prudence et de patience et analyser les avenues possibles et leurs conséquences avant de donner son aval à un périmètre de sécurité nord-américain.

Déjà, le premier jalon d'un éventuel périmètre de sécurité a été posé avec l'aménagement d'une zone de « confiance nord-américaine », expression consacrée par l'accord canado-américain sur la frontière intelligente du 12 décembre 2001. Conscient de la sensibilité des Canadiens à l'égard de leur souveraineté, l'ambassadeur américain au Canada, Paul Cellucci, a expliqué « que l'objectif n'était pas l'américanisation ni même l'harmonisation des politiques canadiennes, mais plutôt l'aménagement d'un climat de confiance mutuelle[16] ». On peut même dire que l'objectif recherché par les Américains n'est pas tant que le Canada imite les politiques américaines, mais bien qu'il élabore des politiques canadiennes efficaces empêchant de nouvelles attaques terroristes en Amérique du Nord[17]. Bien sûr, les intentions

---

16. Paul Cellucci cité dans le Comité permanent des affaires étrangères et du commerce international, *op. cit.*

17. Voir Charles Doran, *op. cit.*

américaines sont conciliantes envers les intérêts canadiens, mais il ne faut pas perdre de vue que derrière cela
se cache également le désir de parachever le processus
d'intégration déjà entamé. Peut-être n'y a-t-il pas d'autre
issue que l'intégration, mais mieux vaut évaluer les
conséquences pour prévenir les conflits éventuels plutôt que de se précipiter et de risquer de devoir réajuster
les choses par la suite. Dans cet esprit, d'autres croient
que, s'il n'y a pas de doute qu'un périmètre de sécurité
nord-américain doive être envisagé et « qu'il n'existe pas
d'empêchement logique à une collaboration totale entre
le Canada et les États-Unis au sujet de la frontière, [...] il
sera difficile, en cours de route, de protéger l'autonomie des politiques canadiennes de l'immigration et des
droits de la personne[18] ». Ultimement, s'il veut conserver
ses politiques actuelles et son identité en matière d'immigration et de réfugiés, le Canada devra négocier de
nouveaux accords ou des amendements aux accords
canado-américains de décembre 2001 pour obtenir les
dérogations nécessaires. Si l'intégration de la sécurité
est bel et bien entamée et si l'objectif des États-Unis est
vraiment l'établissement d'une confiance mutuelle plutôt qu'une harmonisation des politiques, il est essentiel
que le Canada se montre très proactif dans ce processus
s'il veut préserver son identité en politique étrangère.

★ ★ ★

La « relation particulière » de sécurité et de défense liant
les deux États cousins d'Amérique du Nord semble
aujourd'hui en passe d'atteindre une nouvelle phase de
son évolution : l'intégration continentale militaire et
sécuritaire. La défense de l'Amérique du Nord est l'activité déterminante des relations canado-américaines ;

---

18. Stephen Randall cité dans le Comité permanent des affaires étrangères et du commerce international, *op. cit.*

c'est la sécurité économique et la prospérité du Canada et des États-Unis qui en dépendent. Les États-Unis et le Canada peuvent ne pas entrevoir une même stratégie, mais ils visent néanmoins la protection d'intérêts et de valeurs similaires, malgré leurs spécificités culturelles respectives. Ils sont même en train de former une communauté de sécurité délimitée par un périmètre de sécurité nord-américain (les limites d'un tel périmètre sont encore à définir). Pour ce faire, l'écart existant entre la rhétorique politique canadienne quant à l'état de l'appareil militaire canadien et sa capacité d'assurer la défense nationale et la réalité stratégique du XXIe siècle doit être comblé. Ne pas considérer les menaces réelles pour le commerce et la sécurité du Canada qui pourraient résulter d'attaques faites avec des armes de destruction massive ou d'attaques contre des infrastructures essentielles sur le territoire canadien serait faire preuve d'une insouciance grave. Une coopération dans la défense telle qu'elle se fait déjà au sein du NORAD pour la défense aérienne et aérospatiale est viable et doit être élargie aux autres pans de la défense et de la sécurité continentale, à savoir la défense terrestre, maritime et la sécurité frontalière. De nouvelles attaques dirigées contre les États-Unis ne viseront peut-être pas le Canada, mais elles auront à coup sûr des répercussions sur sa sécurité. À l'heure du terrorisme transnational, la sécurité des États-Unis s'avère inévitablement liée à celle du Canada. Après l'économie, on en est maintenant à la seconde phase de l'intégration nord-américaine.

En tant que partenaire stratégique des États-Unis, le Canada doit s'impliquer avec son puissant voisin dans l'élaboration d'une architecture et d'une stratégie communes pour la défense et la sécurité continentale. Si, pour les Américains, la donne de l'après-11 septembre requiert une intégration continentale plus poussée pour que puissent être assurées la défense et la sécurité de l'Amérique du Nord, le Canada n'a pas vraiment d'autre choix que de se plier à la volonté américaine. En revanche, il est plus qu'impératif que le Canada s'investisse activement dans ce processus s'il veut préserver son identité en politique étrangère. Il lui appartient de définir son espace et son rôle, au sein du continent nord-américain comme sur le plan international. Les Canadiens devront veiller à ce que la confiance mutuelle soit réaffirmée entre les deux partenaires, tout en se gardant une certaine indépendance. C'est là le défi nord-américain qui attend le Canada.

Références bibliographiques

Michael Byers, *Canadian Armed Forces Under U.S. Command*, [en ligne], Vancouver, Simons Centre for Peace and Disarmament Studies/Liu Centre for the Study of Global Issues, University of British Columbia, 26 avril 2002.

Jim Fergusson, Frank Harvey et Rob Huebert, *To Secure a Nation : The Case for a New Defence White Paper*, [en ligne], Calgary, Council for Canadian Security in the 21st Century, décembre 2001, 48 p.

Stéphane Roussel, « Le Canada et le périmètre de sécurité nord-américain : sécurité, souveraineté ou prospérité ? », *Options politiques*, vol. 23, n° 3, avril 2002, p. 15-22.

Hugh Segal, « The Canadian-American Defence Relationship : Nostalgia Ain't What It Used to Be », *Options politiques*, vol. 23, n° 3, avril 2002, p. 23-26.

John Herd Thompson et Stephen J. Randall, *Canada and the United States : Ambivalent Allies*, 2ᵉ éd., Athènes et Londres, University of Georgia Press, 1997.

William R. Willoughby, *The Joint Organizations of Canada and the United States*, Toronto, University of Toronto Press, 1979.

Sites Internet

Ambassade des États-Unis au Canada, à Ottawa
(section sur les relations canado-américaines)
http ://www.usembassycanada.gov/content/
content.asp ?section=can_usa&document=index

Center for Strategic and International Studies de Washington (D.C.)
(Projet Canada du Programme sur les Amériques)
http ://www.csis.org/americas/canada/index.htm

Ministère de la Défense nationale du Canada
(section sur les relations canado-américaines en matière de défense)
http ://www.dnd.ca/menu/canada-us/index_f.htm

Ministère des Affaires étrangères et du Commerce international
du Canada (section sur les relations canado-américaines)
http ://www.can-am.gc.ca/menu-f.asp

Le NORAD au Colorado
http ://www.norad.mil/index.htm

10

Perspectives de changements pour la défense et les forces armées du Canada[1]

HOUCHANG HASSAN-YARI

Les attentats terroristes ont révélé des lacunes et des défaillances dans les dispositifs courants de sécurité du monde entier. Le 11 septembre a exposé, entre autres, les vulnérabilités du Canada face aux attaques asymétriques[2]. Le Canada se voit accusé tour à tour par les Américains et les Européens d'être une «passoire pour les terroristes» ou encore «une terre d'accueil pour les terroristes islamistes[3]». L'affaire Ahmed Ressam a révélé la vulnérabilité du système de sécurité du Canada et remet en question ses relations privilégiées avec les États-Unis.

---

1. L'auteur tient à remercier Patrick Lebeau, son assistant de recherche, et le professeur Abdelkérim Ousman du Collège militaire royal du Canada pour avoir commenté la première version de ce texte.

2. Pour une réflexion sur les menaces asymétriques, voir «1998 Strategic Assessment Engaging Power for Peace», [en ligne] (http://www.ndu.edu/inss/sa98/sa98ch11.html); Donald A. LaCarte, «La guerre asymétrique et l'utilisation des forces spéciales dans l'application des lois en Amérique du Nord», *Revue militaire canadienne*, vol. 2, n° 4, hiver 2001.

3. Le célèbre juge d'instruction antiterroriste français, Jean-Louis Bruguière, affirme: «[...] il est incontestable qu'avant le 11 septembre, le sentiment que j'ai eu c'est que le problème du terrorisme n'était pas une priorité au Canada ni aux États-Unis.» Or, la répression exercée en Europe depuis le 11 septembre aurait augmenté l'exode d'islamistes vers le Canada. «On a eu des papiers, on a un certain nombre d'éléments, il y a eu un flux très important d'islamistes radicaux qui ont quitté l'Europe pour aller au Canada». Voir (http://radio-canada.ca/url.asp?/nouvelles/index/nouvelles/200206/06/003-).

Sortie de la Guerre froide avec une certitude et une confiance débordantes, la communauté internationale est restée stupéfaite devant la magnitude des attentats contre l'« hyperpuissance » américaine qui assiste, impuissante, à l'effondrement des symboles de sa réussite économique et militaire. Le Canada subit de plein fouet les ondes de choc des attaques terroristes contre son voisin, allié et partenaire économique. Ottawa a réagi rapidement en adoptant une série de mesures. Celles-ci, prises à la hâte et destinées à soulager l'inquiétude immédiate des États-Unis, auront-elles la profondeur nécessaire et sauront-elles s'imposer pour changer l'architecture de sécurité et la posture militaire canadiennes ? Si la réponse à cette question est positive, il faut se demander si le Canada a les moyens d'implanter, de façon durable, des changements indispensables. Ces changements constituent-ils une réponse adaptée ? Les décideurs politiques et militaires de la coalition antiterroriste ont-ils une idée claire de la nature et de l'étendue des menaces ? Sont-elles inéluctables ? Comme les guerres contre la terreur sont déjà déclenchées sur plusieurs fronts et avec des moyens très variés, le Canada est contraint de mener simultanément une participation effective à ces guerres à l'étranger et un renforcement substantiel des dispositifs de sécurité intérieure.

Le contexte

L'histoire humaine est émaillée de massacres. Toutefois, les attaques du 11 septembre se distinguent des tragédies similaires pour deux raisons : la qualité du pays agressé ainsi que l'image gravée de l'attaque et de la nature des attaquants.

En effet, d'une part, la grandeur de la puissance américaine ajoute des dimensions démesurées à la tragédie. Un document du département de la Défense rappelle que le terrorisme du 11 septembre n'a pas seulement été une attaque contre les États-Unis : c'était une attaque contre le monde. Parmi les 68 pays qui participent à la campagne contre le terrorisme depuis le 12 septembre 2001, le Canada occupe une place de premier plan du point de vue de l'apport en hommes pour les opérations militaires conduites par les États-Unis. À la fin du mois de mai 2002, le Canada avait déployé 2025 hommes à l'intérieur de l'Afghanistan et dans sa région périphérique, et un total de 3400 (« quasi 4000 », selon le général Ray R. Hénault, chef d'état-major de la Défense) depuis le début de l'opération *Apollo*[4].

D'autre part, on doit prendre la mesure du choc de l'image et de la disqualification des attaquants. Si les images du Rwanda, des territoires occupés palestiniens, d'Israël, de la Bosnie ou du Kosovo ont pu indisposer certaines consciences sensibles, les attaques « aveugles » contre New York, mais également contre le Pentagone, n'ont laissé personne indifférent. À l'exception de quelques manifestations jubilatoires isolées, la condamnation mondiale de ces attentats terroristes, d'une ampleur méconnue, a été générale et unanime. Contrairement aux cas où le désintérêt — ou, au mieux, une volonté limitée d'intervenir — prévalait, les Américains ont manifesté, à la suite du 11 septembre, une volonté et une détermination infaillibles de riposter par tous les moyens.

Il reste que les attaques des terroristes ont révélé les lacunes et les défaillances des dispositifs de sécurité en vigueur. Et même s'il est impossible d'éliminer complètement l'élément de surprise, il importe de pallier ces déficiences.

La réponse du Canada

Immédiatement après les attaques terroristes, le premier ministre Jean Chrétien a offert tout l'appui et l'aide

---

4. Department of Defense, « International Contributions to the War Against Terrorism », *Fact Sheet*, 22 mai 2002.

que les Américains pouvaient demander. Au Canada, la question de la sécurité interne s'est alors posée brutalement et tous les ministères ont été mis en état d'urgence. La violence des attentats a ainsi amené le gouvernement canadien à prendre rapidement des mesures. Quel en est l'impact à court, à moyen et à long terme sur le ministère de la Défense nationale (MDN), sur les forces canadiennes et sur la sécurité publique ?

Immédiatement après les attentats, le premier ministre a assuré le président Bush que « le Canada était prêt à fournir toute l'assistance dont les États-Unis pourraient avoir besoin sur les plans des secours ou de la sécurité[5] ». De plus, le premier ministre a donné dans un communiqué les grandes lignes de la politique de son gouvernement. Selon ses termes, « tous les ministères et organismes responsables de la sécurité de la population canadienne, c'est-à-dire la GRC, le Service canadien du renseignement de sécurité, le ministère de la Défense nationale, le ministère de la Citoyenneté et de l'Immigration, l'Agence des douanes et du revenu du Canada et Transports Canada, ont redoublé de vigilance ».

La mise en œuvre de la dimension militaire s'est opérée en trois temps : il y a eu des activités bilatérales dans le cadre du NORAD, dans les eaux territoriales canadiennes, puis le déploiement rapide des forces navales et enfin, le déploiement d'une force expéditionnaire à Kandahar. L'engagement du Canada aux côtés des États-Unis s'inscrit dans la continuité et la tradition des relations entre les deux pays en matière de sécurité et de défense. Ces relations étroites sont soutenues par une véritable interdépendance économique et l'existence de valeurs communes, et elles s'appuient sur une panoplie de plus de 80 traités sur la défense, de plus de 250 pro-

---

5. Bureau du premier ministre, Communiqué de presse, *Déclaration du premier ministre*, Ottawa, 12 septembre 2001.

tocoles d'entente entre les deux pays et de quelque 145 forums bilatéraux où l'on discute de questions de défense.

Les réactions immédiates du MDN et des forces canadiennes ont été substantielles et rapides. Les forces canadiennes se sont fixé comme priorité la protection de la population et des installations civiles et militaires à l'intérieur des frontières nationales et la réorganisation de leur personnel afin de répondre à toute demande américaine. La protection interne est renforcée par l'augmentation du nombre de CF-18, mis à la disposition du NORAD pour surveiller les avions en détresse ou suspects. Le maintien en état d'alerte du personnel des forces canadiennes a contraint les militaires à ne pas s'éloigner des limites géographiques de leurs bases et des soldats en congé ont été rappelés. Fait plutôt inhabituel dans le contexte canadien des relations entre les militaires et la société civile, l'accès à toutes les propriétés et bases du MDN était contrôlé par des soldats — parfois en armes.

Au cours des heures qui ont suivi la catastrophe, la position du gouvernement canadien était : « [...] peu importe ce dont ils avaient besoin ce jour-là, en cette situation de crise, les Américains l'obtiendraient[6]. » Les membres de l'équipe d'intervention en cas de catastrophe, connue sous le nom de DART (*Disaster Assistance Response Team*), furent placés en état d'alerte, prêts à être déployés à New York en quelques heures. Trois navires furent préparés afin d'apporter des secours humanitaires dans les ports américains, au besoin[7]. Ces navires étaient le *Preserver*, le *Iroquois* et le *Ville de Québec*.

---

6. Propos du ministre de la Défense lors de son passage devant le Comité permanent de la Défense nationale et des Anciens Combattants, 4 octobre 2001.

7. *Ibid.*

La fermeture immédiate de l'espace aérien des États-Unis fut l'une des mesures de sécurité prises par le gouvernement américain. Cette décision a eu un impact majeur sur le Canada qui a dû accueillir quelque 33 000 passagers en route vers les États-Unis. Les bases de Goose Bay, Gander, Stephenville, Winnipeg, Halifax, Shearwater et Aldershot ont recueilli ces passagers. De surcroît, les forces canadiennes ont assisté les autorités civiles dans leurs efforts d'aide aux passagers en détresse.

Au lendemain des attaques, les États-Unis ont invoqué l'article 5 de la Charte de l'Organisation du Traité de l'Atlantique Nord (OTAN). Cette clause oblige les alliés à aider l'un des leurs lorsqu'il est l'objet d'une agression armée. Et c'est à moyen terme que l'on pourra observer les répercussions de cette clause sur le Canada.

La mise en application officielle de l'article 5 a pris quelques semaines. Ce délai s'explique par la nécessité pour les États-Unis d'établir la responsabilité étrangère des attaques. Dans ces circonstances, l'opération *Apollo* a été déclenchée le 2 octobre 2001. Initialement, la contribution canadienne avait été de fournir un groupe opérationnel naval (frégates, *destroyer*, navire de ravitaillement), un CC-150 Polaris, deux avions de surveillance maritime CP-140 Aurora et trois CC-130 Hercules[8]. De plus, les Forces opérationnelles interarmées 2 (FOI 2), formées de soldats ayant une formation antiterroriste hautement spécialisée, ont été déployées en Afghanistan en décembre[9].

Au cours des négociations sur l'établissement d'une force multinationale onusienne à Kaboul sous com-

---

8. Site du ministère de la Défense (http://www.dnd.ca), section «opération courante».

9. Propos du ministre de la Défense lors de son passage devant le Comité permanent de la Défense nationale et des Anciens Combattants, 17 janvier 2002.

mandement britannique, le Canada a proposé l'envoi d'un groupe tactique. Les Britanniques ont demandé 200 ingénieurs militaires canadiens et le remplacement de leurs soldats par le groupe tactique dans les trois mois. Cette mesure visait la rotation des soldats tout en laissant le commandement de la mission intact[10].

Parallèlement, les Américains ont demandé l'assistance du Canada dans le domaine de la reconnaissance, au moyen notamment du véhicule Coyote qui a des capacités remarquables[11]. Les missions des deux compagnies du 3e bataillon de Princess Patricia's Canadian Light Infantry (3 PPCLI)[12] — qui comptaient 750 soldats — allaient des opérations de combat à la surveillance d'un périmètre établi. «Il [était] prévu que la mission dure au maximum six mois[13] », et les militaires sont revenus au Canada fin juillet-début août 2002, à l'exception des forces navales et aériennes canadiennes qui poursuivent l'opération *Apollo*.

Les mesures législatives

Le 11 septembre 2001 a incité le gouvernement fédéral à légiférer en vue de clarifier et de mettre de l'ordre dans son dispositif législatif relatif à la protection civile et à la lutte contre le terrorisme. Tout d'abord, le projet de loi C-42 : Loi sur la sécurité publique a été adopté en première lecture par la Chambre des communes le 22 novembre 2001. Ce projet de loi constitue l'une des trois réponses législatives du gouvernement aux événements du 11 septembre. Ensuite, le projet de loi C-36 : Loi antiterroriste a reçu la sanction royale le 18 décembre 2001. Enfin, le 28 novembre 2001, la Chambre des communes approuvait à l'unanimité une

---

10. Ibid.
11. Ibid.
12. Site du MDN, «Opération courante».
13. Propos du ministre de la Défense, *op. cit.*, 17 janvier 2002.

motion proposant de supprimer de l'article 5 du projet de loi C-42[14] le nouvel article 4.83 de la Loi sur l'aéronautique. Le même jour, elle en faisait l'objet de l'unique article du projet de loi C-44, afin d'accélérer son adoption en le soustrayant aux délibérations relatives au projet de loi C-42. Le projet de loi C-44 a reçu la sanction royale le 18 décembre 2001. L'étendue des dispositions de la loi sur la sécurité publique affecte de nombreuses lois dont la Loi sur l'aéronautique, la Loi sur l'Administration canadienne de la sûreté du transport aérien, le Code criminel, la Loi sur la quarantaine ainsi que d'autres mesures législatives relatives à la sécurité et à la protection civile[15]. En tout, près de vingt lois et neuf ministères sont touchés. La Loi sur la Défense nationale a d'ailleurs également été modifiée.

Il y a principalement six nouvelles modifications à la Loi sur la Défense nationale (LDN)[16] proposées par le projet de loi C-42. La première est l'ajout du terme «conflit armé» à la définition de l'«état d'urgence». Depuis la fin de la Guerre froide, le monde connaît plus de guerres larvées que de guerres déclarées. Avec cet ajout, le gouvernement pourrait utiliser les forces canadiennes de manière beaucoup plus efficace, car plusieurs pouvoirs prévus dans la LDN relèvent directement du concept d'«état d'urgence»[17]. La deuxième modification est que le juge militaire en chef pourra nommer des officiers de réserve volontaires, qualifiés et ayant une expérience préalable en tant que magistrats, afin de

---

14. Pour le texte intégral du «Projet de loi C-42 : Loi sur la sécurité publique» voir Bibliothèque du Parlement, [en ligne] (http://www.parl.gc.ca/common/bills_is.asp?lang=f&ls=c42&source=library_prb&parl=37&ses=1).

15. Transport Canada, *La loi de 2002 sur la sécurité publique améliore le cadre législatif servant à combattre le terrorisme et assurer la sécurité publique*, communiqué de presse, 29 avril 2002.

16. Pour le libellé de la Loi, voir (http://lois.justice.gc.ca/fr/N-5/).

17. Présentation du colonel Dominic McAlea, conseiller juridique adjoint (Militaire) MDN et forces canadiennes, devant le Comité permanent de la Défense nationale et des Anciens Combattants, 6 décembre 2001.

résoudre les problèmes causés par une augmentation des fréquences opérationnelles[18]. La troisième modification est la création de «zones de sécurité militaire temporaires» afin de protéger les forces canadiennes et les membres des forces étrangères présentes au pays ainsi que l'équipement situé à l'extérieur des établissements du MDN. Pour qu'une zone de sécurité militaire temporaire soit désignée, certaines règles s'appliquent. Une zone sera créée dans le but de protéger les relations internationales, la défense ou la sécurité nationale. Elle le sera sur décision du ministre de la Défense nationale, seul autorisé à créer une telle zone sur la recommandation du chef d'état-major de la Défense (CEMD). Cette zone devra être de grandeur raisonnable et valide pour une période maximale d'un an renouvelable. La quatrième modification à la loi oblige les employeurs civils à réintégrer dans leur emploi les réservistes qui sont appelés en service obligatoire[19]. La cinquième modification permet au MDN de s'assurer et de protéger les systèmes informatiques contre une utilisation altérant le bon fonctionnement des forces canadiennes et du MDN[20]. Enfin, la sixième modification concerne l'aide au pouvoir civil : le ministre de la Défense sera autorisé à donner des instructions au CEMD[21]. Ces modifications sont de nature qualitative et opérationnelle et sont destinées à faciliter les tâches anti-subversives des forces militaires et de sécurité.

Le budget

Afin d'aider les différents ministères à combattre le terrorisme, le ministre des Finances a annoncé, dans le budget spécial du 10 décembre 2001, une augmentation

18. Ibid.
19. Ibid.
20. Ibid.
21. Ibid.

des dépenses liées à la sécurité, de l'ordre de 7,7 milliards de dollars sur cinq ans. Les services de renseignement et les forces de l'ordre se partageront 1,6 milliard, le contrôle frontalier 2,2 milliards, et la sécurité aérienne 2,2 milliards. La protection civile et le déploiement militaire se verront attribuer 1,6 milliard[22]. Pour les forces canadiennes, ce budget ne signifie pas un apport supplémentaire : il va simplement permettre de couvrir les frais reliés à la campagne antiterroriste. Le gouvernement a voulu que cette allocation budgétaire soit une manifestation claire du choix gouvernemental quant aux rôles et responsabilités des agences de première ligne dans la campagne antiterreur et constitue une mesure d'aide aux secteurs sous-financés. Quelle que soit l'intention du gouvernement, ce budget de circonstances est une réponse aux inquiétudes américaines quant à la vulnérabilité de son voisin du Nord.

Les attaques du 11 septembre auront certainement un impact considérable sur la rédaction d'un nouveau *Livre blanc* ou d'une mise à jour de la politique de défense. Il y a, de toute évidence, une leçon à tirer : « les terroristes peuvent créer des armes dotées d'un pouvoir destructeur comparable aux grands armements des États, les utiliser pour frapper les centres de gravité et infliger des pertes humaines, psychologiques, politiques, et catastrophiques à un État[23]. » Combattre le terrorisme n'est donc plus la chasse-gardée des forces militaires. Les militaires canadiens, comme d'ailleurs leurs collègues des États membres de l'OTAN, sont entraînés pour conduire une guerre classique contre les États du Pacte de Varsovie dans les grandes plaines de l'Europe.

---

22. Pour plus d'information, voir (http ://www2.canoe.com/infos/ dossiers/archives/2001/12/2001-1210-191651.html).

23. Rapport du Comité permanent de la Défense nationale et des Anciens Combattants, *Faire face à nos responsabilités : l'état de la préparation des Forces canadiennes*, Ottawa, mai 2002.

Néanmoins, lorsque l'on regarde le relief et le climat de l'Afghanistan, force est de constater que les forces de l'OTAN n'y sont pas nécessairement préparées. À cela, il faut ajouter l'instabilité politique, l'effervescence religieuse et le désintérêt pour le monde extérieur. C'est dans cet environnement que se dérouleront un certain nombre d'opérations futures.

À ces difficultés sur lesquelles le Canada n'a aucune prise, il faut ajouter le manque d'équipements appropriés dans certains secteurs. Par exemple, les soldats du 3e PPCLI (Princess Patricia's Canadian Light Infantry) ont pris quelques semaines avant de pouvoir être déployés en Afghanistan. La raison principale de ce contretemps réside dans l'absence de moyens de transport à grand rayon d'action aussi bien dans le secteur aérien que maritime, absence qui impose un recours aux appareils de transport américains pour se rendre sur le théâtre des opérations. D'autant plus que les priorités américaines ne coïncident pas toujours avec celles du Canada. Les forces canadiennes ne pourront jamais réaliser la nouvelle stratégie « sitôt arrivé, sitôt parti » sans des avions de transport à grand rayon d'action leur donnant une plus grande souplesse et une capacité réelle et rapide de déploiement. Leur arrivée, comme leur départ, dépend de la bonne volonté des alliés qui auront des priorités différentes au moment des crises. Le délai de déploiement au cours de l'opération *Apollo* démontre l'importance du transport stratégique, et il ne serait pas étonnant que le gouvernement fasse, en fin de compte, l'acquisition de cette capacité.

La tragédie du 11 septembre oblige le Canada à défendre ses frontières avec les États-Unis pour la première fois depuis 1812. En effet, le Canada a toujours eu à préserver ses intérêts vitaux, ou ceux des autres, à l'extérieur de ses propres frontières. Le 11 septembre et sa dynamique ont obligé le Canada à prendre des mesures sur son territoire dans le but de défendre sa population et ses intérêts : l'ennemi est désormais à l'intérieur. De ce fait, la défense du territoire national est devenue la priorité du MDN et des forces canadiennes.

Pour défendre le territoire national, il faut une force crédible. Les forces canadiennes n'ont jamais été aussi actives sur la scène internationale. Plus de 4000 soldats sont aujourd'hui déployés dans treize missions sur trois continents. L'augmentation du nombre de missions contraste avec la réduction des effectifs des forces régulières qui sont passés de 87 000 en 1989 à 60 000 en 2000. Cette réduction affecte également les employés civils des forces canadiennes : ils étaient 40 000 dans les années 1970 pour environ 20 000 au cours des dernières années. Maigre consolation dans cette course aux coupures, la force de réserve passe de 22 000 dans les années 1970-1980 à 29 000 en 1997. Moins de soldats, plus de missions. Cela signifie que ce sont toujours les mêmes qui vont d'une mission à une autre jusqu'à leur épuisement. Cette pratique affecte sérieusement la qualité de la préparation des soldats canadiens. En dépit de ces difficultés et en vertu de la tradition canadienne, les militaires canadiens ont toujours répondu positivement à l'appel des politiques.

La fin de la Guerre froide et la compétition entre les différents ministères ont eu un impact négatif sur le budget alloué au MDN. Par exemple, de 1993 à 1998, ce budget a été amputé de 23 %[24]. Ce n'est que récemment que le budget des forces canadiennes connaît un timide mouvement à la hausse.

Le choc initial passé, l'administration américaine prend de nombreuses initiatives en matière militaire et

---

24. Ces chiffres sont présentés par le brigadier-général Marc Caron, comandant du secteur du Québec de la force terrestre au colloque « Les nouvelles menaces à la sécurité : Où va le monde ? Où va la Canada ? », Chaire Raoul-Dandurand en études stratégiques et diplomatiques, UQAM, Montréal, 24 mai 2002.

de sécurité. L'implication du Canada dans les systèmes de sécurité nord-américain et occidental le soumet de fait aux décisions de Washington. Le secrétaire américain à la Défense, Donald Rumsfeld, a annoncé, le 17 avril 2001, la création d'un nouveau commandement unifié, appelé « Commandement nordique » (*Northern Command*). Cette nouvelle structure sera opérationnelle le 1er octobre 2002 et aura la responsabilité de la sécurité du territoire national américain. La zone d'intérêt du Commandement nordique recouvrira l'Amérique du Nord et une zone aérienne et maritime périphérique de 500 milles nautiques. Ce commandement doit soutenir les autorités civiles et coordonner les activités de toutes les forces américaines dans cette zone. Le commandant sera également responsable de la coopération en matière de sécurité et de la coordination militaire avec le Canada et le Mexique.

Cette mesure révèle la détermination des États-Unis de se défendre par tous les moyens. Néanmoins, de nombreuses questions demeurent sur le fonctionnement du Commandement nordique, notamment sur ses effets sur le Canada et le Mexique dont la sécurité est désormais étroitement liée à celle des États-Unis. En effet, la protection des territoires respectifs des deux pays dépend directement de cette collaboration[25]. Si les États-Unis ne sont pas persuadés de l'efficacité des mesures prises par le Canada, ils assureront seuls la défense du continent. L'intérêt national du Canada sera donc mieux servi si les Américains ne se replient pas sur eux-mêmes. C'est pourquoi de nombreux observateurs des relations bilatérales jugent que l'implication du Canada dans ce projet est nécessaire. Si le Canada se

---

25. Pour un bilan de certains aspects de ce rapport, voir Michel Fortman et David G. Haglund, « Le Canada et la question de la sécurité du territoire : l'"exemption de Kingston" tient-elle toujours ? », *Revue militaire canadienne*, vol. 3, n° 1, printemps 2002, p. 17-22.

met à l'écart des changements voulus par les États-Unis, il risque de perdre l'influence qu'il a acquise avec le partenariat privilégié en matière de défense.

La souveraineté nationale souffrira-t-elle de l'engagement du Canada dans le projet de Commandement nordique et du programme national américain de défense antimissile (NMD) ? Selon le vice-premier ministre John Manley, le fait de collaborer avec les États-Unis en matière de sécurité continentale n'altère en rien la souveraineté du Canada. L'intérêt du Canada réside en fait dans une étude des diverses options. Donc, pour ne pas subir les décisions unilatérales de Washington, le Canada doit poursuivre une politique active pour influencer la portée, les moyens et la structure de la collaboration bilatérale et jouer un rôle actif dans son évolution.

Il reste à déterminer la nature des rapports entre le Commandement nordique, le NMD et le NORAD[26]. L'accord du NORAD peut servir au besoin de point de référence dans ce genre de collaboration. Il contribue à préserver la souveraineté du Canada grâce à un mécanisme de consultation entre les deux pays, à une structure régionale respectant les limites de souveraineté, à la possibilité de consulter des représentants supérieurs de la sécurité nationale américaine, à l'affectation limitée de forces permanentes et à l'approbation des mesures, au niveau national et au cas par cas. Le Canada et les États-Unis sont libres d'agir indépendamment du NORAD et aucun des deux États n'est automatiquement tenu de suivre l'action unilatérale de l'autre. Aussi toute évolution de la collaboration en matière de défense devrait-elle intégrer cette dimension.

$$\star\ \star\ \star$$

---

26. Voir le site de Defense Link (http://www.defenselink.mil/news/may2002/b05312002_bt279-02.html).

Les attaques terroristes du 11 septembre 2001 ont grandement affecté le ministère de la Défense nationale et les forces canadiennes. L'immédiateté et la promptitude de la réponse gouvernementale tiennent largement au dévouement et à la réaction rapide du personnel des bases vers lesquelles des avions ont été déroutés. Les forces canadiennes ont été mises en état d'alerte élevée et se sont préparées pour répondre aux éventuelles demandes d'aide venant des États-Unis.

À moyen terme, le MDN et les forces canadiennes ont réagi aux attaques en déployant près de 4000 militaires[27] dans le cadre de l'opération *Apollo* tout en poursuivant leurs tâches courantes. Le MDN a dû payer les frais de l'opération à partir de son budget courant en attendant le transfert des fonds — destinés à couvrir le coût d'opération — du ministre des Finances. Enfin, le dispositif législatif a été amendé de telle sorte qu'il devrait être plus aisé dorénavant de réagir rapidement à la menace terroriste, tandis qu'est renforcée la sécurité des citoyens.

À moyen et à long terme, le Canada devrait revoir sa stratégie militaire et de sécurité, et reconsidérer sérieusement la notion de menaces asymétriques dans un nouveau livre blanc. Le Canada doit acquérir des moyens de transport stratégiques en vue d'augmenter la rapidité de déploiement de ses forces. Enfin, les attaques terroristes ont changé la vision que le Canada avait de la sécurité intérieure. Le temps de l'innocence est révolu. La sécurité est devenue un souci général et une responsabilité collective : elle passe par l'exercice d'une vigilance non paranoïaque dans la phase pré-attaque. Les opérations policières et militaires qui constituent la phase de réaction sont des tâches spécialisées, qui ne sous-tendent pas une militarisation de la lutte contre le terrorisme et

---

27. Pour un compte rendu de l'opération présenté par le général R. Hénault, voir Communiqué du CEMD, 2 mai 2002.

la répression des libertés civiles. La guerre antiterroriste doit être bonifiée par une série de mesures novatrices. Par exemple, il est utile d'ouvrir les institutions d'éducation post-secondaires et l'Académie de défense du Canada aux officiers étrangers, notamment ceux des pays du tiers-monde. De telles mesures seront beaucoup moins coûteuses que la participation à une campagne militaire, tout en permettant pleinement l'exportation des valeurs internationalistes du Canada. Cela ne doit pas être interprété comme une approche molle face aux réalités dures ; il s'agit plutôt d'une approche pratique susceptible de générer des résultats durables. Le Canada doit regarder plus loin que ses frontières et intervenir internationalement sur les plans sociaux, économiques, politiques, notamment contre le trafic des drogues, le blanchiment d'argent, ou encore l'immigration illégale.

Il faut accroître et contrôler de plus près l'aide au développement, l'aide au pouvoir civil et l'aide à la démocratisation afin de briser le monopole de paix limitée engageant les Occidentaux et les anciennes possessions de l'empire communiste en Europe. Il est primordial d'élargir la notion et la pratique de la formule du Partenariat pour la Paix (PpP) ou de mettre sur pied d'autres mécanismes stabilisateurs selon les réalités de chaque région.

Le Canada doit améliorer le système de collecte, d'analyse et d'échange de renseignements entre le fédéral et les provinces ainsi qu'avec ses alliés afin de répondre de manière appropriée aux menaces asymétriques. Puisque le terrorisme frappe indistinctement, le combattre doit être une responsabilité collective.

Références bibliographiques

Défense nationale, *Guide de la planification de la défense 2001*, Ottawa, 11 avril 2000, 169 p. (chap. 1 et 2).

Louis A. Delvoie, « A Not So Benign New Century. Conventional Security Challenges to Canadian Interests », *International Journal*, vol. LVII, n° 1, hiver 2001-2002.

David G. Haglund, *Over Here and Over There. Canada-U.S. Defence Cooperation in an Era of Interoperability*, numéro spécial de *Queen's Quarterly*, Conference of Defence Associations Institute, 2001, 279 p.

Norm Hillmer et Maureen Appel Molot (dir.), *Canada Among Nations 2002 — A Fading Power*, Toronto, Oxford University Press, 2002, 320 p.

Joseph T. Jockel, *The Canadian Forces : Hard Choices, Soft Power*, Toronto, Canadian Institute of Strategic Studies, 1999, 132 p.

Sites Internet

D-Net (site de la Défense nationale du Canada)
http ://www.dnd.ca/fr/

Northern Command (Commandement nordique)
http ://www.globalsecurity.org/military/agency/dod/northcom.htm

Organisation du Traité de l'Atlantique Nord (OTAN)
http ://www.nato.int/home-fr.htm

Revue militaire canadienne
http://www.journal.dnd.ca/vol3/no1_e/index_e/index_f.html

The Centre for Military and Strategic Studies
http ://www.stratnet.ucalgary.ca/research/

11

La sécurité économique à l'ère de l'hégémonie américaine

SYLVAIN F. TURCOTTE

Les questions de sécurité nationale auxquelles les États sont confrontés ont pris un virage radical au cours de la dernière décennie. Si l'agenda de la sécurité a été entièrement dominé par les risques associés à la menace nucléaire durant la Guerre froide, on a vu, depuis peu, s'insérer dans les débats publics des références à de nouvelles formes de sécurité. Ainsi, les problèmes de pollution ont mené à une réflexion approfondie sur la sécurité environnementale des États qui s'intéressent maintenant aux stratégies de développement durable. La sécurité alimentaire constitue également un lieu nouveau de réflexion. Elle préoccupe, d'un côté, les États incapables de produire assez de ressources alimentaires pour assurer leur autonomie face à la fluctuation des marchés agricoles internationaux, et de l'autre, les États développés, confrontés à des enjeux liés à la qualité de la production agricole. Ces nouveaux aspects de la sécurité peuvent tout autant remettre en question la stabilité des États sur le plan national qu'accroître leur vulnérabilité face aux événements internationaux.

Mais c'est la notion de sécurité économique qui a provoqué le plus de débats et d'écrits car elle touche aujourd'hui à un aspect crucial de la sécurité nationale.

Elle correspond en effet au maintien de l'intégrité struc-
turelle des économies nationales et de leur capacité de
croissance dans un contexte marqué par des risques et
des menaces à la fois intérieures et extérieures. Parce
qu'il touche l'ensemble des États, ce thème est vaste,
complexe et couvre de multiples dimensions. Une des
leçons des attentats du 11 septembre est qu'ils étaient
intimement associés à la sécurité économique de l'Amérique du Nord. D'une part, parce que dans l'esprit de
leurs auteurs, la destruction des tours jumelles devait
mener les États-Unis à une crise économique profonde.
En effet, avec ces attentats, le cœur financier du pays
devait être éliminé, privant ainsi celui-ci des ressources
financières et des moyens néséssaires au maintien de
maintenir la croissance à court et peut-être même à
moyen terme. D'autre part, parce que même s'ils n'ont
pas eu lieu sur le territoire canadien, les attentats du
11 septembre pouvaient également avoir un impact direct
sur la sécurité économique du Canada. Ils risquaient en
effet d'affecter lourdement l'économie de son partenaire
commercial principal et, par conséquent, de provoquer
une crise due au ralentissement économique prolongé
des États-Unis. La sécurité économique peut donc
prendre des formes différentes selon la nature et la situation des États qui la recherchent. Malgré sa complexité
et la multiplicité de ses enjeux, tous les États l'ont placée
au sommet de la hiérarchie dans leur nouvel agenda de
sécurité au cours de la dernière décennie.

Un nouvel enjeu ?

Malgré ses aspects novateurs, la recherche de la sécurité économique ne constitue pas à proprement parler
un objectif inédit que se seraient donné les États à la fin
du xxe siècle. Dans l'histoire, bien des conflits internationaux étaient motivés par des besoins alimentaires ou
encore par la nécessité de garantir l'accès à des res-

sources indispensables à la poursuite du développement national. Ce lien entre la sécurité et l'économie a toujours été déterminant dans la conduite des affaires publiques car il touche un aspect vital du bien-être des populations, mais la menace nucléaire en avait considérablement réduit l'importance. Toutefois, la recherche de la sécurité économique s'est à nouveau imposée au sommet de l'agenda de sécurité des États depuis une dizaine d'années en transformant profondément la hiérarchie des priorités. Selon certains spécialistes, deux raisons expliqueraient ces changements radicaux dans les questions de sécurité des États depuis le début des années 1990[1] : d'une part, la fin de la Guerre froide et, d'autre part, la mondialisation de l'économie.

La disparition des fortes tensions associées à la Guerre froide a considérablement transformé l'agenda de sécurité des États. L'évolution surprenante du système international au début des années 1990 a rendu nécessaire le renouvellement des alliances et des priorités de tous les acteurs étatiques. Le changement est radical car, de la Seconde Guerre mondiale jusqu'à la chute du mur de Berlin, la menace constante d'une guerre nucléaire déterminait les choix des États en matière de sécurité. Les grandes puissances étaient occupées à maintenir l'équilibre de la terreur et le développement économique était souvent motivé par des nécessités militaires. Le système bipolaire assurait la protection des petits États qui s'associaient à l'une ou à l'autre des deux grandes puissances de l'époque et profitaient de leurs capacités économiques pour assurer leur développement. Certains petits pays de l'Asie de l'Est ont su rapidement tirer profit de la situation en favorisant des alliances avec les États-Unis qui, en contrepartie, leur

---

1. Voir entre autres l'excellent texte de Chungly Lee, « On Economic Security », dans Roberts G. Wilson (dir.), *An Asia Pacific Security Crisis ? New Challenges to Regional Stability*, Wellington, Nouvelle-Zélande, 1999, p. 67-83.

ont ouvert le vaste marché national américain. Il s'agissait pour Washington de montrer aux populations asiatiques que le capitalisme était préférable au socialisme et qu'une alliance avec les États-Unis était synonyme de croissance et de développement. En revanche, Cuba, dans les Amériques, ainsi que beaucoup d'États africains, ont profité des largesses de l'Union soviétique qui faisaient de ces pays les porteurs du flambeau socialiste dans les régions en développement. Moscou et Washington avaient les mêmes objectifs, les avantages accordés aux petits pays de l'hémisphère Sud faisant partie intégrante d'une lutte idéologique qui s'exprimait à l'échelle mondiale.

La mondialisation de l'économie constitue l'autre facteur qui a transformé radicalement l'agenda de sécurité des États au cours de la dernière décennie. La libéralisation des échanges commerciaux dans la plupart des régions du monde, la très grande mobilité des capitaux à l'échelle planétaire et la part de plus en plus importante du commerce intra-firmes dans les flux de marchandises internationaux ont altéré les moyens et l'aptitude des États à contrôler les ressources pour assurer le développement national. À l'aube du XXIe siècle, les enjeux nationaux n'ont jamais été aussi directement soumis aux facteurs et aux fluctuations externes. Les pressions sont telles qu'aujourd'hui même les systèmes nationaux de sécurité sociale sont remis en question par la mondialisation de l'économie. C'est pourquoi, par exemple, l'achat des grandes firmes suédoises par des capitaux américains exerce de fortes pressions sur l'État-providence national qui doit s'adapter à la dénationalisation de l'économie. La marge de manœuvre des États est presque partout remise en question par la création d'un vaste marché mondial qui ne peut être régulé, comme l'étaient les économies nationales keynésiennes de l'après-guerre.

À l'exception des États-Unis, qui ont conservé leur statut de grande puissance militaire et les implications pratiques qui y sont associées, pour tous les pays, la fin de la Guerre froide et la mondialisation des marchés ont rendu nécessaire une véritable révolution dans la conduite des affaires publiques. Aujourd'hui, les États sont exposés aux chocs économiques externes et ne peuvent plus compter sur une grande puissance pour faciliter leur développement. Cette transformation radicale du système international au cours des dernières années implique un passage de la puissance militaire à la puissance économique ainsi qu'une transition de la compétition idéologique à la compétition économique[2]. Signe des temps, la diplomatie commerciale est désormais un facteur clé de résolution des tensions internationales et les nombreux conflits commerciaux qui opposent les États-Unis et l'Union européenne absorbent de plus en plus de ressources qui auraient pu sans aucun doute être mieux utilisées ailleurs. En effet, les deux principaux acteurs du système économique mondial se sont lancés dans une spirale qui se complexifie rapidement sous l'effet du nombre croissant d'équipes de négociateurs luttant pour la préservation des marchés traditionnels et pour assurer leur présence au sein des économies émergentes.

La chute du bloc communiste et la prédominance du capitalisme en tant qu'idéologie ont redonné aux préoccupations économiques l'importance qu'elles avaient dans la conduite des affaires publiques. En outre, la mondialisation des marchés et la vulnérabilité des États aux chocs externes ont donné à la recherche de la sécurité économique un aspect hautement prioritaire. Dans un tel contexte, on doit s'attendre à ce que les conflits armés aient de plus en plus des fondements économiques,

---

2. Christopher Dent, « Singapore's Foreign Economic Policy : The Pursuit of Economic Security », *Contemporary Southeast Asia*, vol. 23, n° 1, 2001, p. 1-23.

comme la guerre du Golfe l'a montré en 1991, quelques années seulement après la chute du mur de Berlin et la fin de l'ordre bipolaire.

Le concept de sécurité économique

Malgré sa clarté apparente et les références naturelles à la stabilité et à la prospérité qu'implique une réflexion alimentée par la notion de sécurité économique, il s'agit d'un concept flou. En fait, la plupart des travaux en viennent à une conclusion plutôt contradictoire : dans le cadre d'une économie mondiale capitaliste, la recherche de la sécurité économique serait illusoire.

Cette contradiction peut être illustrée en distinguant les différentes configurations politiques et économiques du système international actuel[3]. Les structures politiques du système international sont très fragmentées et les États dominent toujours le système. Les États, unités politiques du système international, vont souvent préférer l'unilatéralisme à la collaboration, et ce même si les tendances à la régionalisation de l'économie mondiale semblent témoigner d'un lent changement de logique. Puisqu'il n'existe pas de gouvernement mondial et que l'Organisation des Nations unies est trop souvent soumise à la volonté des plus puissants, le système politique international demeure une structure hétérogène au sein de laquelle prévalent les logiques individuelles. D'ailleurs, le nombre d'États souverains augmente régulièrement depuis quelques années. À l'inverse, les structures économiques du système international sont beaucoup plus intégrées car les différents changements que l'on associe désormais à la mondialisation des marchés ont renforcé fortement les relations d'interdépendance entre les différentes économies

---

3. La plupart des travaux portant sur la sécurité économique des États s'inspirent de l'analyse que Barry Buzan a développée dans *People, States and Fear*, Boulder (Colo.), Lynne Rienner Publisher, 1991.

nationales. L'extension des réseaux de commerce, d'investissement et de production au niveau mondial a permis la création d'un grand marché en voie d'unification, alors qu'une telle évolution est beaucoup moins visible sur le plan politique.

Ces divergences dans la configuration des espaces politiques et économiques au niveau mondial ont un effet direct sur les États qui ont perdu les moyens qu'ils avaient développés pour assurer la régulation des économies nationales. Puisque aucune intervention au niveau mondial n'est possible, compte tenu de l'inexistence d'un gouvernement mondial, la mondialisation de l'économie ne peut être envisagée à l'extérieur de la logique du marché. Et dans une économie mondiale de nature capitaliste, la recherche de sécurité contredit les principes mêmes de ces rapports d'échanges, car les États agissent dans un environnement qui repose sur la concurrence et le risque, deux caractéristiques fondamentales associées à l'économie de marché.

Il est donc tout à fait impossible de considérer le marché mondial autrement que comme une source constante d'insécurité pour les États qui y prennent part. Puisque le développement économique implique maintenant une compétition pour des marchés et des ressources dont la rareté constitue la principale caractéristique, il est juste de considérer que les États se retrouvent nécessairement dans une situation où il y a toujours des gagnants et des perdants. En ce qui concerne les risques économiques, la sécurité absolue est en fait impossible à atteindre, à moins que la voie de l'autarcie ne soit privilégiée. Cette dernière option reste toutefois peu attrayante au vu des échecs flagrants de ce type d'expérience qui remet en question les économies d'échelle et la division du travail, deux principes moteurs de la croissance à l'ère des stratégies néolibérales.

Malgré cette contradiction qui remet en cause l'existence d'un état de sécurité économique absolue, la recherche d'une sécurité relative est toutefois possible. La littérature spécialisée identifie généralement deux dimensions distinctes de la sécurité économique, et chacune d'elles est associée à une situation particulière en terme de capacité d'action des États dans le cadre d'une économie mondialisée marquée par des affrontements de nature commerciale[4]. D'une part, il serait nécessaire d'identifier les capacités économiques des États qui veulent maximiser leur sécurité, ce qui fait ici référence aux différents moyens dont ils disposent pour réduire leur vulnérabilité sur le plan interne et externe. Il s'agit ici de sécuriser la stabilité et la croissance, et plusieurs aspects des rapports économiques internationaux sont à la portée des États qui s'aventurent dans cette voie. Il s'agit aussi de parvenir à développer certaines capacités d'adaptation à l'évolution du système économique international afin de réagir avec plus de souplesse aux changements venant de l'extérieur et de résoudre les problèmes spécifiques qui y sont associés. D'autre part, certains États ont les moyens d'assurer leur sécurité économique en transformant l'environnement externe selon des principes et des modalités qui leur donneraient un avantage face aux autres États. Il ne s'agit plus ici de prévenir les chocs externes en développant des capacités locales, mais bien d'imposer à la communauté internationale de nouvelles normes régissant le système économique mondial. Toutefois, cette capacité d'agir et de transformer l'économie mondiale n'est à la portée

---

4. Andrez Lubbe et Christopher Dent développent tous deux leurs analyses en distinguant ces deux types d'action en matière de recherche de sécurité économique de la part des États. À ce propos, voir Andrez Lubbe, « National Economic Security », *Polish Quarterly of International Affairs*, vol. 6, n⁰ 4, 1997, p. 59-76, ainsi que Christopher Dent, « Singapore's Foreign Economic Policy : The Pursuit of Economic Security », *Contemporary Southeast Asia*, vol. 23, n⁰ 1, p. 1-23.

que des États les plus influents. Les économies suffisamment puissantes pour réorganiser le système économique mondial afin de renforcer leur propre sécurité économique sont rares. En réalité, depuis la fin de la Guerre froide, seuls les États-Unis possèdent et utilisent de telles capacités.

Les changements économiques récents dans l'espace américain ainsi que la création de nouvelles alliances internationales, dont certaines étaient inconcevables à la fin des années 1980, sont le produit de ces nouvelles priorités au sommet de l'agenda de sécurité de tous les États de la région. Les nombreux accords commerciaux ratifiés depuis le début des années 1990 ainsi que le projet de continentalisation en cours de négociation sont la principale manifestation de cette recherche de sécurité économique. Celle-ci est, depuis lors, l'objectif de la plupart des États qui interagissent maintenant dans un environnement qui est beaucoup moins marqué par la menace nucléaire.

Sécuriser la stabilité et la croissance

Parmi les facteurs permettant de sécuriser la stabilité et la croissance, la nécessité d'assurer le maintien de l'approvisionnement compte sans aucun doute parmi les plus déterminants pour les économies sensibles aux chocs externes. Les États qui dépendent à des degrés divers des importations de biens de consommation ou de capital, des technologies étrangères ou du financement externe, comptent parmi les plus vulnérables car ils ne possèdent pas les éléments nécessaires à leur développement. C'est là la situation de la plupart des pays de l'hémisphère Sud, qui sont encore sur la voie de l'autonomie en matière de technologie et de financement. Cependant, très peu parviennent à résoudre ce problème essentiel, comme le Mexique est arrivé à le faire en devenant membre de l'Accord de libre-échange nord-américain (ALENA) à partir de janvier 1994. Mais les autorités mexicaines ont dû accepter le primat des objectifs de sécurité économique sur les fondements de la souveraineté nationale, ce que beaucoup d'observateurs mexicains reprochent encore aux politiciens à l'origine de ce changement de cap radical.

La participation mexicaine à l'ALENA est essentiellement le produit de la volonté du gouvernement du Mexique, qui était à la recherche de nouvelles politiques pour assurer la sécurité économique nationale suite à l'épuisement du modèle autocentré en vigueur depuis les années 1930. L'entente commerciale ratifiée avec les États-Unis et le Canada a beaucoup surpris car le Mexique avait toujours cherché à préserver son autonomie à l'égard de son grand voisin du Nord. Cependant, la crise du peso de décembre 1994 a offert aux plus critiques l'occasion de reconsidérer leurs analyses. Alors que la crise du système financier menait le pays à la faillite, ce qui aurait eu un impact colossal sur l'économie des États-Unis, Washington est intervenu massivement pour le remettre à flot. Institutionnalisée dans le cadre de l'ALENA, la nouvelle proximité entre les deux pays assure désormais au Mexique son approvisionnement en ressources productives et financières, peu importe la nature des situations auxquelles il est confronté. L'alliance Mexique/États-Unis offre une garantie aux dirigeants mexicains qui se considèrent maintenant immunisés contre les crises qui ont si souvent frappé le pays après la Seconde Guerre mondiale. Le Mexique étant désormais partenaire des États-Unis et du Canada au sein du marché nord-américain, l'amélioration de la sécurité économique mexicaine passe maintenant par la diversification des sources d'approvisionnement.

Le renforcement des capacités économiques des États cherchant à augmenter leur sécurité passe également par l'accès aux marchés d'exportation, qui doivent être maintenus ouverts peu importe la situation dans laquelle se retrouvent les pays qui absorbent la production nationale. Cet autre aspect de la sécurité économique est déterminant en ce qui concerne les États qui ne peuvent compter sur un important marché interne pour écouler leur production et touche autant les économies industrialisées que les pays en développement. L'augmentation des niveaux de sécurité passe alors nécessairement par des garanties d'accès aux marchés extérieurs, et l'ALENA a encore une fois permis non seulement au Mexique, mais également au Canada, de maintenir ouvert le marché américain qui absorbe plus de 80 % des exportations en provenance des deux pays.

La proposition de négociations commerciales adressée par le gouvernement Mulroney au gouvernement des États-Unis au milieu des années 1980 était motivée par un seul objectif : il s'agissait de protéger l'économie canadienne du protectionnisme américain, qui risquait de frapper durement les exportations nationales, dont une large part se dirigeait déjà vers le marché des États-Unis. Depuis 1989 pour le Canada, et depuis 1994 en ce qui concerne le Mexique, l'accès au plus grand marché du monde est maintenu constamment ouvert, et un aspect important de leur sécurité économique s'en trouve garanti. Ici encore, le renforcement de la sécurité passe nécessairement par la diversification des marchés d'exportation, une démarche que poursuivent la plupart des pays fortement concentrés sur un seul marché et qui sont entièrement soumis aux aléas économiques de leur partenaire commercial. D'ailleurs, le ralentissement de l'économie américaine en 2001 a durement frappé le Mexique, qui cherche depuis peu à se garantir l'accès à de nouveaux marchés en diversifiant ses partenaires commerciaux, sur la base de principes semblables à ceux en vigueur au sein de l'ALENA.

Sur le plan externe, la poursuite d'une stratégie visant à renforcer la sécurité économique d'un État passe également par la conclusion d'alliances et de partenariats internationaux avec des États et des acteurs non étatiques. Cette stratégie, fondamentalement politique, est souvent perçue comme un moyen de faciliter la poursuite des objectifs purement économiques. Compte tenu de la croissance rapide du régionalisme économique dans le monde, parallèlement à la hausse des niveaux de vulnérabilité de la plupart des États, il est possible d'établir une corrélation entre les stratégies de recherche de sécurité économique des acteurs étatiques et cette régionalisation accrue de l'économie mondiale. La coopération régionale serait donc un moyen de sécuriser les économies nationales en institutionnalisant des rapports commerciaux particuliers.

Dans les Amériques, le Brésil est sans aucun doute le pays où la transformation de l'agenda de sécurité à la suite de la Guerre froide et la mondialisation de l'économie ont marqué le plus profondément la politique étrangère. Depuis quelques années, Brasilia modifie radicalement son réseau d'alliances internationales pour répondre spécifiquement aux exigences de sécurité économique nationale. Par exemple, le Brésil a longtemps privilégié une alliance avec les États-Unis, pays avec lequel il partageait certaines valeurs libérales. Néanmoins, la nouvelle hiérarchie dans l'agenda de sécurité des États a conduit Brasilia à prendre un important recul par rapport à Washington et à construire de nouvelles alliances avec de grandes économies en développement, la Chine et l'Inde étant maintenant considérées comme des partenaires stratégiques — une situation inconcevable en pleine Guerre froide. Ces nouveaux partenariats correspondent à l'ouverture de nouveaux espaces sur la scène internationale et à l'importance que prennent maintenant les conflits de nature commerciale. Certains alliés d'hier sont devenus aujourd'hui des opposants qui cherchent à s'emparer de nouveaux marchés dans une économie mondialisée, ou à se tailler une place dans un système économique mondial qui répond aux exigences des plus puissants.

Transformer l'ordre économique international

La plupart des États peuvent chercher à s'adapter aux pratiques adoptées par les autres États pour élever leur niveau de sécurité économique. Pour diverses raisons, certains y arrivent plus facilement que d'autres, mais il s'agit là de la stratégie privilégiée par la plupart des pays, qui sont généralement condamnés à réagir aux changements externes pour minimiser les risques qui y sont associés. Toutefois, les États puissants ont le moyen de transformer l'économie mondiale pour l'adapter à leurs besoins de sécurité. À l'heure actuelle, l'Union européenne peut, sans aucun doute, agir en ce sens lorsque la configuration des rapports internationaux lui donne un avantage.

Mais ce sont avant tout les États-Unis qui se sont engagés dans un projet de réorganisation de l'économie mondiale selon des valeurs et des principes qui leur sont favorables. D'ailleurs, pour Washington, l'objectif est clairement exprimé : il s'agit d'exercer une influence directe sur le jeu de la concurrence dans les marchés internationaux afin de favoriser les entreprises nationales et d'alimenter la croissance américaine. Bien entendu, le but ultime consiste à renforcer le statut des États-Unis comme principal centre de gravité de l'économie mondiale. Il s'agirait en fait de parvenir à exercer des pressions sur le système économique international pour être en mesure d'imposer aux autres acteurs les principes associés au libéralisme économique qu'ils ont toujours privilégié sur le territoire national[5]. La

---

5. Christian Deblock et Dorval Brunelle, « Le projet de Zone de libre-échange des Amériques, un régionalisme en trois dimensions », dans Georges Couffignal (dir.), *Amérique latine 2000*, Paris, La Documentation française, 2000.

recherche de la sécurité économique ne se limite plus à se donner les capacités de réagir aux changements générés par le système économique international ; elle passe plutôt par le contrôle des forces favorisant la mondialisation des marchés.

Cette capacité dont profite Washington — qui lui donne les moyens de produire de nouvelles normes pouvant être imposées à la communauté économique internationale — représente une situation exceptionnelle résultant de la position hégémonique des États-Unis depuis la fin de la Guerre froide. Même si cette capacité de réformer le système normatif représente une stratégie permettant une hausse des niveaux de sécurité économique des États, elle tient à des situations qui sont tout à fait atypiques et ne peut être partagée. En somme, pour l'ensemble des États à l'exception de Washington, la sécurité économique fait aujourd'hui directement référence à leurs capacités d'adaptation à un environnement international changeant.

Phénomène central de l'après-guerre froide, la lente tripolarisation du monde, qui s'organise autour de Washington, de Bruxelles et du « couple » Pékin/Tokyo, est la conséquence de l'éviction de la sécurité traditionnelle associée à la menace nucléaire au profit de la sécurité économique. Cette réorganisation du monde est également le produit de la rencontre des capacités économiques des petits États, qui cherchent à se prémunir des chocs externes, et des moyens dont bénéficient les grandes puissances pour projeter leurs stratégies économiques à l'échelle mondiale. Dans ce contexte, il faut souhaiter que le multilatéralisme soit toujours préféré à la confrontation car une guerre commerciale de nature mondiale pourrait très rapidement replacer les questions de sécurité traditionnelle au sommet de l'agenda.

★ ★ ★

Les attentats du 11 septembre ont rendu nécessaire la prise en compte d'un nouveau type de sécurité économique. Cette nouvelle conception de la sécurité économique ne fait pas référence à une quelconque forme de vulnérabilité externe, mais touche cette fois à la capacité des infrastructures nationales à résister aux tentatives de destruction massive de terroristes cherchant à ralentir, sinon à paralyser, l'économie d'un pays. La destruction du World Trade Center avait précisément cet objectif, qui était intimement associé à la sécurité économique des États-Unis. Il s'agissait d'éliminer le cœur financier de l'Amérique du Nord et de provoquer une chute de la croissance aussi longue que possible[6].

Certains considèrent que ces événements requièrent une adaptation des politiques actuelles de sécurité économique à ces nouveaux enjeux, et ceci implique que le champ de l'économie soit lié à celui des études stratégiques. En effet, il ne s'agit plus de guerres ou de conflits commerciaux — le terrain traditionnel de la recherche en matière de sécurité économique —, mais bel et bien d'affrontements directs qui prennent des formes qui étaient encore insoupçonnées à la veille des attentats.

Il faut cependant souligner que la destruction des tours jumelles du World Trade Center n'aura jamais eu les effets escomptés par les terroristes. Au cours des semaines suivantes, les spécialistes ont tout d'abord cru que la perte de données et de capacités, autant humaines que matérielles, allait accélérer la récession amorcée aux États-Unis quelques mois auparavant. Quoique le système financier des États-Unis soit protégé par un système de duplication des données et des ressources dans différents lieux sur le territoire national, certains ont

---

6. Pour une analyse de l'impact que pourraient avoir ces nouvelles formes de terrorisme qui cherchent à remettre en cause les fondements de la sécurité économique des États, voir Thomas Homer-Dixon, « The Rise of Complex Terrorism », *foreign Policy*, février 2002.

maintenu la thèse de la crise économique profonde en la fondant cette fois sur l'impact psychologique des événements sur les consommateurs des États-Unis. Pourtant, une telle réaction n'a pas été observée. L'économie américaine montrait déjà, quelques mois après les attentats, des signes de reprise vigoureux, et l'indice de confiance des consommateurs était en hausse.

Cet aspect longtemps ignoré de la sécurité économique étatique semble pourtant ne s'appliquer qu'aux États-Unis, dont le statut de puissance hégémonique et les agissements au niveau international peuvent générer une hostilité de cette nature. En effet, à l'heure actuelle, seuls les États-Unis possèdent les moyens d'intervenir partout dans le monde, autant sur le plan militaire que politique et économique, et ceci les rend vulnérables à ce nouveau type de terrorisme imprévisible qui exploite de nouveaux moyens pour affaiblir les États. Bien qu'il soit encore trop tôt pour juger de la pertinence de cette nouvelle forme de vulnérabilité économique et de ses rapports avec la sécurité des États autres que les États-Unis, l'enjeu est important car il a ouvert la voie à de nouveaux types d'action dans les conflits internationaux. C'est ici que la sécurité économique se rapproche des questions de sécurité traditionnelle.

Références bibliographiques

Barry Buzan, *People, States and Fear*, Boulder (Colo.), Lynne Rienner Publisher, 1991.

Christian Deblock et Dorval Brunelle, « Le projet de Zone de libre-échange des Amériques, un régionalisme en trois dimensions », dans C. Couffignal (dir.), *Amérique latine 2000*, Paris, La Documentation française, 2000.

Christopher Dent, « Singapore's Foreign Economic Policy : The Pursuit of Economic Security », *Contemporary Southeast Asia*, vol. 23, n° 1, 2001, p. 1-23.

Thomas Homer-Dixon, « The Rise of Complex Terrorism », *Foreign Policy*, février 2002, p. 52-62.

Chungly Lee, « On Economic Security », dans Roberts G. Wilson (dir.), *An Asia Pacific Security Crisis ? New Challenges to Regional Stability*, Wellington, Nouvelle-Zélande, 1999, p. 67-83.

Andrez Lubbe, « National Economic Security », *Polish Quarterly of International Affairs*, vol. 6, n° 4, 1997, p. 59-76.

Sites Internet

Service canadien du renseignement de sécurité
http ://www.csis-scrs.gc.ca/eng/operat/es2_e.html

The Commission on Global Governance
« *An Economic Security Council* »
http ://www.cgg.ch/econtex2.htm

The White House « *Strengthening Economic Security* »
National Security, Science and Technology Strategy
http ://clinton1.nara.gov/white_house/eop/ostp/
nssts/html/chapt5.html

12

La guerre contre l'argent sale

MATHIEU ARÈS

En matière de lutte contre le blanchiment d'argent, les événements du 11 septembre 2001 marquent un tournant : la lutte contre le financement des groupes terroristes est désormais une composante stratégique du système de sécurité des États-Unis. La répression du financement des activités terroristes a constitué une dimension première de l'effort de guerre américain. Le message du président Bush livré au Congrès le 20 septembre 2001 ne pouvait être plus clair : on était soit allié, soit ennemi des États-Unis dans la guerre au terrorisme. Dès lors, on a assisté très rapidement à un réalignement quasi complet des positions de la communauté internationale en matière de blanchiment d'argent, du moins en ce qui concerne le financement du terrorisme. La nouvelle priorité accordée à la lutte contre le financement du terrorisme contraste en fait avec une vieille tolérance des gouvernements face aux autres types de blanchiment d'argent, comme l'évasion fiscale ou le recyclage du produit d'activités illicites et mafieuses.

Qu'est-ce que le blanchiment d'argent ?

La petite histoire veut que l'origine de l'expression « blanchiment d'argent » remonte aux années de la prohibition aux États-Unis et, plus exactement, à cette méthode développée par la mafia qui consistait à utiliser des commerces parfaitement légitimes — notamment des blanchisseries — pour rendre licites les énormes profits tirés de la contrebande d'alcool ou de toute autre activité de nature criminelle. Il s'agissait simplement de gonfler le chiffre d'affaires des commerces légitimes en ajoutant aux recettes quotidiennes une partie des profits tirés des activités illégales. Si la méthode s'est révélée efficace et est encore utilisée pour de petites sommes qui n'attirent guère l'attention, elle n'est pas sans défauts. C'est pourquoi les techniques de blanchiment d'argent sont devenues de plus en plus complexes, et les «blanchisseurs» d'argent ont appris à faire transiter par l'étranger, notamment par les paradis fiscaux, les fonds illicites, diminuant ainsi la capacité des autorités nationales à mener des enquêtes efficaces. La tâche est d'autant plus compliquée que les sommes blanchies peuvent utiliser d'autres mécanismes que les systèmes financiers nationaux et étrangers, tels que les activités de change, l'émission de crédit parallèle ou encore les casinos.

Il faudra attendre les années 1970 pour que l'expression «blanchiment d'argent» ne soit plus réservée au monde de la mafia et elle désigne désormais toute technique visant à dissimuler des fonds, quelle que soit leur provenance. On en vient ainsi à distinguer deux catégories de blanchiment d'argent, celle de l'argent «sale» — provenant d'activités criminelles — et celle de l'argent «noir» — dont la provenance est parfaitement légitime, mais qui vise l'évasion fiscale, la fuite de capitaux ou toute forme de dissimulation de capitaux, que ce soit par des particuliers, par des entreprises, par des groupes ou par des gouvernements.

Le blanchiment d'argent lié aux activités terroristes peut être mené de deux façons. D'une part, l'argent peut provenir d'activités illicites comme le trafic d'armes, l'extorsion de fonds ou le commerce de la drogue. Le rôle joué par les guérillas colombiennes d'extrême gauche et par les groupes paramilitaires dans le Triangle d'or dans la production et l'exportation de la drogue sont de ce premier type. D'autre part, l'argent peut venir d'un gouvernement qui utilise le blanchiment pour camoufler son appui à un groupe terroriste.

Il devient donc nécessaire de revoir la définition du terrorisme. Le financement secret par le gouvernement des États-Unis des activités de guérilla des *contras* au Nicaragua, ou encore des moudjahidins afghans durant les années 1980, peut-il représenter le financement d'activités terroristes? Ou s'agit-il tout simplement, comme Washington l'affirmait à l'époque, d'une aide à des « combattants de la liberté » dans leur lutte de libération nationale? L'idée n'est pas ici de faire un procès d'intention aux États-Unis, car d'autres cas pourraient être cités, comme l'aide financière que la Syrie offre au Hezbollah libanais, pour ne citer qu'un exemple perçu par les pays occidentaux comme un appui au terrorisme. Le but est plutôt de faire ressortir le fait que, dans ce type d'actions, la définition est associée à des considérations géopolitiques et varie souvent d'un État à l'autre. Il importe de souligner la difficulté inhérente à l'entreprise d'une action concertée à l'échelle mondiale.

Des montants colossaux

De par sa nature, le phénomène du blanchiment d'argent est très difficile à quantifier : les données directes n'existent pas, ce qui explique sans doute pourquoi les études empiriques qui y sont consacrées demeurent encore relativement rares, et dans le cas du financement des groupes terroristes, à peu près inexistantes[1]. En fait,

---

1. Ces diverses observations s'appuient sur Peter J. Quirk, « Macroeconomic Implications of Money Laundering », IMF, WP/96/66, juin 1996.

les études sont habituellement ponctuelles et décrivent généralement un circuit de blanchiment particulier. Si elles permettent de mieux connaître les mécanismes et les divers intervenants dans le processus de blanchiment, elles ne renvoient pas à une vision d'ensemble du phénomène.

Ce sont surtout les études macro-économiques portant sur l'économie souterraine qui offrent une perspective globale. Mais, encore là, la méthode n'est pas sans limites : les estimations du niveau de blanchiment varient de 4 à 33 % du PIB pour les États-Unis, de 4 à 12 % pour l'Australie, de 2 à 11 % pour l'Allemagne, de 10 à 33 % pour l'Italie, de 4 à 15 % pour le Japon, et enfin, de 1 à 15 % pour le Royaume-Uni[2]. Pour prendre la mesure du blanchiment d'argent, d'autres ont extrapolé le produit de certaines activités illicites comme le commerce de la drogue et l'évasion fiscale. À lui seul, le trafic des stupéfiants à l'échelle internationale représenterait annuellement entre 300 et 500 milliards de dollars américains (soit environ 2 % du PIB mondial) et l'évasion fiscale aux États-Unis s'élèverait à environ 5 % du PIB. Et si l'on tient compte des capacités techniques du fisc américain, on peut supposer que l'évasion fiscale pourrait être beaucoup plus élevée ailleurs, notamment dans les pays moins développés. En fait, toutes provenances confondues, le blanchiment d'argent à l'échelle internationale représenterait une somme située entre 590 milliards et 1,5 trillion de dollars américains, la limite inférieure représentant le PIB d'un pays comme l'Espagne[3] !

Quel que soit le volume actuel des opérations de blanchiment d'argent, il y a un consensus sur le fait que le

---

2. Carol S. Carson, « The Underground Economy : An Introduction (Measurement Methods) », *Survey of Current Business*, vol. 64, mai 1984, p.21-37.

3. FATF (Financial Action Task Force on Money Laundering), *Policy Brief, Money Laundering*, juillet 1999, (www1.oecd/fatf), p. 2.

phénomène ne peut que s'amplifier avec la mondialisation. D'une part, parce que, sous bien des aspects, la mondialisation concerne avant tout la circulation d'argent plutôt que l'échange de produits et services, et que la somme des capitaux qui, chaque jour, traversent les frontières nationales représente approximativement la totalité du commerce international d'une année! Ceci multiplie bien évidemment les occasions de transactions financières illicites et rend le contrôle des flux très difficile. D'autre part, avec la démocratisation des moyens de communication et l'avènement d'Internet, il est devenu très facile de gérer à distance l'ensemble de ses opérations financières outremer, qu'elles soient légales ou non. Et ce d'autant plus que les malfaiteurs, et par extension les groupes terroristes, ont déjà bénéficié largement de l'abolition des contrôles des mouvements de capitaux et de la libéralisation des systèmes financiers dans les années 1980 et 1990. L'internationalisation des activités illicites est sans doute la face cachée de la mondialisation.

En ce qui concerne le financement du terrorisme, un constat s'impose. Même en multipliant par deux ou par trois les sommes saisies et gelées depuis les attentats du 11 septembre (soit environ 105 millions de dollars à l'échelle internationale), on se rend rapidement compte que l'on est très loin des sommes colossales des autres types de blanchiment.

Le problème de la tolérance traditionnelle face aux paradis fiscaux

Il y a probablement autant de mécanismes qu'il y a de réseaux de blanchiment, chacun développant une filière propre. Toutefois, il existe un *modus operandi* commun dans la mesure où la plupart des réseaux font transiter les sommes à blanchir par des paradis fiscaux, et ces derniers remplissent trois fonctions importantes. D'abord, tout en donnant accès à une infrastructure financière de classe internationale, ils permettent d'effectuer des dépôts importants sans qu'il y ait de question sur la provenance des fonds. Ensuite, par la constitution de sociétés paravents, ils facilitent le transfert des profits et permettent ainsi d'échapper au fisc du pays où les profits ont réellement été générés. Enfin, et surtout, ils permettent de se soustraire à l'examen des autorités fiscales du pays d'origine ou, dans le cas du financement du terrorisme, à celui des agences de sécurité nationale et internationale. Ainsi, suivant la définition qu'en fait l'Organisation de coopération et développement économique (OCDE), un paradis fiscal est un État ou un territoire où il n'y a pas — ou très peu — d'impôt ; où les lois et la réglementation protègent d'une manière stricte le secret bancaire, prévenant ainsi le contrôle des autorités fiscales, où il n'y a que très peu de transparence au niveau du fonctionnement du système bancaire, et enfin où le développement du système financier ne correspond pas à un niveau d'activités économiques substantielles[4].

Grâce à ces quatre critères, on a pu dresser la liste des principaux paradis fiscaux à l'échelle mondiale. Ceux-ci sont, sauf exception, de petits États ou petits territoires enclavés ou insulaires. On note par ailleurs le grand nombre de territoires ou d'ex-territoires britanniques et la forte concentration de paradis fiscaux dans le grand bassin des Caraïbes. Ceci reflète le fait que les Britanniques et les Américains sont les champions occidentaux de l'évasion fiscale. La forte concentration des paradis fiscaux dans les Caraïbes montre également le besoin de recycler et de blanchir les profits colossaux tirés du narcotrafic, voire du détournement de fonds

---

4. OCDE (Organisation de coopération et de développement économique), *Concurrence fiscale dommageable. Un problème mondial*, Paris, OCDE, 1998, p. 24 et 26.

publics, ainsi que de la fuite de capitaux engendrée par l'instabilité économique et le risque de dévaluation en Amérique latine. Si, dans ces deux derniers cas, il ne s'agit pas à proprement parler d'opérations illicites, il reste cependant qu'elles peuvent engendrer des situations très délicates pour les pays d'origine.

Un élément polémique souvent avancé en faveur du maintien des paradis fiscaux est celui de la concurrence internationale. Pour plusieurs, l'opposition de certains pays développés à la suppression des paradis fiscaux se comprend avant tout en raison de collusions politiques. Et pour le gouvernement américain notamment, le niveau d'évasion fiscale engendrée par le transfert vers les paradis fiscaux de la totalité ou d'une partie des opérations financières des sociétés américaines correspondrait en gros à une subvention gouvernementale aux entreprises américaines. Celle-ci permettrait à ces entreprises de soutenir la concurrence « déloyale » des sociétés étrangères bénéficiant pour leur part d'une aide publique plus directe, comme les subventions aux exportations. Ainsi, d'un point de vue américain, les paradis fiscaux permettraient un certain rééquilibrage des normes de concurrence à l'échelle internationale. L'an passé, le gouvernement américain a défendu cette position et vilipendé l'OCDE, l'accusant d'outrepasser son mandat en s'intéressant aux politiques et pratiques fiscales de pays non membres que sont les paradis fiscaux, lorsque cette dernière a pris l'initiative de proposer un plan d'action visant à mettre au pas les pays profitant de l'évasion fiscale.

Compte tenu de la centaine de milliards de dollars en jeu, il ne faut pas être dupe. La propension d'un pays à contrer ou à soutenir les paradis fiscaux s'explique en grande partie par les coûts et les bénéfices du blanchiment d'argent et de l'évasion fiscale. Si l'évasion et la pression de la concurrence fiscales sur l'assiette de l'impôt national représentent des coûts certains, il reste que le blanchiment d'argent dans les paradis fiscaux rend des sommes colossales disponibles à l'investissement pour financer l'expansion industrielle. C'est donc en termes d'attractivité des sommes rendues ainsi disponibles que le calcul s'effectue, ce qui aide à mieux comprendre la permissivité en matière de paradis fiscaux des États-Unis ou de tout autre pays qui attire une part substantielle de l'investissement direct étranger. Sur ce plan, un affrontement se dessine entre les États-Unis et les grands pays de l'Union européenne. Ces derniers sont en effet plus sensibles aux distorsions en matière d'investissement et aux pressions fiscales engendrées par les paradis fiscaux en raison du processus d'intégration européenne.

Ce n'est pas un hasard si le Rapport de l'OCDE de 1998 portant sur les paradis fiscaux ne comportait aucune mention de la provenance des capitaux ou de leur utilisation ; il ne tentait d'ailleurs pas de quantifier les sommes détournées et se bornait à développer une méthodologie fine permettant d'identifier les divers paradis fiscaux, sans toutefois les nommer spécifiquement. Malgré ces divergences qui subsistent toujours à l'échelle internationale et qui entravent la nécessaire coopération dans le domaine de la lutte contre le blanchiment, il faut noter l'émergence d'une reconnaissance nouvelle du problème, notamment au niveau du recyclage du produit des activités criminelles et, depuis le 11 septembre 2001, en ce qui concerne le financement du terrorisme.

Les débuts de la coopération internationale contre le blanchiment d'argent

À l'échelle internationale, la priorité accordée à la lutte au blanchiment d'argent est un phénomène relativement nouveau. Ce n'est vraiment qu'à partir des années 1980 que certains pays occidentaux confrontés au rôle corrupteur du narcotrafic ont commencé à adopter des lois nationales visant à confisquer les biens acquis grâce au produit du commerce de la drogue. Étant donné le caractère international du phénomène, les pays prendront rapidement conscience de la nécessité d'une approche commune et d'une forte coopération internationale. C'est pourquoi, lors du Sommet de Paris en 1989 et à l'instigation des pays du G-7 et de huit autres pays, le Groupe d'action financière sur le blanchiment de capitaux — plus connu sous son appellation anglaise de *Financial Action Task Force on Money Laundering*, FATF — a été créé. Dès 1991, douze autres pays deviendront membres du FATF. Aujourd'hui, l'organisation compte 31 États membres et 22 institutions et organismes internationaux qui agissent à titre d'observateurs, ce qui permet au FATF de s'appuyer sur l'expertise de ses membres et des organismes associés et lui assure une couverture à l'échelle internationale. Aujourd'hui, le FATF est en fait le principal organisme international de coordination des politiques nationales et internationales en matière de lutte contre le blanchiment d'argent. Il s'agit d'un organisme intergouvernemental dont le but est de développer et de promouvoir des pratiques et des politiques, tant à l'échelle nationale qu'internationale, permettant de combattre le blanchiment d'argent. Il possède ainsi le pouvoir d'étudier les techniques de blanchiment utilisées et celui de formuler des recommandations et des évaluations de conformité aux pratiques proposées, et ce, autant pour les États membres que pour les non-membres.

C'est en ce sens que le FATF a émis 40 recommandations, dont la criminalisation du blanchiment d'argent de sources criminelles, la promulgation de lois nationales permettant la saisie du produit du crime, l'obligation pour les institutions financières d'être transparentes dans la tenue de leurs registres et sur l'identité des auteurs de transactions suspectes, l'élaboration de contrôles gouvernementaux des systèmes financiers, la collaboration internationale et la mise en œuvre de lois et pratiques nationales qui permettent l'échange des informations de nature fiscale et financière entre les divers gouvernements.

Le Groupe d'action financière sur le blanchiment de capitaux
(FATF — *Financial Action Task Force on Money Laundering*)

MEMBRES
- Allemagne · Argentine · Australie · Autriche · Belgique · Brésil
- Canada · Commission européenne · Conseil de coopération du golfe
- Danemark · Espagne · États-Unis · Finlande · France · Grèce
- Hong Kong (Chine) · Irlande · Islande · Italie · Japon
- Luxembourg · Mexique · Norvège · Nouvelle-Zélande · Pays-Bas
- Portugal · Royaume-Uni · Singapour · Suède · Suisse · Turquie

OBSERVATEURS
- Banque africaine de développement
- Banque asiatique de développement
- Banque centrale européenne
- Banque européenne pour la reconstruction et le développement
- Banque interaméricaine de développement
- Banque mondiale
- Conseil de l'Europe
- Europol
- Fonds monétaire international
- Groupe d'action financière des Caraïbes
- Groupe d'action financière sur le blanchiment
  de capitaux en Amérique du sud
- Groupe anti-blanchiment de l'Afrique orientale et australe
- Groupe Asie/Pacifique sur le blanchiment de capitaux
- Groupe Egmont des cellules de renseignements financiers
- Groupe des organisations de supervision bancaire *offshore*
- Interpol
- Office des Nations Unies pour le contrôle des drogues
  et la prévention du crime
- Organisation des États américains
- Organisation internationale des commissions de valeurs
- Organisation mondiale des douanes
- Secrétariat du Commonwealth

Pourtant, malgré son rôle central sur le plan de la répression du blanchiment, l'organisme ne possède pas de pouvoirs judiciaires comparables à ceux d'Interpol par exemple. Il appartient aux pays membres de mettre en œuvre ses diverses recommandations. Toutefois, la confrontation périodique des politiques financières des divers États membres aux recommandations du FATF constitue un outil puissant pour établir, à long terme, un cadre légal commun de lutte contre le blanchiment du produit du crime. L'approche du FATF se révèle insuffisante parce que ses recommandations concernent avant tout la répression des activités criminelles et non l'évasion fiscale (bien que cette dernière constitue généralement un délit dans la plupart des pays), et aussi parce que, dans la plupart des cas, les États qui en sont membres collaborent déjà fortement entre eux en cette matière, alors que les pays coupables de blanchiment ont longtemps échappé aux contrôles de l'organisme. Conscient du problème, le FATF a entrepris d'identifier les pays qui ne collaboraient pas à la lutte contre le blanchiment. En juin 2000, il qualifiait ainsi une quinzaine de pays et territoires de délinquants et poursuivait la définition d'un plan de mesures de rétorsions adéquates[5]. Une autre lacune importante du FATF est associée au fait que jusqu'à récemment, son mandat ne couvrait pas le financement des activités terroristes. Les attentats du 11 septembre 2001 allaient rapidement y remédier.

De la lutte contre le financement du terrorisme

On ne soulignera jamais assez que les événements du 11 septembre marquent un tournant dans l'ordre

---

5. Malgré cela, les îles Cook, la République dominicaine, l'Égypte, le Guatemala, la Hongrie, l'Indonésie, Israël, le Liban, les îles Marshall, le Myanmar, Nauru, le Nigeria, Niue, les Philippines, la Russie, Saint-Kitts-et-Nevis de même que Saint-Vincent-et-les-Grenadines résistent toujours aux recommandations du FATF en matière de lutte contre la criminalité financière. *Idem*, p. 3.

international. On assiste, depuis, à une redéfinition rapide et profonde des rapports internationaux visant à assurer la sécurité internationale telle que définie par Washington. C'est pourquoi les attentats entraîneront l'adoption des résolutions 1368, 1373 et 1377 au Conseil de sécurité des Nations unies. Si ces résolutions se voulaient d'abord un message de sympathie aux victimes des attentats et réaffirmaient le droit de tout État de se défendre contre le terrorisme, elles visaient surtout la coordination d'un effort commun en matière de lutte contre le terrorisme.

Sur le plan du financement des actes terroristes, la résolution 1373 prévoit notamment que chaque pays membre doit prévenir et supprimer le financement des actes terroristes, criminaliser les fonds de ses nationaux ou les fonds des étrangers se trouvant sur son territoire et visant à commettre des actes terroristes, geler sans délai tout fonds associé de près ou de loin au financement des actes terroristes, interdire à ses nationaux de fournir des fonds de quelque manière que ce soit à des groupes terroristes et refuser l'asile aux personnes qui financent le terrorisme[6].

La résolution 1373 a également établi un Comité de contre-terrorisme (CTC) qui possède un double mandat. D'une part, il doit coordonner les efforts et s'assurer que l'ensemble des institutions du système des Nations unies participe pleinement à la lutte contre le terrorisme, notamment en identifiant l'expertise et les ressources dont chacune de ces institutions dispose pour prévenir de nouvelles actions terroristes. Dans le domaine du financement du terrorisme, on s'attend ainsi à ce que des organisations telles que les institutions financières multilatérales (Banque mondiale, BID,

---

6. U.S. Department of State, Counterterrorism Office, *Patterns of Global Terrorism 2001*, Appendice F, [en ligne], mai 2002, Washington (www.state.gov/documents/organization/10309.pdf).

BIRD, FMI, etc.), et l'Office des Nations unies pour le contrôle des drogues et la prévention du crime assument un rôle prépondérant et fassent la liaison avec notamment le FATF où elles jouissent d'un statut d'observateur. D'autre part, il lui appartient d'assurer la liaison entre les institutions des Nations unies et les États membres, de manière à ce que ces derniers respectent leurs engagements en matière de lutte contre le terrorisme ou, s'il y a lieu, que le CTC puisse les y aider. C'est pourquoi il appartient à chacun des pays membres de désigner des responsables nationaux pour la mise en œuvre de la résolution 1373, et aussi de soumettre périodiquement au comité un rapport de conformité aux différentes mesures antiterroristes qui y sont adoptées, notamment en ce qui concerne le contrôle du financement du terrorisme, les douanes, l'immigration, l'extradition, le respect des lois, le trafic d'armes, et tout autre aspect du droit national qui permet de traduire en justice les personnes qui participent, financent, planifient ou supportent les actions terroristes. Ainsi, il est du devoir de chacun des États membres de combattre le terrorisme, et le mandat du CTC est celui d'un chien de garde, « soit de s'assurer que chaque pays membre sache son rôle et connaisse le niveau qu'il doit atteindre[7] ». Le CTC doit faire rapport des cas de non-conformité au Conseil de sécurité et il appartiendra à ce dernier d'adopter les mesures qu'il jugera alors appropriées.

Une autre retombée importante des attentats sur le plan international en matière de financement du terrorisme a été l'accélération du processus d'entrée en vigueur de la Convention internationale pour la suppression du financement du terrorisme adoptée par l'Assemblée générale des Nations unies en décembre 1999.

---

7. Sir Jeremy Greenstock, « United Nations. Press Briefing on Combating International Terrorism », [en ligne], 4 juin 2002, Vienne (www.un.org/docs/sc/committees/173/viennabriefing.htm).

Si les quelque 132 pays signataires de cette convention prennent les mêmes engagements que ceux de la résolution 1378 énoncés précédemment, le document a la particularité d'établir un droit d'extradition parmi les pays signataires.

Les événements du 11 septembre ont également eu pour effet d'étendre les pouvoirs d'organismes internationaux non directement reliés à l'ONU, et en premier lieu ceux du FATF. Fort de cette nouvelle base légale, dès son assemblée extraordinaire du 30 octobre 2002, le FATF a pu mieux définir son mandat en matière de lutte contre le blanchiment d'argent et l'étendre à la lutte contre le financement des actes terroristes. À cette assemblée, les États membres endossaient de nouvelles recommandations : l'adoption de mesures immédiates conformément aux directives des Nations unies, la criminalisation du financement des actes terroristes, la confiscation des avoirs sur leur territoire des personnes liées au terrorisme, l'échange d'informations entre les pays, des mesures de lutte contre le blanchiment d'argent, l'identification des auteurs qui utilisent les systèmes de communications pour transférer des fonds vers l'étranger et, enfin, l'engagement de porter une attention spéciale aux organisations civiles de manière à ce qu'elles ne puissent servir de paravents à l'action terroriste ou à son financement. Par ailleurs, les divers États membres convenaient que le FATF devait faire rapport au plus tard en juin 2002 de l'identification des pays et territoires qui, à l'échelle internationale, ne collaboreraient pas en matière de lutte contre le financement du terrorisme et, le cas échéant, devait proposer une série de mesures à prendre.

La lutte contre le terrorisme a permis qu'en matière de contrôle du blanchiment d'argent, la communauté internationale dépasse les obstacles qui minaient l'effort commun sur le plan de l'évasion fiscale. Et surtout, elle a ouvert la voie à l'établissement d'une base légale internationale solide pour lutter contre ce fléau, qui permette à des organismes tels qu'Interpol ou les agences de sécurité nationale et les organisations policières nationales de prendre des mesures contre les auteurs d'actes terroristes ou ceux qui les financent. Il ne faudrait toutefois pas passer sous silence le rôle déterminant des États-Unis en ce qui concerne l'évolution du droit international et le réalignement institutionnel qu'il implique. Ce sont les États-Unis qui dictent la marche à suivre et coordonnent l'effort qu'ils attendent de chacun en matière de répression du terrorisme et de son financement, que ce soit à travers le Conseil de sécurité et les institutions onusiennes, les autres grands forums internationaux, les agences de renseignements, les regroupements régionaux, le FATF, Interpol. Sur le plan du financement du terrorisme, notons, en particulier, l'importance du rôle assumé par le département du Trésor américain. Son Office of Foreign Assets Control saisit les avoirs des groupes terroristes, son Financial Crimes Enforcement Networks assure la coordination avec les pays étrangers et les institutions internationales en matière de blanchiment d'argent et de financement du terrorisme. Et son Foreign Terrorist Asset Tracking Center, son Operation Green Quest et son Terrorist Financing Task Force sont trois groupes interministériels qui ont été créés dans la foulée des attentats et dont le but commun est d'identifier les avoirs des groupes terroristes à travers le monde et, le cas échéant, de les faire saisir.

Les écueils de la guerre au financement du terrorisme

Le nouveau cadre normatif international en matière de lutte contre le financement du terrorisme représente certes une victoire importante, mais certainement pas la victoire finale. La lutte s'annonce longue et, sur bien des aspects, décevante. D'une part, il reste à voir dans quelle mesure l'engagement des divers pays sur la scène internationale se traduira en actes concrets. Et d'autre part, l'action internationale devra traverser les écueils qui se dressent à l'horizon, que ce soit en matière politique, éthique ou logistique.

Si, dans le cadre des événements tragiques de septembre 2001, il a été relativement facile de former une vaste coalition internationale contre les auteurs des attentats, s'assurer que tous participent pleinement à l'action commune se révélera de plus en plus ardu au fur et à mesure qu'il s'agira d'étendre la lutte contre le terrorisme à d'autres groupes, ou encore à d'autres gouvernements. On le voit clairement avec l'intention professée par Washington de renverser militairement le régime irakien sans qu'on ait pu établir un lien entre l'Irak et le terrorisme tandis que, parallèlement, les États-Unis montrent peu d'empressement à s'impliquer dans le conflit israélo-palestinien. Si cette situation suscite des questions parmi les alliés occidentaux, l'ambivalence américaine a pour effet d'engendrer le ressentiment populaire parmi les populations arabo-musulmanes et, de là, mine la légitimité des gouvernements arabes, alliés cruciaux dans la guerre au terrorisme.

Cet exemple suffit pour illustrer qu'une meilleure définition et une clarification à l'échelle internationale de ce que constituent le terrorisme et les groupes terroristes s'imposent, pour faciliter le maintien de la coalition. La tâche n'est pas aisée. Non seulement les formes du terrorisme évoluent, mais la définition du terrorisme varie souvent d'un pays à l'autre en fonction de ses intérêts et des voies par lesquelles il compte les atteindre.

De plus, on ne soulignera jamais assez les questions éthiques que soulève la lutte contre le terrorisme. D'une manière générale, elle modifie en profondeur les rapports entre les institutions internationales, les États et les individus. Les tribunaux militaires et d'exception auxquels font désormais face les présumés terroristes de même que le resserrement des contrôles frontaliers pour les candidats à l'immigration et les demandeurs d'asile n'en sont que les formes les plus visibles. Étant donné le secret inhérent à l'action terroriste, le risque de crime par association, notamment sur des bases ethniques et religieuses demeure extrêmement élevé, et le domaine financier n'y échappe pas. Déjà, des innocents ont été accusés à tort de participer au financement d'activités terroristes et ils ont vu leurs avoirs gelés sans qu'il existe une procédure claire pour ensuite retirer leurs noms des diverses listes internationales des groupes terroristes et de leurs membres[8]. La nécessité de différencier les opérations financières légitimes des fonds destinés au terrorisme est d'autant plus forte qu'il s'agit souvent de petites sommes et que parfois les fonds sont recueillis à d'autres fins, notamment caritatives, et par la suite détournés. Ou encore, ces fonds ne transitent pas par des circuits financiers officiels, ce qui a pour effet de les soustraire aux mesures de contrôle gouvernemental.

Le système *hawala* est un cas d'espèce. Rappelant les lettres de change du Moyen Âge, que ce soit au Moyen-Orient, dans le sous-continent indien ou en Asie de l'Est, il agit comme un moyen alternatif, plus efficace, moins coûteux, que les systèmes financiers officiels pour transférer à l'étranger des sommes plus ou moins importantes, que ce soit à des fins de blanchiment, de financement du terrorisme, ou à des fins tout à fait légitimes. Il s'appuie sur la capacité d'intermédiaires internationaux d'effectuer le transfert des sommes moyennant une commission minime. Même si le rôle qu'un tel système joue au niveau du blanchiment d'argent et la capa-

---

8. « Follow the Money », *The Economist*, 1er juin 2002, p. 67-68.

cité qu'il a de soustraire les fonds transférés des contrôles sont connus[9], il demeure que sa suppression priverait des millions d'individus, notamment parmi les plus pauvres de la planète, des moyens d'appuyer financièrement leurs familles et leurs amis. La répression de ce type d'intermédiaire financier se révélera quasi impossible, tant son enracinement est fort au sein de certaines cultures.

En fait, la guerre au financement du terrorisme se déroulera avant tout sur le plan logistique. L'effort administratif à fournir pour la répression du terrorisme est colossal et porte en lui ses propres limites. D'une part, coordonner l'action internationale exige un effort considérable. D'autre part, comme l'illustrent bien les déficiences de la communauté du renseignement, et notamment du FBI, les agences liées à la sécurité risquent d'être rapidement submergées par des montagnes d'informations décrivant les diverses transactions à l'échelle internationale. Et compte tenu du volume, la tâche est peut-être insurmontable. C'est pourquoi la plupart des pays comptent porter la bataille sur le plan technologique. C'est ainsi, par exemple, que le FATF a mis l'accent sur l'obligation faite à tous les pays d'identifier dorénavant les titulaires des divers comptes bancaires sur leurs territoires. De la même façon, la plupart des gouvernements se sont donné le droit d'intercepter les transmissions électroniques de leurs institutions financières. Toutefois, l'approche technologique connaît également des lacunes. Non seulement elle pose le problème du respect de la vie privée, mais d'une manière plus générale, elle n'est pas toujours très efficace dans la prévention de nouveaux actes terroristes. En effet, il y a fort à parier que les organisations terroristes appren-

---

9. Voir Patrick M. Jost, «The Hawala Alternative Remittance System and Its Role in Money Laundering», [en ligne], Interpol, (www.interpol.int/publi/financialcrime/moneylaundering/hawal/default.asp).

dront rapidement à contourner les divers contrôles nationaux ; et ce d'autant plus facilement que, dans la plupart des cas, les fonds destinés à l'action terroriste représentent bien souvent de petites sommes peu susceptibles d'éveiller les soupçons.

La lutte contre le financement du terrorisme passe donc avant tout par l'identification des groupes terroristes et par une meilleure connaissance de leurs modes de fonctionnement. Sur ce plan, malgré le fait que 161 pays aient à ce jour émis des avis de saisie, que des listes de groupes terroristes aient été établies, seulement 105 millions de dollars américains ont été gelés, ce qui démontre la difficulté de la tâche.

★ ★ ★

En consolidant le droit international en la matière, la lutte contre le financement du terrorisme marque un tournant fondamental en ce qui a trait au contrôle des capitaux. Dorénavant, ni les groupes terroristes ni les criminels ne pourront compter sur le secret bancaire pour échapper à la justice. Toutefois, l'importance que l'on accorde maintenant à la lutte contre le financement du terrorisme contraste avec le peu d'empressement dans la lutte contre les autres formes plus traditionnelles de blanchiment. Il faut espérer que, par un effet d'entraînement, l'effort international consenti pour lutter contre le financement du terrorisme servira de base à une toute nouvelle approche internationale en matière de blanchiment d'argent en général. Cette approche viendrait alors consolider les diverses mesures déjà prises en matière de recyclage du produit des actions criminelles, notamment en haussant la pression sur les paradis fiscaux, afin qu'ils favorisent une plus grande transparence de leur système financier.

Références bibliographiques

Carol S. Carson, « The Underground Economy : An Introduction (Measurement Methods) », dans *Survey of Current Business*, vol. 64, mai 1984, p. 21-37.

FATF *Policy Brief, Money Laundering*, juillet 1999.

FATF (Financial Action Task Force on Money Laundering), *Review to Identify Non-Cooperative Countries or Territories : Increasing the Worldwide Effectiveness of Anti-Money Laundering Measures*, juin 2001.

Patrick M. Jost, « The Hawala Alternative Remittance System and Its Role in Money Laundering », Interpol.

OCDE (Organisation de coopération et de développement économique), *Concurrence fiscale dommageable. Un problème mondial*, Paris, 1998.

« Follow the money », *The Economist*, 1er juin 2002, p. 67-68.

Sir Jeremy Greenstock, « United Nations. Press Briefing on Combating International Terrorism », 4 juin 2002, Vienne.

UN ODCCP (United Nations Office for the Drug Control and Crime Prevention), *Financial Havens, Banking Secrecy and Money-Laundering*, Issue 8 of the UNDCP Technical Series, United Nations, 1998.

U.S. Department of State, Counterterrorism Office, *Patterns of Global Terrorism 2001*, Appendice F, mai 2002, Washington (D.C.).

Sites Internet

FATF (Financial Action Task Force on Money Laundering)
www1.œcd/fatf

IMOLIN (Réseau international d'information sur le blanchiment de l'argent)
www.imolion.org

The 2002 Money Laundering Conference Site
www.conferences.oceanalaw.com

La Maison-Blanche
www.white.gov/response/financialresponse.html

13

Le défi de la sécurité publique après le 11 septembre

Depuis le 11 septembre 2001, les questions de sécurité publique sont à l'ordre du jour, aux États-Unis mais également au Canada. Ces évènements ont mis en relief la nécessité de processus d'intervention éprouvés. Ils en ont également révélé les failles. Aussi les gouvernements américain et canadien ont-ils saisi toute la dimension de cet enjeu renouvelé. Le bilan dressé ici devrait permettre de voir où en est la sécurité publique depuis les attentats du 11 septembre, aux États-Unis, au Canada et au Québec.

Le concept de sécurité publique

La sécurité publique correspond à l'ensemble des mesures qui sont prises et des services qui sont mis à contribution par un État pour assurer la sécurité de ses citoyens et l'ordre public. Cela recouvre schématiquement les services de renseignements, de police, de prévention et de lutte contre les incendies et l'organisation de la sécurité civile, cette dernière étant beaucoup plus une forme d'organisation et un ensemble de mesures qu'une collectivité se donne pour faire face à une urgence qu'un service en particulier.

En matière de lutte antiterroriste, la lutte et la réaction à une urgence ou à un désastre paraissent s'imposer comme la démarche primordiale. Pourtant, il faut admettre que ce sont les mesures de planification, de prévention et d'atténuation qui contribuent le plus largement à sauver des vies.

Qu'un désastre se produise suite à un acte terroriste, à une catastrophe naturelle ou à un accident technologique majeur, l'intervention de la sécurité civile se concentre surtout sur la gestion des conséquences. Pour bénéficier de procédés d'intervention efficaces, les autorités doivent s'inscrire dans un processus systémique d'identification des risques, de leur évaluation, de l'établissement de mesures de prévention et d'atténuation des effets, de planification de la gestion des situations d'urgence, de gestion des opérations de secours, de retour à la normale et d'évaluation et d'apprentissage afin de corriger les lacunes observées.

L'évaluation du risque est toujours fonction d'une équation où la probabilité qu'un certain danger se matérialise est multipliée par la gravité des conséquences et divisée par la capacité de réponse de la communauté concernée. La capacité de réponse inclut également les mesures de prévention et d'atténuation des effets.

Les politiques en matière de sécurité publique traduisent une certaine évolution. Autrefois, l'accent était essentiellement mis sur la planification de la réponse et la direction des opérations de secours : on privilégiait le curatif aux dépens du préventif. L'expérience avait en effet démontré, jusque-là, qu'il était toujours plus aisé d'obtenir les ressources nécessaires pour lutter contre un désastre déclaré, bien visible et médiatisé que pour se prémunir contre un hypothétique danger, que l'on ne veut ni voir ni imaginer. Néanmoins, et de manière récente, il a été acquis que l'accent devait également être mis sur la prévention et les mesures d'atténuation. Trois enjeux sont centraux dans la gestion de la sécurité publique.

L'organisation • Une telle catastrophe remet en question la façon dont les autorités locales et l'État doivent s'organiser pour faire face à un désastre d'une telle ampleur. Cette attaque terroriste soulève également la question du traitement des urgences qui pourraient survenir.

La coordination • Le terrorisme a démontré qu'il pouvait maintenant agir à l'échelle mondiale et qu'il était organisé en réseaux complexes d'individus et d'organisations situés dans plusieurs pays. L'évidence s'impose donc pratiquement d'elle-même, ce type de structure suppose une coordination efficace en matière de police et de renseignements aux plans national et international.

L'équilibre • Dans un État de droit, la lutte antiterroriste pose un défi important, celui de l'équilibre entre la sécurité et la liberté. Les citoyens veulent vivre en sécurité et sont prêts à abandonner un certain degré de liberté pour y parvenir, mais il appartient au gouvernement, sous peine de sanction de l'électorat, de prendre des mesures appropriées à la situation, impartiales, dans le respect des droits fondamentaux des citoyens.

Les mesures d'atténuation et une bonne préparation sauvent des vies

À l'Université Columbia, on a enregistré sur un sismographe le moment précis de l'impact du premier avion : 8 heures 46 minutes 26 secondes. On a noté une magnitude de 0,9, ce qui correspond à un petit tremblement de terre. La tour sud a été touchée à 9 heures 2 minutes 54 secondes. Elle a été la première à s'écrouler à 9 heures 59 minutes 4 secondes et la tour nord est tombée à 10 heures 28 minutes 31 secondes. Compte tenu de la dimension des édifices, le nombre de victimes aurait pu être beaucoup plus élevé. Ce n'est pas un hasard : l'évacuation a été un succès et les édifices étaient à moitié vides au moment des impacts. Il ne faut cependant pas minimiser le fait que 479 secouristes, policiers, pompiers, gardes de sécurité et travailleurs du Port Authority of New York (le propriétaire des édifices) ont sacrifié leurs vies pour assurer le succès de cette évacuation. Ces évènements devraient d'ailleurs amener des changements. D'une part, les procédures d'intervention des services d'incendie et de police devront sans nul doute être revues afin d'éviter une telle hécatombe lors d'une opération de semblable envergure. D'autre part, les systèmes de communication des différents services devront être vérifiés pour s'assurer qu'ils peuvent fonctionner en toutes circonstances et qu'ils sont compatibles.

Plusieurs raisons expliquent qu'il n'y avait que de 5000 à 7000 personnes par tour plutôt que les 10 000 à 25 000 personnes, tel qu'on l'avait évalué au départ : le 11 septembre 2001 se déroulaient les élections primaires pour la mairie de New York et la rentrée scolaire des écoles primaires. Il était relativement tôt dans la journée, plusieurs employés n'étaient pas encore arrivés sur leur lieu de travail et les touristes n'étaient pas encore sur place, étant donné que le balcon d'observation n'ouvrait qu'à 9 h 30. De plus, plusieurs firmes d'investissements asiatiques avaient fermé leurs bureaux ou réduit leur personnel en raison de la récession économique en Asie et plusieurs locaux étaient soit à louer soit en rénovation.

Le journal USA Today a passé deux mois à examiner ce qui s'est passé entre le moment du premier impact et la minute où le dernier édifice s'est écroulé. L'endroit où se trouvaient 95 % des victimes a été localisé et les journalistes ont également comparé les plans, les devis et les photos aux récits des survivants afin de comprendre le succès de l'évacuation. L'évacuation a permis à tous ceux qui pouvaient sortir de le faire. La réussite de cette évacuation a débuté sur la planche à dessin (bel exemple de mesure d'atténuation) : le système d'escaliers du World Trade Center était bien meilleur que ce que les normes exigent. Chaque tour avait trois cages d'escaliers alors que le code du bâtiment de New York n'en requiert que deux. Les escaliers A et C, de chaque côté de l'édifice, avaient 44 pouces de large alors que l'escalier B, au centre, avait 56 pouces de large. Or, plus un escalier est large, plus l'évacuation peut s'effectuer aisément. Elle a aussi été facilitée par le fait que les édifices étaient à moitié vides ce matin-là.

Il faut dire que des leçons avaient été tirées de l'attentat terroriste précédent. En février 1993, des terroristes avaient fait exploser une bombe dans le stationnement sous la tour nord, causant la mort de six personnes. L'évacuation avait pris près de quatre heures dans des escaliers enfumés dont la signalisation était déficiente. Des personnes avaient été bloquées dans les ascenseurs durant dix heures. À la suite de cette attaque, des améliorations substantielles avaient été apportées. Ces modifications ont sauvé des milliers de vies le 11 septembre. Des bandes réfléchissantes ont été peintes sur les marches, les rampes et les portes des cages d'escaliers. Des flèches visibles appliquées sur les murs des corridors ont permis de guider les gens vers les cages d'escaliers. L'installation de haut-parleurs a permis de s'adresser aux occupants de l'édifice aussi bien dans leurs bureaux que dans les corridors. Chaque personne handicapée avait à sa disposition une chaise d'évacuation afin que deux hommes robustes soient capables de la faire descendre. On rapporte ainsi qu'une telle chaise a été utilisée pour évacuer une personne du 76e étage.

Lors de l'attaque de 1993, l'explosion avait neutralisé la source principale d'électricité, son système de relève et le poste de contrôle d'incendie. Pour cette raison, une deuxième source d'électricité avait été ajoutée pour les équipements de sécurité comme les alarmes incendie, l'éclairage d'urgence et le système de haut-parleurs.

Deux centres de contrôle d'incendie — un dans chaque tour — avaient été construits. Des piles avaient également été ajoutées aux systèmes d'éclairage des escaliers de façon à ce qu'une panne électrique n'empêche pas l'éclairage lors d'une évacuation. En tout, ces améliorations avaient coûté plus de 90 millions de dollars.

Néanmoins, le plus important est que les gestionnaires des édifices aient pris les mesures d'évacuation au sérieux. Des exercices de simulation avaient lieu tous les six mois, au grand dam des occupants. Chaque étage avait son responsable, quelquefois un haut dirigeant d'une firme locataire, qui devait organiser l'évacuation de son étage.

Durant les 16 minutes 28 secondes qui ont séparé les deux impacts, un grand nombre des 2 000 personnes qui se trouvaient aux étages supérieurs de la tour sud ont pris la bonne décision : quitter l'édifice. Le système d'ascenseurs a été largement utilisé. Ce système était l'un des plus gros et des plus rapides au monde. Les ascenseurs des étages supérieurs ont amené les passagers au 78e étage où ils ont pu prendre des ascenseurs géants (capacité de 55 passagers) qui les ont amenés au sol en 45 secondes, bien avant que l'édifice ne s'écroule[1].

Il est paradoxal que les escaliers de secours qui, selon l'enquête d'*USA Today*, ont grandement contribué au sauvetage des occupants des tours, soient vus comme l'une des causes de l'effondrement des édifices par certains experts. Parmi eux, Thomas Eagar avance qu'en renforçant certains éléments de structure, on aurait pu gagner 15, 30, voire 60 minutes sans que le coût soit prohibitif[2]. En conséquence, les normes de résistance à la chaleur des escaliers de secours devraient être augmentées lors d'une révision du code du bâtiment. Il ajoute que, pour renforcer les structures, on aurait pu,

---

1. *USA Today*, édition électronique du 19 décembre 2001.
2. Mathieu Perreault, *La Presse*, 5 janvier 2002, p. A3.

moyennant un million de dollars pour chacune, améliorer valablement l'isolation des colonnes. Pourtant, combien de ces points faibles est-on prêt à renforcer? Si l'on s'occupe de cent éléments de structure d'un édifice, on vient de gonfler la facture de la construction de cent millions[3]. Aussi ces mesures d'atténuation sont-elles forcément limitées par leurs coûts.

La situation organisationnelle de la sécurité civile aux États-Unis

Très tôt après l'attentat, le président Bush a pris des mesures en vue de réorganiser la sécurité civile: il a signé un décret (*President's Executive Order*) établissant un Conseil pour la sécurité du territoire national (*Homeland Security Council*) et un Bureau de la sécurité du territoire national (*Office of Homeland Security*), et a nommé le gouverneur Tom Ridge à la tête de ce bureau[4].

Le Conseil pour la sécurité du territoire national a la responsabilité de conseiller et d'assister le président dans tous les aspects de la sécurité intérieure. Le Conseil sert d'instance de coordination pour toutes les activités de sécurité intérieure des départements et agences et pour la préparation et l'implantation de politiques de sécurité intérieure. Il est présidé par le président lui-même ou, en son absence et à sa demande, par le vice-président. La plupart des ministres (tels les secrétaires d'État et de la Défense) et des directeurs des grandes agences fédérales (FBI, CIA, Environmental Protection, etc.) y siègent ou peuvent être invités à y assister. En outre, le responsable fédéral de la sécurité civile américaine (*Federal Emergency Management Agency*) est un membre de plein droit.

---

3. Mathieu Perreault, *ibid.*
4. Voir le site de la Maison-Blanche.

L'organe exécutif de ce conseil, le Bureau de la sécurité du territoire national, a pour mission de développer et d'implanter une stratégie nationale visant à protéger les États-Unis de menaces ou d'attaques terroristes. Il coordonne les efforts déployés par les différentes agences pour détecter et prévenir des attaques terroristes en sol américain, y réagir efficacement et rétablir le plus vite possible une situation normale.

Du côté de la sécurité civile, le Bureau doit coordonner les efforts de préparation et d'atténuation des conséquences des menaces ou des attaques terroristes aux États-Unis. Il doit, entre autres, revoir la pertinence de la planification, agencer les exercices et simulations de même que la formation des personnels des différentes agences qui sont susceptibles de répondre à de telles menaces ; il lui appartient également d'organiser les efforts de préparation en matière de santé publique, vaccins et capacités des hôpitaux et il assure la coordination de l'assistance fédérale aux autorités locales et des États en ces matières. De plus, il doit coordonner les efforts de protection des infrastructures essentielles incluant les systèmes de production et de transport d'énergie, les systèmes de communications, les systèmes d'informations, les systèmes de transports, les stocks nucléaires et les systèmes essentiels à la vie tels que l'eau, la nourriture etc. Finalement, il doit harmoniser les efforts, en cas d'attaque terroriste, pour répondre efficacement à la situation d'urgence et revenir à la normale le plus tôt possible. Le directeur du Bureau sera directement responsable auprès du président de diriger les opérations et d'assurer la cohérence des travaux des différentes agences dans l'éventualité d'une attaque terroriste sur le territoire des États-Unis.

Le directeur du Bureau pourra s'appuyer sur la FEMA (*Federal Emergency Management Agency*). Cet organisme existe depuis longtemps et exerce son rôle de coordination nationale de la sécurité civile aussi bien en ce qui concerne la formation, la recherche, le conseil de planification aux autorités locales et aux États, qu'en ce qui concerne l'aide financière. Les États-Unis sont assez souvent victimes de tornades, ouragans, inondations, feux de forêt, et autres désastres naturels. Aussi cette agence a-t-elle développé une véritable expertise en matière de sécurité civile qui peut être mise à profit dans le cas de menaces ou d'attaques terroristes. Et ceci d'autant plus que le rôle de la sécurité civile est avant tout dans ce cas — et même si cela n'exclut pas la planification, la préparation et l'atténuation des effets — de gérer les conséquences. Ainsi, en avril 2001, la FEMA publiait une annexe à son guide de planification à l'intention des autorités locales et des États, qui portait spécifiquement sur le terrorisme. On y retrouve une description de la menace et des conseils sur la façon d'organiser les opérations de détection et de protection, sur l'organisation de soins de masse de même que sur le partage des responsabilités et des fonctions à assumer par les différents services[5].

Ainsi, la mise sur pied du Conseil et du Bureau pour la sécurité du territoire national est certainement de nature à améliorer la capacité des États-Unis à faire face à une menace ou à une attaque terroriste quelle qu'elle soit, compte tenu des vastes capacités de coordination de ces organismes. L'expertise et l'expérience de la FEMA vont dans le même sens. En juin 2002, l'administration américaine a dévoilé son projet de créer un ministère de la sécurité intérieure qui engloberait, entre autres, les responsabilités du Bureau de la sécurité du territoire national. Cependant, c'est véritablement au niveau local que tout peut se jouer. Les autorités locales et les différents services concernés doivent donc

---

5. *Guide for All-Hazard Emergency Operations Planning*, Attachement G- Terrorism, FEMA, April 2001.

absolument se préparer à de telles éventualités, en axant notamment leurs efforts sur la planification, l'organisation, la formation et l'équipement. Cela pourra faire la différence entre une situation d'urgence gérable et une catastrophe.

La situation de la sécurité civile au Canada

Des experts consultés par le gouvernement ont souligné le grand retard du Canada sur les États-Unis dans la préparation de la réaction à une attaque terroriste importante[6]. Leur rapport fait état d'un besoin criant d'équipement, de ressources et de formation : il n'y a pas suffisamment de vêtements de protection et de stocks de médicaments, pas assez de laboratoires capables d'analyser des substances suspectes et très peu d'équipes formées pour extraire les victimes d'édifices effondrés. En Ontario, les villes de Toronto et d'Ottawa ont déjà des équipes d'urgence, mais elles ne disposent pas de l'équipement lourd qui leur permettrait de faire face à un désastre tel que celui du World Trade Center. Pour les autres provinces, tandis que Regina est en train d'en mettre une sur pied, seules Calgary et Vancouver semblent disposer de telles équipes.

Calgary a l'ambition de devenir un leader mondial dans les secours d'urgence en milieu urbain et veut former une équipe multidisciplinaire capable de s'occuper de désastres d'envergure. Il s'agit d'associer, à l'équipe déjà existante au sein du Service des incendies, des ingénieurs, des experts en construction, des spécialistes en communications, des spécialistes paramédicaux et des policiers : cela permettrait de disposer d'une organisation autonome capable de réagir dans un court délai à un désastre à Calgary ou ailleurs dans le monde. La ville a voté une somme de 470 000 dollars dans cette optique,

---

6. *Ottawa Citizen*, 31 décembre 2001, édition électronique.

ce qui la rendra éligible à une subvention de 1,4 million de dollars du gouvernement fédéral[7].

Le Canada n'a qu'une équipe militaire entraînée pour faire face à une attaque nucléaire, biologique, chimique ou radiologique — alors que les États-Unis en auraient 24. Cette unité, basée à Borden en Ontario, aurait besoin de huit heures de préparation pour se déployer, ce qui signifie qu'elle ne pourrait pas être à Vancouver, par exemple, avant 24 heures. De toute évidence, les municipalités doivent avoir la capacité de répondre immédiatement à une attaque NBCR plutôt que d'attendre l'arrivée des militaires. C'est pourquoi le gouvernement fédéral va leur consacrer 170 millions de dollars. C'est ainsi qu'a été décidée la construction d'un centre de formation à la base de Suffield dans le sud de l'Alberta : plusieurs édifices pourront accueillir les pompiers, les policiers et le personnel médical, qui viendront s'entraîner à la lutte contre les attaques terroristes. Le centre sera également une référence pour les scientifiques qui devront conseiller les équipes d'urgence qui sont les premiers intervenants sur une scène d'attaque NBCR[8].

Au niveau fédéral, c'est le Bureau de la protection des infrastructures essentielles et de la protection civile qui est responsable de la préparation aux situations d'urgence. Créé en 2001 et placé sous la responsabilité du ministre de la Défense, cet organisme civil a succédé à Protection Civile Canada. Son mandat est double : il doit développer une approche mondiale pour la protection des infrastructures essentielles et fournir une expertise nationale sur la protection des infrastructures dans toutes ses dimensions et ceci quelle que soit la source de menace et de vulnérabilité. Les infrastructures essentielles peuvent être potentiellement affectées tant par

---

7. *Calgary Herald*, 21 février 2002.
8. *Halifax Herald*, 4 février 2002.

une menace physique que cybernétique. Par exemple, la fourniture d'électricité peut être sérieusement perturbée par le verglas ou une tornade (menace physique), par un accident majeur (menace physique ou cybernétique) ou par l'attaque d'un *hacker* sur un ordinateur de contrôle (menace cybernétique). Le Bureau est également la principale agence gouvernementale qui s'occupe de la préparation du pays aux situations d'urgence. En tant que tel, il doit maintenir les relations nécessaires avec les autres départements fédéraux, les provinces, les municipalités, le secteur privé de même qu'avec les pays étrangers pour accomplir sa mission[9].

La situation de la sécurité civile au Québec

La sécurité civile tombe dans les champs de compétence des provinces (lutte contre l'incendie, santé, protection des citoyens, organisation du territoire, etc.), mais le financement d'une partie importante des mesures se fait conjointement avec le gouvernement fédéral.

Au Québec, c'est le ministère de la Sécurité publique et en son sein le Bureau de la sécurité civile qui est responsable des mesures d'urgence civile. Bien avant les événements du 11 septembre, le ministre avait présenté un projet de loi sur la sécurité civile (projet de loi 173), adopté par l'Assemblée nationale et sanctionné le 20 décembre 2001. La Loi fournit un cadre légal clair de la répartition des compétences. Ainsi la planification des mesures d'urgence repose sur les municipalités régionales de comté (MRC) : elles doivent établir un schéma de sécurité civile suite à l'identification des risques, des mesures existantes et des ressources disponibles. Ce schéma doit alors inclure la prévention, la formation et l'atténuation des risques, puis la planification et l'organisation des secours et enfin le rétablisse-

---

9. Voir le site du Bureau de la protection des infrastructures essentielles et de la protection civile.

ment à la normale. Dans cet esprit, la Loi oblige les générateurs de risques industriels à les déclarer.

Le gouvernement a également élaboré un plan national de sécurité civile dans lequel dix-huit missions essentielles sont identifiées afin de réduire la vulnérabilité, favoriser la concertation, soutenir les ressources municipales et renforcer les capacités des acteurs, qu'il s'agisse des citoyens eux-mêmes ou des ressources municipales et gouvernementales.

Ainsi, en ce qui concerne la sécurité des personnes et dans la foulée des événements du 11 septembre, divers ministères et organismes se sont vu confier des missions précises.

▸ Sûreté du Québec : renseignements et enquêtes ;

▸ Ministère des Relations avec les citoyens et de l'Immigration : immigration et gestion de l'identification ;

▸ Ministère de la Sécurité publique : sécurité civile et incendie de même que la protection des édifices gouvernementaux ;

▸ Ministère de l'Agriculture et des Pêcheries : le contrôle bioalimentaire ;

▸ Ministère de la Santé et des Services sociaux : intervention et décontamination.

Les mesures prévues dans la Loi sont loin d'être en place et la sécurité civile au Québec reste en grande partie à construire. La menace est véritablement prise au sérieux par les milieux municipaux, gouvernementaux et de l'entreprise, mais il y a beaucoup à faire et la contrainte financière demeure pesante.

Police et renseignement

Le renseignement est essentiel pour dissuader et, si possible, prévenir les actes terroristes. Ce type d'opération requiert *a priori* la prépondérance de l'utilisation de personnes plutôt que de technologies afin de pénétrer les réseaux et de découvrir les commanditaires. Rien ne vaut l'élément humain pour comprendre les motivations, le comportement, les tactiques et la stratégie de groupes souvent peu nombreux, mobiles et cloisonnés de terroristes. Pourtant, l'habileté des terroristes à utiliser les technologies modernes de communications et d'armement pour atteindre leurs buts justifie la nécessité de méthodes sophistiquées. Il faut donc simultanément recourir à des moyens techniques importants et aux ressources humaines[10].

Selon certains spécialistes[11], le Canada accuse de graves faiblesses en matière de capacités analytiques. De petits groupes sont répartis dans un certain nombre de ministères, chacun étant responsable des analyses dans le domaine de sécurité et de renseignement concernant spécifiquement le ministère et le ministre. La gestion actuelle de l'information et des connaissances produit trop de données et pas assez d'analyse. Toutes les collectes de données du monde ne serviront à rien en l'absence d'analyse, parce qu'il n'y a rien à communiquer aux décideurs.

Les agences de renseignements et les services policiers ont souvent des objectifs différents. Par exemple, au Canada, le renseignement de sécurité relevait autrefois de la Gendarmerie royale. Mais à la suite de bévues commises dans le cadre de la lutte contre le Front de libération du Québec, le gouvernement a décidé de séparer le renseignement des services de police. C'est ainsi qu'est né le Service canadien de renseignement et de sécurité (SCRS). Cette division n'en a pas pour autant

---

10. Stephen Sloan, «Terrorism and Asymmetry», conférence prononcée au U.S. Army War College, Carlisle (Penn.), mars 1998.

11. Comme Wesley Wark du Munk Centre for International Studies de l'Université de Toronto.

réglé tous les problèmes. Les deux organismes ont des buts différents. Le SCRS a pour but de recueillir des renseignements sur des individus ou des groupes qui constituent une menace pour la sécurité du Canada, alors que la GRC a pour objectif d'arrêter et de traduire devant les tribunaux les personnes qui enfreignent la loi. Il arrive donc que des renseignements que détient le SCRS ne soient pas communiqués à la GRC afin de protéger et d'exploiter une source de renseignements rentables, rendant ainsi difficile l'accumulation de preuves qui pourraient conduire à l'arrestation et à la condamnation des individus concernés.

La coordination est donc absolument essentielle entre les services de renseignement et les services policiers, au pays d'abord, mais aussi sur le plan international, puisque les organisations terroristes ont démontré qu'elles opéraient sans frontière pour se financer, recruter des adeptes, préparer et exécuter des attentats et se réfugier.

Face à ce besoin a été établi le Service de la coordination de la lutte au terrorisme à la Sûreté du Québec. Même si traditionnellement ce type d'activité relève de la GRC et du SCRS, au Québec, c'est la Sûreté du Québec qui est présente sur l'ensemble du territoire et qui est la plus à même de recueillir des informations de terrain et d'intervenir s'il y a lieu. Ce nouveau service ne travaille pas en vase clos, il est notamment en relation avec la GRC, les corps de police municipaux, la Sécurité civile et le ministère de la Santé et des Services sociaux[12].

Les mesures prises au Canada

Le gouvernement canadien a réagi rapidement suite aux événements du 11 septembre. Le premier ministre Jean Chrétien a formé un comité du Cabinet : ce dernier,

---

12. *Le Soleil*, 4 février 2002.

présidé par John Manley, doit revoir les règlements et les programmes à travers l'ensemble de l'administration gouvernementale afin de renforcer tous les aspects de la lutte antiterroriste et d'assurer la sécurité du public.

Le gouvernement a également octroyé des crédits supplémentaires considérables : plus de sept milliards de dollars[13]. Ces montants concernent l'ensemble des mesures de sécurité.

280 millions de dollars en mesures immédiates :

▶ une nouvelle carte de résident à l'épreuve de la fraude pour les nouveaux immigrants ;

▶ de meilleures enquêtes de sécurité pour les demandeurs du statut de réfugié ;

▶ une capacité accrue de détention et d'expulsion ;

▶ l'embauche de nouveau personnel pour renforcer la sécurité aux ports d'entrée ;

▶ le redéploiement de plus de 2000 policiers fédéraux vers des tâches de sécurité nationale ;

▶ une amélioration des technologies, l'achat d'équipement et la mise en place de formation en vue d'améliorer la capacité de détecter et de répondre aux menaces, de partager les renseignements entre les diverses agences, d'assurer une meilleure coordination dans la lutte contre le crime aussi bien à l'intérieur du pays qu'à l'extérieur et de cibler les activités criminelles internationales ;

▶ l'achat d'antibiotiques afin d'augmenter l'approvisionnement d'urgence ;

▶ l'achat d'équipement de détection et l'amélioration du réseau de laboratoires.

13. Voir le site du ministère des Affaires étrangères et du Commerce international (http://www.can-am.gc).

Le reste de la somme sera échelonné sur cinq ans afin d'améliorer la sécurité des Canadiens. Elle servira, entre autres, à :

▶ l'équipement et au déploiement de personnel de renseignement et d'enquête supplémentaire afin d'améliorer la coordination entre les agences (1,6 milliard) ;

▶ l'amélioration du contrôle des immigrants, des demandeurs d'asile et des visiteurs (1 milliard) ;

▶ l'amélioration de la protection des infrastructures essentielles, de la protection civile et de la capacité antiterroriste (1,6 milliard) ;

▶ la création d'une nouvelle organisation de la sécurité aérienne et l'achat de détecteurs d'explosifs (2,2 milliards) ;

▶ le renforcement de la sécurité aux frontières et l'amélioration des infrastructures afin de permettre une meilleure circulation des personnes et des biens entre le Canada et les États-Unis (1,2 milliard).

Ces mesures financières s'accompagnent d'un nouveau dispositif législatif :

▶ la Loi antiterroriste (C-36) prévoit des mesures destinées à identifier, poursuivre et faire condamner les terroristes, de nouveaux outils pour les agences policières et de renseignements et la préservation des valeurs canadiennes de respect et d'équité en luttant contre la propagande haineuse. Le Canada avait déjà ratifié dix des douze conventions antiterroristes de l'ONU. Cette nouvelle Loi lui permettra de ratifier les deux autres ;

▶ le projet de loi concernant la sécurité publique va renforcer la capacité du gouvernement d'assurer la protection des Canadiens, de prévenir les attaques et de répondre efficacement à la concrétisation d'une menace sérieuse ;

▶ un amendement à la Loi sur l'aéronautique va favoriser l'amélioration du système de sécurité.

* * *

Malheureusement, il faut souvent qu'un désastre survienne pour qu'on s'occupe sérieusement de la sécurité civile. Des fonds ont été votés par le gouvernement fédéral, des mesures ont été prises et, au Québec, une nouvelle législation indique que le gouvernement a pris la chose au sérieux après le verglas de 1998. Cependant, la véritable sécurité civile est plus que cela : c'est une mentalité à développer. Il faut avant tout se consacrer à la prévention, à la préparation, à la formation et à l'éducation du public afin de créer une véritable culture de sécurité civile. Moins spectaculaire que l'achat d'équipements sophistiqués de détection et de lutte contre le bio-terrorisme ou de secours et de sauvetage, cette démarche est plus porteuse à long terme : les équipements sont assurément indispensables, mais ils n'apporteront guère d'amélioration s'ils ne sont pas assortis d'une doctrine d'emploi et d'une préparation.

La loi antiterroriste (C-36) votée en décembre à Ottawa introduit dans le droit canadien deux éléments cruciaux : d'une part, la détention préventive (jusqu'à 72 heures) et, d'autre part, la suspension du droit au silence lors d'un interrogatoire par un juge dans le cadre d'une enquête sur le terrorisme[14]. Cette loi facilite considérablement le recours à l'écoute électronique et la possibilité, au cours d'un procès, que la preuve ne soit pas entièrement divulguée à l'accusé et à la défense pour des raisons de sécurité nationale.

Plusieurs défenseurs des libertés civiles craignent des abus de pouvoir, notamment des forces policières qui pourraient, selon eux, utiliser cette loi contre les contes-

---

14. *Le Devoir*, 26 mars 2002, p. B5.

tataires virulents de l'ordre établi, comme les opposants à la mondialisation, les autochtones et les environnementalistes. Des ressortissants des communautés arabes et musulmanes ont exprimé des craintes similaires les concernant.

Le projet de loi concernant la sécurité publique (C-42) a été abandonné en avril 2002 et remplacé par un nouveau projet de loi (C-55) suite aux protestations de l'opposition, de groupes de la société civile et même de parlementaires du parti au pouvoir. Les objectifs de ce nouveau projet de loi ne changent pas. Cependant le gouvernement a essayé, dans cette nouvelle mouture, de mieux baliser les pouvoirs discrétionnaires des ministres et du gouvernement et de mieux définir les « zones de sécurité militaire » afin que celles-ci ne s'appliquent qu'à la protection d'équipements et d'installations militaires.

Le Canada est un pays où les valeurs de démocratie, de liberté et de l'État de droit sont très profondément ancrées. Tout en reconnaissant la nécessité d'une législation adaptée à la menace sérieuse que pose le terrorisme, il est impératif que les dispositions de la loi ne soient utilisées que pour les objectifs prévus. Une utilisation inadéquate aurait sans doute pour effet de la discréditer auprès de la population et il y aurait de fortes pressions politiques pour qu'elle soit abandonnée ou sérieusement modifiée.

Références bibliographiques

Hélène Denis, *Comprendre et gérer les risques sociotechnologiques majeurs*, Montréal, Éditions de l'École Polytechnique de Montréal, 1998, 342 p.

Robert Gates, « Le renseignement, la communauté internationale et le nouveau désordre mondial », dans *Défense Nationale*, Paris, Comité d'études de la défense nationale, avril 1996, p. 152-160.

Dennis S. Mileti, *Desasters by Design*, Washington (D.C.), Joseph Henry Press, 1999, 351 p.

« Dossier spécial sur le terrorisme », *Perspectives Stratégiques*, n° 41, Paris, Fondation pour la Recherche Stratégique, octobre 1998.

« The New Terrorism », *The Economist*, August 15th, 1998.

Sites Internet

*Bureau de la protection des infrastructures essentielles
et de la protection civile*
http://www.ocipep-bpiepc.gc.ca

Federal Emergency Measures Agency
http://www.fema.org

Federation of American Scientists
http://www.fas.org/terrorism/index.html

*Gendarmerie royale du Canada
(publication : Analyse de l'environnement)*
http://www.rcmp-grc.gc.ca

La Maison-Blanche
http://www.whitehouse.gov

Ministère de la Sécurité publique du Québec
http://www.msp.qc.ca

Annexes

Abréviations et acronymes

ABM	Anti-Ballistic Missile
ADM	Armes de destruction massive
AIEA	Agence internationale de l'énergie atomique
ALE	Accord de libre-échange
ALENA	Accord de libre-échange nord-américain
AWACKS	Airborne Warning and Control System
BID	Banque interaméricaine de développement
BIRD	Banque internationale de reconstruction et de développement
BMDO	Ballistic Missile Defense Organization
CAC	Convention sur les armes chimiques
CDI	Center for Defense Information
CEMD	Chef d'état-major de la défense
CIA	Central Intelligence Agency
CIN	Conseil indonésien des moudjahidins
CNN	Cable News Network
CPCAD	Commission permanente canado-américaine de défense
CTC	Comité de contre-terrorisme
CTR	Cooperative Threat Reduction
DAMB	Défense antimissile balistique
DART	Disaster Assistance Response Team
FAS	Federation of American Scientists
FATF	Financial Action Task Force on Money Laundering
FBI	Federal Bureau of Investigation
FEMA	Federal Emergency Management Agency
FIS	Front islamique du salut

FMI	Fonds monétaire international
FMIL	Front islamique de libération Moro
GFN	Groupe des fournisseurs nucléaires
GIA	Groupe islamique armé
GMD	*Ground-based Midcourse Defense*
GPS	*Global Position System*
GRC	Gendarmerie royale du Canada
ICBM	*Intercontinental Ballistic Missile*
ICBM	*Intercontinental Ballistic Missile*
IDS	Initiative de défense stratégique
IISS	*International Institute for Strategic Studies*
IMU	*Islamic Movement of Uzbekistan*
ISAF	*International Security Assistance Force* (Afghanistan)
ISI	*InterServices Intelligence* (Pakistan)
ISR	*Intelligence Surveillance and Reconnaissance*
JDAM	*Joint Direct Attack Munition*
JSTARS	*Joint Surveillance Target Attack Radar System*
KMM	*Kumpulan Militan Malaysia*
MAV	*Micro-Air Vehicle*
MDA	*Missile Defense Agency*
MDN	Ministère de la Défense nationale
MEADS	*Medium Extended Air Defense System*
MMI	*Majelis Mudjahidin Indonesia*
MRC	Municipalité régionale de comté
NBCR	Armes nucléaires, bactériologiques, chimiques et radiologiques
NMD	*National Missile Defense*
NORAD	*North American Aerospace Defense Command*
NPR	*Nuclear Posture Review*
OCDE	Organisation de coopération et développement économique
OCI	Organisation de la conférence islamique
OLP	Organisation de libération de la Palestine
OMC	Organisation mondiale du commerce
ONG	Organisation non gouvernementale

ONU	Organisation des Nations unies
OTAN	Organisation du traité de l'Atlantique Nord
PJBD	*Permanent Joint Board on Defense*
PPCLI	*Princess Patricia's Canadian Light Infantry*
PpP	Partenariat pour la paix
QDR	*Quadrennial Defense Review*
RAM	Révolution dans les affaires militaires
RTM	Révolution technico-militaire
SALT	*Strategic Arms Limitation Treaty*
SCRS	Service canadien de renseignement et de sécurité
SLBM	*Sub-marine Launched Ballistic Missile*
TICEN	Traité d'interdiction complet d'essais nucléaires
TNP	Traité de non-prolifération
UAV	*Unmanned Aerial Vehicle*
ZLEA	Zone de libre-échange des Amériques

Présentation des auteurs

Sami Aoun, professeur au département d'histoire et de science politique de l'Université de Sherbrooke et directeur des études sur le Moyen-Orient à la Chaire Raoul-Dandurand.

Mathieu Arès, chercheur en économie et sécurité à la Chaire Raoul-Dandurand et chargé de cours à l'Université de Montréal.

Sébastien Barthe, assistant de recherche à la Chaire Raoul-Dandurand.

Marcel Belleau, chercheur-associé à la Chaire Raoul-Dandurand.

Alexis Cossette-Trudel, assistant de recherche à la Chaire Raoul-Dandurand et candidat à la maîtrise au département de science politique de l'UQAM.

Charles-Philippe David, titulaire de la Chaire Raoul-Dandurand en études stratégiques et diplomatiques de l'UQAM, directeur de l'Observatoire sur les États-Unis de la Chaire et professeur au département de science politique à la même université.

Benoît Gagnon, assistant de recherche à la Chaire Raoul-Dandurand et candidat à la maîtrise en science politique à l'UQAM.

Frédérick Gagnon, assistant de recherche au sein de l'Observatoire sur les États-Unis de la Chaire Raoul-Dandurand et candidat à la maîtrise en science politique à l'UQAM.

DAVID GRONDIN, chercheur-boursier Marc Bourgie au sein de l'Observatoire sur les États-Unis de la Chaire Raoul-Dandurand et candidat au doctorat en science politique à l'UQAM.

HOUCHANG HASSAN-YARI, professeur agrégé et directeur du département de science politique et économique au Collège militaire royal de Kingston et chercheur-associé à la Chaire Raoul-Dandurand.

FRÉDÉRIC LASSERRE, professeur au département de géographie de l'Université Laval et chercheur-associé à la Chaire Raoul-Dandurand.

JEAN-PHILIPPE RACICOT, coordonnateur de l'Observatoire sur les États-Unis de la Chaire Raoul-Dandurand et candidat au doctorat en science politique à l'Université McGill.

JEAN-FRANÇOIS RIOUX, professeur d'études des conflits à l'Université Saint-Paul à Ottawa et chercheur-associé à la Chaire Raoul-Dandurand de l'UQAM.

SYLVAIN F. TURCOTTE, directeur des études en économie et sécurité de la Chaire Raoul-Dandurand et chargé de cours au département de science politique de l'UQAM.

Table des matières

Annexes

AGMV Marquis

MEMBRE DE SCABRINI MEDIA

Québec, Canada
2002